İSMAİL BÜLBÜL

1961 yılında Kayseri'de doğdu. Çocukluğu hayatında çok derin izler bırakan dedesinin yanında geçti. O zamanlar kavrayamasa da yetişkinlik dönemi ve Reiki'yi anlamlandırma sürecinde, dedesinin tasavvufa dayalı öğretileri en büyük yardımcısı oldu. 16 yaşında Almanya'ya gitti. Sendikacılık üzerine yükseköğrenim gördü. Bu arada hayatını "öncesi ve sonrası" diye ikiye bölen Reiki ile tanıştı. Öğretmen olduktan sonra işini sonlandırdı ve tüm vaktini Reiki'ye ayırmaya başladı. Dünyanın çeşitli yerlerinden binlerce insanı Reiki'yle tanıştırabilme şansı oldu. Her birinden çok şey öğrendi. Kişinin aştığı Reiki seviyelerinin değil, edindiği tecrübenin kıymetli olduğunu idrak etti.

İsmail Bülbül evli ve kendini dünyanın en şanslı babalarından biri olarak görüyor. 24 yaşında bir oğlu, 22 yaşında bir kızı var. 2009 yılında Türkiye'ye Reiki eğitimi vermek için geri dönüp, yerleşti. Halen İstanbul'da eğitmenlik ve terapi yapmaya devam ediyor.

Reiki, İlahi Aydınlanma

Yayıncı ve Genel Yayın Yönetmeni: M. Faruk Bayrak
Genel Müdür: Vedat Bayrak
Yayın Yönetmeni: Arzu Çağlan
Yayına Hazırlayan: Rifat Özçöllü
Kapak Tasarımı: Füsun Turcan Elmasoğlu
Sayfa Tasarımı: Ayşe Ersoy Yılmaz

ISBN 978-605-9709-34-7
1. Baskı: Haziran 2016

Mona Kitap, Alfa Yayın Grubu'nun tescilli markasıdır.

Baskı ve Cilt
Melisa Matbaacılık
Çiftehavuzlar Yolu, Acar Sanayi Sitesi, No. 8, Bayrampaşa-İstanbul
Tel.: (0) 212 674 9723 Faks: (0) 212 674 9729
Sertifika No. 12088

Genel Dağıtım
Alfa Basım Yayım Dağıtım San. ve Tic. Ltd. Şti.
Alemdar Mahallesi, Ticarethane Sokak No. 15 34110 Cağaloğlu-İstanbul
Tel.: (0) 212 511 5303 Faks: (0) 212 519 3300
www.alfakitap.com - info@alfakitap.com
Sertifika No. 10905

17. SEVİYE REİKİ ÜSTADI

İSMAİL BÜLBÜL

Reiki

İLAHİ AYDINLANMA

Özkaynaktan gelen şifa iksiri

MONA KİŞİSEL ŞİFA

"Senin ruhunun aynası
niçin akisten haber vermiyor
biliyor musun?
Sathı (yüzeyi) pastan
kurtulmamış da ondan."

Mevlâna

İÇİNDEKİLER

ÖNSÖZ

Reiki benim hayatımda bir dönüm noktası oldu, bana çok büyük güzellikler kattı. Özellikle Reiki öğretmeni olduktan sonra tüm hayatım Reiki oldu diyebilirim. Bana en güzel hediyesi ise öğrencilerim oldu. Öğrencilerimle daha çok geliştim, bu manevi yolculukta birlikte ilerliyoruz. Bu kitabı yazmayı, Reiki'yi elimden geldiğince detaylarıyla anlatmayı sizlere olan sorumluluğum olarak görüyorum. Bu muhteşem ilim ve sizin değerli ilginiz bunu hak ediyor çünkü.

Kitapta Reiki ile ilgili merak edilenleri, Reiki 1 aşamasından Reiki öğretmenlik aşamasına kadar ihtiyaç duyulan tüm teknik ve uygulamaları anlattım. Bununla birlikte Reiki'yi günlük hayatınızda, şifacılıkta nasıl kullanabileceğinizi ve mistik boyutunu bana en çok sorulan soruları göz önünde bulundurarak açıklamaya çalıştım.

Kitabın önemli bir içeriğini Reiki'nin tasavvufla olan bağı oluşturuyor. Bana göre bu iki öğreti ayrılmaz bir bütün. Bu nedenle okurken birbirlerini ne kadar desteklediklerini ve iç içe geçtiklerini göreceksiniz.

Kitabın uygulamalar bölümündeki fotoğraflara modellik yaparak destek veren canım Kübra'm... Bedenen artık yanımızda olamasan da seni burada anmak istedim. Varlığınla bize çok şey kattın, şimdi de fotoğraflarınla, Reiki yolcu-

ğuna çıkanlara yardımcı ol istedim. Sen hep iyi bir Reiki öğretmeni oldun, canım kızım…

Ayrıca kitabın meydana geliş sürecinde verdikleri destek için can öğrencilerim Perihan Aydın, Ahu Birlik Alp ve Efe Elmas'a en içten teşekkürü borç biliyorum. Uğraşları ve destekleri benim için çok kıymetli. Ve tabii ki editörüm Rifat Özçöllü'nün emeklerini anmadan geçemem.

Önemle belirtmek isterim ki bu kitabın içeriğinde yer alan fikirler ve anlatılan uygulamalar tavsiye niteliğindedir, asli tedavi unsuru olarak algılanmamalıdır. Reiki modern tıbbın yerini tutmaz, ona destek olur. Hastalıklarınızda ilk önce tıp doktorlarına danışmalısınız.

Bu uzun ve keyifli bir maneviyat yolculuğu. Her an gelişiyor, öğreniyoruz, ilerlememiz hep devam ediyor. Bu vesile ile yolunuzda bir taşı kaldırabilirsem ne mutlu bana...

Hepimize hayırlı olsun, sevgimize sevgi katsın...

İsmail Bülbül

TASAVVUF VE

ŞİFA BULAN HAYATLAR

Uyanma Vakti!

Pek çok insana nazaran bu kitabı okuyan sizler daha çok uyanıksınız. Hayal edin ki, yukarıdan bir şelale akıyor ve aşağıda küçük göletler var. O göletlerin pek çoğu dolmuş, taşmış ama önleri tıkalı. Çok azının önü açık ve manaya doğru akabiliyorlar. İşte o dolan ve önü tıkalı göletler çoğunluğu temsil ediyor, onlar öfkeyle, asabiyetle, kinle, nefretle taşıyorlar ama sizler, akışta olan küçük göletler, ummana bağlanmış akıyorsunuz. O halde görevimiz sadece akmak değil, diğer göletlerin de önünü açıp ummana doğru yolculuklarını temin etmek. Bunu hep birlikte yapabiliriz. Elimizden geleni yapmalıyız. Hepimiz o önü tıkalı göletlere el atmalıyız. Etrafımızdaki insanlar mutsuzken, huzursuzken, melankolikken, depresifken biz umursamaksızın yolumuza devam edemeyiz.

İşte Reiki hem bize hem onlara yardımcı oluyor. Onlar bizim parçalarımız ve bizler bütünü tesis etmeliyiz. Onlara elimizden geldiğince, dilimiz döndüğünce anlatmalıyız bildiğimiz hakikatleri ve birliği... Öncelikle birinci derece yakınlarımıza; eşimiz, anne baba ve çocuklarımıza... Sonra dayı, amca, hala, teyze ve kuzenlere… Ve çevremizdeki diğer tüm insanlara, sosyal hayatımızdaki, iş hayatımızdaki insanlara... Hepsine bu güzellikleri, bilgileri anlatmalıyız ki o göletler de akışa geçsin.

Psikolojik ve bedenî rahatsızlıkların hepsi içsel hoşnutsuzluklardan ileri geliyor. Hoşgörülü olmalıyız. Bütün kardeşlerimize hoşgörüyü ve sevgiyi yaymalıyız. Sadece "ben" değil "biz" olmalıyız çünkü ancak hep birlikte mutlu olabiliriz, tek başımıza mutlu olamayız. Dışarı çıktığımızda bizimle ilgili olmayan bir şey yoktur, çünkü bütünün bir parçası diğer parçasını yakından ilgilendirir. Biz onlarız onlar da biz... Aynalıktan bahsediyoruz sürekli; onlar bizim aynamız, biz onların... Herkes kendi hayatını yaşar, etrafındakilerin tümü de figüran kadrosunu oluşturur gibi görünür ama hepimiz bir bütüne aidiz, hepimiz bütünün parçalarıyız. Zahiren böyle gözükse de, batınen biz Allah'ın özüyüz.

Elimizden geldiğince, dilimiz döndüğünce güzellikleri yaymalıyız. Allah'ın ötede beride olmadığını ve herkesin Yaratıcı'yı özünde taşıdığını anlatmalıyız. Anlatmalıyız çünkü bahsettiğimiz gibi pek çok insan bilgeliğin lisanına uzak. Günahlar, yasaklar önümüzü tıkamış, kımıldayamıyoruz. İzin vermeliyiz yaşama, izin vermeliyiz ki yaşam bizden aksın, kucaklayalım evreni. Kendinizi sevin, yaşamı sevin böylelikle tüm evreni ve her şeyi zaten seveceksiniz. Siz neyseniz osunuz, kendinizi kabul edin, kendinizi değiştirmeyin veya değiştirmeye çalışmayın, bir başkasının da değiştirmesine izin vermeyin. Öncelikle kabul edin, siz neyseniz osunuz. Zaten değişmiyor muyuz, değişim kendiliğinden olmuyor mu? Hiçbir anımız bir diğer anımızı tutmuyor, o zaman her an değişmekteyiz ama önemli olan kendimizi bir başkasına benzetmeye çalışmamaktır. Sizi başkalarına benzetmek isterlerse müsaade etmeyin.

İnsanlığın konuşmaya ve uyanmaya ihtiyacı var. Şimdiye kadar "Kısmeti olan geliyor," diyor ve anlatmıyorduk. Ama bundan sonra uyanma vakti! Reiki master olan kardeşler, onlara yardım edin, onları inisiye edin, yollarını açın. Anlatın, konuşun. Anlatın çünkü seçtiğimiz yol güzel bir yol ve bu yolda mutlu olmaya çalışmalıyız. Sonumuzu merak etmemeliyiz, sonu düşünmeyi bırakmalıyız. "Ben ne zaman olacağım?" sorusunu sormamak hatta merak bile etmemek gerek. Sadece kendinizi sevin, kendinizi onaylayın, o zaman her şey yavaş yavaş olacak. Geçmişi bırakmalıyız çünkü geçmiş bize büyük bir yüktür sadece. Geçmişte ne olduysa oldu, artık gerisine gerek yok. Ve aynı şekilde yarını da düşünmeyin. Sadece şu anı, şimdiyi yaşayın ancak şimdide yaşayan insanlar mutlu olur. Şu anda olanlar ancak kendini bulur, ancak onlar kendilerini sevmeyi başarır. Şunları söyleyebiliyor musunuz?

"Saat kaç?" "Şimdi."

"Nerdesin?" "Buradayım."

"Sen kimsin?" "Şu anım."

Bu yolda sabır var, sabırla yürümek var, bu yolda mutlu olarak ilerlemek var, bu yolda yaşam var, bu yolda cennet var. Bu yolda cenneti yaşıyoruz. Pek çok Allah dostu ölüp gitmeyi arzulamamışlardır çünkü onlar bu dünyada kalmak ve hep Onun özlemiyle yanıp tutuşmak istemişlerdir çünkü o gözlem ve şahitlik o kadar güzeldir ki…

Yolumuz, sevgi yolu öyleyse sevgi katalım, sevgi dağıtalım, öyleyse bu yolda mutlu olalım, coşalım, bu yolu cennet kılalım. Bu yol cennet yolu, cennete giden yol. O halde bu yol cennet olsun bize. Etrafımızdaki bütün insanların ellerinden tutalım ve bu yola iletelim; sevgi yoluna, aşk yoluna, Allah yoluna... Artık yardımcı olma zamanı. Nerde olursanız olun sevgiyi, kardeşliği bütünlüğü anlatın. Kendi deneyimlerinizi anlatın. Çünkü insanların buna ihtiyacı var. Ötedeki Yaratıcı, yargılayıcıdır, ceza vericidir, azap edicidir. Allah, kendimizden ayrı tutulduğunda öyle görünür tabii ki… Öyle olmadığını, Allah'ın sevgi olduğunu anlatın.

Şimdi uyanma zamanı...

Şimdi konuşma zamanı…

Ölüm ve Yaşam

İnsanların çoğu yaşamıyor, nasıl olur da yaşayabilirler ki? Kendini tanımayan, kendini bilmeyen ve kendini keşfetmemiş insan nasıl yaşayabilir? Tanrı'yı uzakta ötede beride algılayan insan, "Tanrı ve ben" diyen insan nasıl olur da yaşar?

Halamın yaşı seksene varmıştı, elbet göçecekti bir gün ve zamanı gelince gitti, ayrıldı bizden. Haliyle bu beni düşündürttü. Esasında halamın ölmesine değil, hiç yaşamamış olmasına üzüldüm. Halam gerçekten hiç yaşamamıştı; hep hüzünlüydü. Bir gün dahi televizyona bakmamıştı çünkü günahtı onun için TV izlemek, hayattaki birçok şey haramdı, yasaktı... O, hiç yaşamadı, o maalesef yaşamadan öldü. Biraz daha tefekkür edince insanların çoğunun böyle olduğunu fark ettim. Bir rüyadan başka bir rüyaya uyanıyorlar öldüklerinde fakat bir ömür boyu, ortalama yetmiş yıl gibi bir süreçte, sadece yaşadıklarını zannediyorlar maalesef, yaşamadan ölüyorlar.

Hayatı doyasıya yaşayamamak için sürekli önümüze engeller koydular. Haramlarla, yasaklarla hep önümüze barikatlar, setler kurdular ve biz bu engellerden öteye adım atamaz olduk. Hurafeler hurafeleri takip etti, İslam adına günümüzde pek bir şey kalmadı maalesef, sadece şekil olarak yaşanan bir İslam var şu anda.

Tanrı'yı uzakta görmenin sonucudur bu. Tanrı ve ben demek; işte Allah'a şirk koşmak budur. Allah ve ben diye bir kavram yoktur, her şey ama her şey Odur. Ve sizin özünüz de Odur. Bütün söylemlerinizde O vardır, bütün düşüncelerinizde O vardır, tüm baktığınız yerlerde sadece O vardır. Her adımınızda O vardır, Onsuz bir yaşam düşünülemez, zaten yaşam Odur. Onu anlatmak yerine her şeyi yasakladılar, bilinçlerimizde tabular oluşturdular. Haramlarla, günahlarla, yasaklarla... Hatta neredeyse düşünmek dahi yasak! Halbuki düşünceye engel olunamaz.

En önemlisi şunun farkında değiliz, bir rüyadan başka bir rüyaya uyanıyoruz. Şu reel zannettiğimiz her şey ama her şey bir başka rüyadır, o rüyanın biraz daha gerçeği. Ama siz bunları reel yaşam, reel hayat zannediyorsunuz. Ama buradan da öte bir yaşam var, buradan da öte bir yol var. Hz. Mevlâna "ikinci doğum" diyor bunun adına ve ana rahmindeyken bebeğin bulunduğu ortamı koskoca dünya sanmasından bahsediyor. Dünyaya doğuyoruz ve bunun da ötesinde bir dünya olduğunu fark etmeliyiz.

"Ana karnındaki çocuğa birisi, 'Dışarıda pek düzgün, pek hoş bir dünya var. Enine boyuna geniş, kutlu yeryüzü var. Orada nice nimetler, nice sayısız yiyecekler var. Dağlar, denizler, çöller, bostanlar, bağlar, bahçeler, çayırlıklar, çimenlikler var. Çok yüksek ve ışıklarla dolu, aydınlık bir gökyüzü, güneş, ay, yıldızlar ve süha yıldızı var. Güneyden, kuzeyden, doğudan, batıdan rüzgârlar esiyor. Bağlar bahçeler gelinler gibi süslenmiş, sanki düğünler yapılıyor. Dünyanın şaşılacak güzellikleri, acayip halleri dille anlatılmaz ki... Sen ana rahminde, o karanlık yerde sıkıntılar, mihnetler içindesin. Ey çocuk! Sen, o daracık işkence yerinde çarmıha gerilmiş, kan emmektesin. Hapse düşmüşsün, pislikler eziyetler içindesin...' deseydi çocuk kendi haline bakar, durumu gereği bir şikâyette bulunmaz ve söylenen bu sözleri inkâr eder, bu haberlere inanmazdı. 'Bu söylenen sözler olmayacak şeylerdir. Siz çocuk kandırıyorsunuz, beni aldatıyorsunuz,' derdi. Çünkü kör bir kimse de dünyanın bu kadar güzel, süslü oluşundan habersiz olabilir. O kör kişinin yahut ana rahmindeki çocuğun anlayışı, anlatılana benzer bir şey görmediği için inkâra sapabilir. Böyle güzel şeylerin olacağına akıl erdiremez.

İşte dünyadaki insanların çoğu da böyledir. Abdalların, yani yaşayan seçkin velilerin sözlerini, onların mana âleminden haberlerini inkâr ederler. Hakk abdalı onlara, 'Bu dünya pek karanlık, pek dar bir kuyu gibidir. Bu dünyanın ötesinde ise kokusuz, renksiz, hoş bir dünya vardır,' der. Fakat bu söz onların hiçbirinin kulağına girmez. Çünkü insanların dünya nimetlerine karşı duydukları tamah onlara pek büyük ve kalın bir perde olmuş da Hakk'ı ve hakikati onlardan gizlemiştir."

– *Mesnevi*, c. 3. 53-65

Öyleyse artık bu derin rüyadan uyanmalı, sadece rüyada olduğumuzun farkına varmalıyız. Kendimizi tanımak, kendimizi bilmek, kendimizi keşfetmek bize yeterli olmamalı. Bunlarla tatmin olmamalıyız, daima ileri doğru koşmalıyız. Çünkü bunları bilmek bizi uykudan uyandırmış olmuyor, sadece bizi biraz daha kendimizi getiriyor ama uyku devam ediyor.

"Ölmeden Önce Ölünüz!"

Adına ölüm dediğimiz ve aklımıza geldiğinde dehşete düştüğümüz olayın aslında bir kurtuluş olduğunu maalesef bilmiyoruz. Gidenler geri gelmiyor ya da herhangi bir şekilde bize bir mesaj iletemiyor. Kişi bedeni terk edince artık bedene bağlı olan tüm dertlerinden kurtulmuş ve özgürleşmiş oluyor aslında. Fakat hemen hemen hepimiz bırakın ölümden korkmayı, onu aklımıza dahi getirmek istemeyiz. Neden? Çünkü o bilinmeyendir. O bir gizemdir. İşte bu korku bizi bizden uzaklaştıran, insanın kendi kendine var ettiği bir kurgudur. Beden ölümü bir değişimdir. Eğer kişi bu âlemde kendini keşfetmişse o zaten "yaşayan veya yeniden doğmuş bir ölüdür" ve artık ölümün tüm sırlarını bilendir. Eğer hâlâ kendini keşfetmemişse bu bedenden ayrılmayı ve kendini keşfini bir başka bahara ertelemededir. Ölümden bu kadar korkulunca kişinin kendini keşfi de bir o kadar zorlaşmaktadır. O güzel dostun "Ölmeden önce ölünüz!" mesajı sanki Kuran'ın son mesajı gibidir. Bu söz bir ayet değildir, bunun bilincinde olmakla birlikte Peygamberimizin söylediği bu gizem dolu ince mesajı naçizane ben böyle algılıyorum. Hz. Mevlâna da "Bu yolu bize o güzel Mustafa gösterdi," derken bu sözü kastettiğini düşünüyorum. Düşünün; kişi sadece ölümle dünyadan ve dünyanın ona verdiklerinden vazgeçer. Kendini keşifte de aynıdır. Çünkü bu da bir başka ölümdür. Burada olması gereken tek şey, cesaretle korkusuzca gönlünü masivadan temizlemektir. Tüm masivayı, yani dünyayı ve onun verdiklerini terk etmekle kişi kendi özünü bulur. Bu iki ölüm arasındaki tek fark şudur: Kişi ya kendini ölmeden önce keşfeder, işi burada tamamlar ya da kişi kendini keşfedemeden bedeni terk eder, idrak sürecini bir başka maceraya erteler.

Ölümden Korkmak

Korkmamak gerekir ölümden. Yaşam ve ölüm iç içedir, ölüm gerçektir. Doğduysak ve yaşıyorsak zaten öleceğiz, yaşam bir gerçekse ölüm de gerçektir. Ölümden herkes korkar, ölümden korkmak aslında bilinmezden korkmaktır çünkü insanlar bir bilinmeze gideceklerinden korkarlar. Çünkü oraya gidip de geri dönen, haber getiren yoktur. Ama bu sadece bir boyut değiştirmekten ibarettir, bir anda oluveririz. Korkmamak gerekir. Yaşam kadar doğaldır ölüm. Öncelikle yaşamalıyız ve yaşamın kıymetini bilmeliyiz. Ölümü düşünerek, günahı yasağı düşünerek, haramı düşünerek kâbuslar yaşamak yanlıştır. Çünkü Allah böyle bir şey istemiyor, şu yaşamı güzel yaşarsak bu dünyayı da cennet kılarız, o zaman doğru olanı yaparız. Bu yolda sabırla yürüyelim. Hatta yeri geldiğinde sabrı da bırakalım, isteği, arzuyu bir kenara koyalım çünkü hepsi egodan gelir. Sadece yolda olalım. Sevilelim, sevelim ama önce kendimizi sevelim ki sevginin ne olduğunu bilelim, idrak edelim, sonra bizden gayrısını da seveceğiz zaten. Ancak tam manasıyla kendimizi sevdiğimizde bu gerçekleşir. Kendimizi sevdiğimizde ölüm korkusu da kalmaz. Dertler, kaygılar, endişeler tamamen biter. Ölüm gelecek zaten, ona "Hoş geldin," demek lazım. Ölümü kabullenin, ölümü kendinizden ırak sanmayın, bir anda oluveriyor. Herkes ölümü kendinden uzak tutmaya çalışır ama ölümü de kabullenin yaşam gibi, ölümü kabullenince korkamazsınız. "Seni olduğun gibi onaylıyor ve kabul ediyorum," deyin. Bunu yürekten söyleyin.

Yolumuz Aşk Yolu

Tüm mistik ilimler insanlığın ortak malıdır, felsefesi ile çıktık bu yola. Biz amaca hangi ilimle kavuşabilirsek, hangi yol bize kolaylık sağlıyorsa onu elbette öğrenmeliyiz. Fakat öğrendiğimiz yolların doğruluğundan emin olmalı, bize yanlış açılım sağlayacak yollardan da kaçınmalıyız.

80'li yıllardan itibaren türeyen, ne oldukları kesin olarak kanıtlanmamış birtakım enerji sistemleri konusunda dikkatli olmamız gerekmektedir. Esasen bizim üzerinde durduğumuz, zihnî, yani geçici açılımlar değil kalbî, daimi açılımlardır. Reiki, Şamanizm, Yoga vb. ilimler zihnî olan yoldadırlar. Tasavvuf, Kabala, Zen gibi yollar da kalbî olanlardır.

Reiki ile çıktığımız bu yolda yapmak istediğimiz şey, öncelikle auranın temizlenmesi, bununla birlikte çakraların, yani bedende bulunan yedi ana enerji noktamızın açılması ve sonucunda farkındalıkları arttırmak ve bu farkındalıklarla da tasavvufun kapısını aralamaktır.

Elbette bu sadece bizim seçtiğimiz ve öğretmeye çalıştığımız yoldur. Diğer kardeşlerimizin öğretilerine ve uygulamalarına da saygı duyarız. Bu yolda sabırla, acele etmeden, emin adımlarla ilerlenmeli düşüncesindeyiz. Kişinin öncelikle arınma süreci çok önemlidir. Örneğin, kişiye temizlenmeden, arınmadan birtakım sayılara sığdırarak tesbihler, mantralar vermekte acele edilmemelidir.

Amaca ulaşmak için biz bu araçları kullanmak zorundayız. Gerçek olan bizim için amaçtır, bu yolda kullandığımız her şey birer araçtır. Amaç Odur. Bizim öğretimiz ise aşk ile Ona ulaşmaya çalışmaktır.

Mevlâna'nın dediği gibi;

Bizim Peygamberimizin yolu aşk yoludur.

Biz aşktan doğmuşuz, annemiz aşktır.

Aşk şeriatı, bütün dinlerden ayrıdır.

Âşıkların şeriatı da Allah'tır, mezhebi de.

Bu dünya pazarında sermaye altındır,

Orada ise aşk ve ıslak iki göz...

Sıra Dışı Olmak, Özgürleşme ve Zihni Serbest Bırakma

Sıra Dışı İnsan ve Toplum

Sıra dışı insan eleştirilir çünkü sıra dışı olmak kolay değildir. Sıra dışı insan olmak yiğitlik gerektirir çünkü o zaman özgür olursun. Toplum kurallarına uymadığın zaman sıra dışı olursun. Biz hep bu kurallara uydurulmak için şöyle yap, böyle yap denilerek eğitildik. Bu yüzden sıra dışı olmadıkça özümüzü keşfedemeyiz. Önce sıra dışı olmalıyız yani tüm önyargılardan kurtulmalıyız. Ancak tüm önyargılardan ve eski kalıplardan kurtularak özgür olabiliriz. İşte tüm evliyaların, tüm Allah dostlarının, velilerin yaptığı buydu; sıra dışı olmak. Onlar çok eleştirildiler çünkü onlar topluma uymadılar, insanları kendilerine uydurmaya çalıştılar ve başardılar. O yüzden özgür insan cesur insandır. En başta kendi önyargılarımızdan kurtulup kendimizi ve başkalarını suçlamaktan vazgeçmek gerekir, her şeyimizle özgür olmak gerekir.

Öncelikle kendimizi sevmeyi öğrenmeliyiz, kişi öncelikle kendini sevmekle başlamalı. Hep öğretilen genelde başkasını sevmek, başkasına şefkat duymak, başkasına hoşgörü duymaktır. Ama önce bunu kendimiz deneyimlemeliyiz. Ancak özümüzde deneyimledikçe gerçek manada başkasına sevgi verebiliriz, hoşgörü ve şefkat gösterebiliriz, aksi takdirde bunu gerçekleştiremeyiz çünkü zaten biz bunu bilmiyor ve tanımıyoruzdur. Kendimizde tecrübe etmediğimizde bu sadece sözcüklerde kalır; sevgi, şefkat hepsi teoride kalmıştır, içselleşmemiştir.

Kendimizi ve başkalarını suçladığımız ve herkese önyargılı davrandığımız, yalan söylediğimiz sürece şartlandırmalardan kurtulamayız. Ne zaman ki bu olumsuzluklardan arınırız, o zaman sıra dışı oluruz. Gerekirse öfke duyduğumuz zaman öfkeyi dışa vurmalıyız ama içe atmamalıyız, özgürlük budur. Kendi özümüzdeki sesi duyabiliyor muyuz? Ona konsantre olarak, günün 24 saatinde kaç dakika hatta kaç saniye kendimizi, iç sesimizi dinleyebiliyoruz? Kaç saniye veya kaç dakika geçmişin o yük olan eziyetinden ve geleceğin beklentilerinden kurtulabiliyoruz?

Bu süreçte hep şunu sorarız; "Kendime ait gelirim, güvencem yokken nasıl özgür olabilirim?" Biz özgürlüğü hep dışarıda arıyoruz. "Ayaklarım sağlam zemine basmıyor, maddiyatım, gelirim yok, nasıl olur da özgür olabilirim?" diye düşünüyoruz ama bu dünyevi özgürlüktür. Bizim için önemli olansa manevi özgürlüktür. Manevi özgürlük için paraya, şana, şöhrete gerek yoktur. Buraya indirmemek gerekir olayı. Özgürlüğü hep yanlış yerlerde arıyoruz, sevgiyi ve mutluluğu yanlış yerlerde bulmaya çalışıyoruz. Manevi özgürlük parasız da, ev olmasa da, çalışmasak da olur.

Bir diğer aklımıza takılan nokta ise, "Peki biz özgürleşiyoruz ama yakınımızdakiler ne oluyor?" sorusudur. Bilmemiz gereken şudur; sen özgürleşince yanındakiler de özgürleşir, yeter ki sen kendini sevmeye başla. Kendini sevmek, özgürlük ister. Aynada gözlerinin içine bakarak "Seni seviyorum, seni olduğun gibi onaylıyorum," diyebilmek sıra dışılık ister. Tabii ki hemen gidip herkese karşı gelin, muhalefet edin, demiyorum burada. "En büyük savaş, en büyük cihat, kendinle olan cihattır." Hz. Muhammed böyle diyor. Kendinle savaşa savaşa, kazanacaksın. Kendinde olanların hepsinin farkında olarak bu savaşı kazanacaksın. Kendinde olan tüm negatiflikleri terk ettiğin zaman özgür olacaksın. Özgür olduğun vakit, özüne yolculuk başlamış olacak. Orada seni bekleyen Allah'ın vefalısı ruh, o tertemiz ruh dans etmek için seni bekliyor, sadece senin bunları başarmanı bekliyor.

Korku ve Olumsuz Duygulardan Arınma Çalışması

Öfke, korku, kıskançlık, cinsel dürtüler gibi yolumuzu tıkayan duygulardan arınmak için aşağıda anlattıklarım uygulanabilir:

Kapıyı pencereyi kapatın, tek başınıza odaya kapanın. Ve bundan sonra kıyasıya korkun, ne aklınıza geliyorsa korkun. Çünkü normalde de böyle korkuyoruz, korkuları kendimiz yaratıyoruz. O halde o odanın içinde korkularınızı yaratın. Korkularınız her ne ise hepsini bir bir hatırlayın ve iyice korkun. 15 dakika boyunca odanın içinde ne yaparsanız yapın, ister oturun, ister gezin, dolaşın ama sadece korkun ve on beş dakika geçince olduğunuz yere yığılın. Beş dakika boyunca yere öylece sırt üstü serili bir şekilde kalın. İşte o beş dakikada zihniniz kendini ele verecektir. Bunu yedi gün arka arkaya yapın, korkularınızdan mutlaka arınacaksınız. Korkular kendini ele verecek ve böylece tüm bunların zihinden geldiğini anlayacaksınız. Diğer duygular, kin, kıskançlık, öfke ve cinsellik; bunlar için de uygulayabilirsiniz. Her birini yedi gün arka arkaya yapın, göreceksiniz ki gerçek manada korkular, cinsel dürtüler, öfke, kıskançlıklar sadece zihnin kurgusundan ibaret.

İşte o zaman size gerçekten özgür olma kapısı açılır. Korkusuzca, cinsel dürtülerin yani taşkın şehvetin, öfkenin, kıyaslamanın yani kıskançlığın olmadığı zihin size artık efelik taslayamayacaktır çünkü siz onların farkında olmuş, çözümlemiş ve deneyimlemiş oldunuz. Deneyimleme dediğimiz şeyler bunlardır zaten. Deneyimledikten sonra özgür olursunuz, korkusuz ve cesur olursunuz. İşte o zaman sıra dışılık başlamış olur.

Bu çalışmaları söylediğim gibi diğer olumsuz duygular için de yapabilirsiniz:

Öfke:

Odaya tek başınıza kapandınız, elinize bir yastık veya yumuşak bir şey alın, kızdığınız biri varsa kızın, bağırın çağırın. İster dövün, ister sövün, ister yatın kalkın, 15 dakika boyunca nasıl arzu ederseniz yapın. Bitince yere yığılın, öylece beş dakika kalın sırt üstü, o beş dakika çok şey anlatacaktır.

Kıskançlık:

Kıskançlık kıyaslamadan gelir, alabildiğine kıyaslayın kendinizi... Aslında hiç kimse kendini başkalarıyla kıyaslamamalı çünkü herkes tektir, biriciktir... Adıyla, sanıyla, görüşleriyle, konuşmalarıyla, karakteriyle, her şeyi ile her insan 6-7 milyar kişi arasında tektir. O yüzden kıyaslamanın gereği yok, ama yine de ego bunu yaptırır bize. İşte bu çalışmada da olabildiğince kıyaslayın kendinizi başkalarıyla. Kıskanın kıskanabildiğiniz kadar, 15 dakika boyunca yapın. Sonra beş dakika yerde öylece uzanın. Anlayacaksınız ki kıskançlık boş ve amaçsızmış.

İsteklerimizin Kaynağı Ego mu Yaratıcı mı?

Her istek bize Allah'tan gelir, her dilek onundur çünkü Odur bizim özümüzde olan, sadece ve sadece O vardır, Ondan gayrı bir şey yoktur. Bizim çabamız da Ona kavuşmaktır, Onu bulmaktır. Onun için bütün isteklerimiz aslında bize Ondan gelir ama egomuzla şekillendirilir. Yaratıcı'dan gelen istek saftır, temizdir, berraktır ama onu kirleten egodur, ego onu kötüye çeker. İşte farkındalık burada, bunun ayrımını yapmakla ortaya çıkar.

Adına şeytan dediğimiz şey de budur. Bütün istekler o öz tarafından gönderilir insan gönlüne. Öyleyse bu istekleri egomuza yani şeytana uydurmamalıyız.

Bir şeyimiz olsun, diye geçiriyoruz içimizden, halbuki o isteği özümüze Allah gönderiyor. Örneğin sen geçiriyorsun ki *Bir evim olsa...* Dediğim gibi o anda sana o isteği Yaratıcı veriyor. Ama ego, "Bak, sen 'Benim bir evim olsun,' diyorsun, aman bir evin olur, deprem bölgesindedir, deprem olur, yıkılır, sen ölürsün, çocukların perişan olur," gibi vesveselerle o isteği kirletiyor ve "Şöyle isteme, böyle iste," diye araya giriyor. Egonun, şeytanın yaklaşımı budur. Oysaki sen her "Allah" dediğinde o "Buyur yâ kulum!" diye karşılık veriyor. Bu birinci basamaktır. Zaten sana "Allah" dedirten O olduğundan senin için "Buyur yâ kulum!" diye cevap veriyor. Bu da ikinci basamaktır. Üçüncü idrak basamağı ise şudur: "Allah" diyen de Odur, "Buyur yâ kulum!" diyen de Odur. Yani ondan gayrı zaten hiçbir şey yoktur.

Teslimiyet

Aslında biz hiçbir şey yapmıyoruz, bizlere yaptırılıyor. Biz kaderimizde olanları yaşıyoruz, kaderimizde önceden belli olanları şu anda, şimdide yaşıyoruz. Daha ana rahmindeyken her şey yazıldı çizildi, bitti, biz noktası noktasına onu yaşıyoruz. İman ve inancın son noktasıdır teslimiyet.

Teslimiyet şöyle bir şeydir. Örneğin, bir arkadaşın "Hadi sen şimdi git, bir ay izin yap, hem de maaşlı. Ben senin yerine bunların hepsini yapacağım," diyor, sen de teslim olup teşekkür edersin. Aslında her şeyi Allah yapıyor, hem de her şeyi. Biz hiçbir şey yapmıyoruz, yapıyoruz zannediyoruz, egolarımız böyle gösteriyor. Yaptığımızı zannediyoruz ama hayır hiçbir şeyi yapmıyoruz. Bu kanıtlandı bile. Amerika'da yaşayan Japon kökenli bir bilim insanı kaderi kanıtladı. Bir şeyi alıp koyduktan birkaç milisaniye sonra koyduğumuzu fark edebiliyoruz. Ego bize böyle gösteriyor, "Ben yaptım, ben oldum," diye. Hayır, egonun pohpohlamasıdır bu. Eğer her şey Ondansa zaten, Ona, Kadir-i Mutlak olan Yaratan'a teslim olmaktan başka bir çaremiz de yok, Ondan başka gidecek bir kapımız da yok. Yani rahat olup Ona teslim olabildiğin zamanlarda her şeyi zaten O yapmıyor mu? Yapıyor... O zaman kendi başına düşüncelere dalmayı bırak. Evet, rahat ol ve yap, her şeyi yap, zaten sana ilhamı veren O.

Bunu duyunca hemen akla şu geliyor; *O zaman yatıp, uyuyalım, hiçbir şey yapmayalım, Allah bize versin.* Hayır; Allah bir türlü senin içine ilhamı veriyor, bir şeyler yaptırıyor; tabii ki elbette irade var ama sahibi O, O yaptırıyor. Kimimiz mühendis, kimimiz doktor, kimimiz avukat, kiminiz profesör; "Ben oldum, tırnaklarımla geldim buraya," deniyor. Hayır, sen tırnaklarınla gelmedin, getirildin oraya. Ben yok, biz yok, yalnız O var, sen yoksun, sadece O var. Gerçekte Yaratıcı'dan gayrı hiçbir şey yok, yapan eden, eyleyen işleyen odur. Ona teslim olmaktan başka çaremiz var mıdır? Teslim olmadıkça kendine yükleniyorsun ve hasta oluyorsun, bu hastalıkları veren de Allah, hatta teslim olmama içgüdüsünü veren de... "Neden ben cefa çekiyorum, neden ben korku, endişe sahibiyim, Yaratıcı neden üzüyor beni?" diye sorabilirsiniz. İyileşelim diye, ruhumuz olgunlaşsın diye bütün bunları yapıyor. Sen olgunlaşıp kendine geldiğinde üzülmeyeceksin. Onun kahrı da güzel lütfu da güzel. Algılaman ve farkındalığın değişecek o zaman, anlayacaksın ki hep üzüldüğün, korktuğun şey hiç yokmuş aslında. Sen olgunlaşıp kendini bildikten sonra, özünü tanıdıktan sonra tüm bunlar boş gelecek sana. Tüm bunları özünü ve kendini tanıman için yapıyor sana. Bu soruyu sordurtan da kaderindir aslında.

Bilincin Teslimiyetteki Anlamı

Tabii ki bizler bilinçliyiz yani bilinçten yoksun değiliz ama o da Yaratıcı'nın bilinci, Ondan gayrı bir şey yok. Tabii akılla yola çıktığımızda "Benim bilincim yok mu?" sorusunu sana sordurtan senin aklın ve mantığındır ama burada anlatılanlar aklın, mantığın üzerindeki kavramlardır; yani öze kavuşmak, öze varmak, Onu bulmak, Onda yok olmak, fenâ olmak... Senin sorduğun soru zahiren tam isabetli ve doğru görünür evet ama bizim konuşmamız batıni boyutta olduğu için öz itibariyle yerinde değildir o soru. Nihayetinde aklın ve mantığın üzerine basılıp geçilmeden olunmaz ve bu soruyu sorduran da Odur zaten. Gerçekte sadece O var, biz yokuz, hiçbirimiz yokuz, her şey illüzyondan ibaret, bilinç dediğimiz şey de O, her şey O.

Seçimlerimiz

Hatta seçimler de bellidir. Kader anlatılırken bir "yol ayrımı" kavramı vardır. "O yol ayrımında senin seçme hakkın vardır," denir ama yok hayır. O da Allah'ın seçimidir. Akılla mantıkla ben kendim yaptım zannedersin ama o seçimi yaptıran da Odur, seni doğru yola sevk eder ve Ona çabucak ulaşırsın. Ama yok, yanlış yola sevk ederse senin biraz daha olman gerekiyor demektir. Her yol Ona çıkar, Hz. Mevlâna öyle der.

Bu kavramlar Hakikat makamında anlaşılır, O her şey iken, bizim bir varlığımızın olması mümkün müdür? O yüzden "Her şey Ondandır," diyoruz. Hallac-ı Mansur "Enel Hakk," dedi çünkü Hakk'tan başka bir şey olmadığını idrak ettiğinde kendi benliğini yok etti ve "Sadece O var ben yokum," manasında bu sözü söyledi. Mevlâna Hazretleri, Mansur'un "Enel Hakk" demesinin büyük tevazudan ve Allah'la bir olmadan geldiğini söyler.

Bizler bir hiçiz, gölgeden ibaretiz. Hakikat boyutunda, gerçekleri duymak istiyorsanız Allah'tan gayrı hiçbir şey yoktur. Biz hiç miyiz, evet hiçiz, gerçek bu, egoyu bir kenara bıraktığın zaman bir hiç olduğunu anlarsın zaten. Varlığımızı Onun nezdinde yok etmek ve hiçliği deneyimlemek için sık sık "Ben bir hiçim, hiçlikteyim," demeliyiz. Hiç olduğunuzda, her şey olan Yaratıcı ile bütünleşmişsiniz demektir.

Affetmeyi Başarmak

Affetmek büyük bir erdemdir. Özgürleşmede en önemli adımlardan biridir. Affetmediğin sürece fark etmeden onların yüklerini taşıyorsun. "Bana şunu yaptı, nasıl affedebilirim ki?" diyorsun içinden ama bunu söylediğin sürece asla özgürleşemezsin, asla tam olarak mutlu olamazsın. Çünkü sen onu öfkeyle hatırladığın, suçladığın sürece karşındakinin negatiflerini yükleniyorsun. İşte o yüzden affetmekten başka çare yok. Affettiğin zaman kendin özgürleştiğin gibi karşıdakini de özgürleştirirsin. Onun da sana kini, öfkesi, nefreti biter, senin de ona. Onu affet gitsin. Her ne olursa olsun affet, sadece affet… "Affediyorum," de. Mademki Allah'tan gayrı bir şey yok, mademki yaşayacaktık bütün bu olumsuzlukları ve yaşayarak öğrenecektik, öyleyse affederek devam etmemiz gerekiyor yola. Bu olumsuz süreçleri yaşamasaydık bugünkü konumumuzda olamazdık asla. O halde kaderimizde vardı bunlar ve önüne geçilemezdi. "Peki, bu haksızlıklar bana reva mıydı?" diye sorabiliriz. Ama Allah böyle bakmaz, Onun için sadece gelişme ve geliştirme vardır. O bazen acı verir bize, doktorun hastasına acı şurup vermesi gibi ama bu bizim tekâmülümüz içindir. O bizi acılarla eğitir, üzüntülerle, kederlerle, eğitir… Bunlarla özümüzü eğitir. Özümüze yolculuğumuzu başlatmak için böyle olması gerekiyordu, birilerinin bize kötülük yapması gerekiyordu. Ama şimdi sıra bizde, affetmeliyiz. Affettiğin zaman omzundaki yüklerden kurtulursun, hafiflersin. Öyleyse affet ve kurtul.

Affetme Meditasyonu

Gözlerinizi kapatın, rahatlayın ve şimdi bir restoranınız olduğunu imgeleyin. Restoranınızın kapısının önündesiniz, o mekânın bomboş olduğunu hayal edin.

Affedemediğiniz, yaşayan ve hayatta olmayan, kırgın ve öfkeli olduğunuz bütün kişiler, yavaş yavaş restoranınızın önüne gelsinler ve sıralansınlar. Şimdi hepsini güler yüzle restoranın içine almaya başlayın.

Beş dakika boyunca, affedemediğiniz, öfkeli olduğunuz insanları tek tek güler yüzle tokalaşarak içeri alın, memnuniyetle restoranınıza kabul edin onları. Tek tek imgeleyin o insanları.

Hepsini içeri aldıktan sonra siz de içeriye girin ve içeride bir konuşma kürsüsü olduğunu görün. Konuşma kürsüsüne varın, mikrofonun önünde durun. Affedemediğiniz, kırgın olduğunuz insanların hepsi karşınızda ve şimdi siz onlara bir konuşma yapacaksınız.

Mikrofona doğru tüm içten duygularınızla şunları söyleyin: (Bunları kâğıttan okumak yerine ses kaydı yapabilir ve o şekilde tekrarlayabilirsiniz.)

"Canlarım hoş geldiniz,

Sizlere canlarım diye hitap ettim, bunun bilincindeyim. Çünkü sizler benim canlarımsınız. Sizler benden parçalarsınız, ben de sizin parçanızım... Asıl itibariyle hepimiz özdeyiz, hepimiz Allah'tayız, sadece zahiren farklıyız. Aklımızın algılaması ve dünya gözüyle görmemiz sebebiyle birbirimizi ayrı gayrı görüyoruz yoksa biz bütünün özündeyiz.

Ben kendimi bildim artık dostlar, kendi özümü bildim artık. Allah'ın ötede bir yerde olmadığını bildim, Onun bende olduğunu bildim. Bildim ve öğrendim artık ki Allah benim özümdeymiş. Tüm yaşadıklarım Onunlaymış meğerse, tüm düşündüklerim, tüm gördüklerim, tüm duyduklarım, her tür eylemim Onunlaymış. Ben Onu şimdiye kadar 'O ve ben' olarak algılamıştım. O zaman algıladığım sadece bir makamdı benim için. Zannettiğim, ikilikti. Çocukluğumdan beri Allah öcü olarak gösterildi, o yargılayıcı, o yakıcı, yıkıcıydı benim için ama şimdi anladım ve bildim ki O benim özümdeymiş, sevgiymiş, aşkmış. Yaptığım her şeyde O varmış, yaşam Onsuz değilmiş, yaşam Onunlaymış...

Sizlerin özünde de Yaratıcı var, sizlere de her türlü fiilinizi yaptıran Odur; kaderimde ne varsa, kaderimizde ne varsa bunu yaşıyoruz. Bu yaşamımda ben kendi filmimin başrolünü oynuyorum, sizler de kendi filmlerinizin başrolündesiniz. Hepimiz birbirimiz için sadece yardımcı oyuncudan başka bir şey değiliz.

Ben ne yaşadımsa asilce yaşadım bugüne kadar çünkü yaşadığım her şey Ondan geliyordu. Ben kadere, kazaya boyun eğdim çünkü her şey Ondandı. La ilahe illallah; Allah'tan gayrı zaten bir şey yok. Hepimiz illüzyondan ibaretiz, sadece bir göz yanılsaması o kadar... Rüya içinde rüyadayız gerçekte. Gerçek olan özdür, Ona kavuşunca gerçeğin gerçeği ortaya çıkacaktır. Hepimiz bu yolda öğreniyoruz, bu yaşam yolunda, eğitim yurdunda eğitiliyoruz. Acılarla, kederlerle, üzüntülerle eğitiliyoruz. Amaca doğru koşuyoruz farkında olmadan ya da farkında olarak. Amaç özdür, amaç özü bilmektir, amaç özün farkında olmaktır. Amaç Onu bulmaktır ve O olmaktır kardeşlerim.

Bugüne kadar yaşadığımız her şey kaderde olandı. Kiminiz arkamdan dedikodumu yaptınız, kiminiz kötü sözler sarf ettiniz, kiminiz doğrudan beni kırdınız ama tüm bunlar sayesinde bir şeyler öğrendim ben. Bunların hepsi bana bir öğretmendi, tüm bunları yaşamam Allah'tandı, Allah benim bunları yaşamamı istedi. Kötü konuşan Onun diliyle konuştu, O izin verdi. Ben üzüldüm, kırıldım ve kızdım, zaman zaman öfkelendim. Ama şimdi artık bunlar bitti, asla ama asla hiçbirinize öfkeli ve kızgın değilim artık, hiçbirinizi yargılamıyorum, suçlamıyorum. Mademki O yaşattı hepsini, öyleyse ben kendimi de, sizleri de yürekten, gönülden, kalpten affediyorum. Hepinizi AFFEDİYORUM! AFFEDİYORUM, AFFEDİYORUM, AFFEDİYORUM!"

Konuşmayı bitirin ve şimdi restoranınıza gelen herkesi tek tek uğurlayın güler yüzle. Restoranınızdan çıkarken herkesin memnun olarak ayrıldığını ve kapıdan her çıkanın buharlaşarak kaybolduğunu görün. Tamamı çıktığında çalışmayı bitirin.

Bunu gerekirse 21 gün uygulayın.

Kendimizi İfade Etme Sorunu

Kendini ifade etme eksikliği çocuklukta yaşanan birtakım sorunlardan dolayı olabilir. Şunu sormalıyız, kişi neden kendini ifade etme sorunu yaşar, neden kendini değersiz hisseder, neden bu tür şeylere takılıp kalır? Her şeyi dışarıda arıyoruz, mutluluğu, coşkuyu. "Param olursa mutlu olacağım, eşim, arabam olursa mutlu olacağım..." Aslında bu mutluluklar özümüzde, bunu keşfettiğimiz zaman değerli olduğumuzu da keşfedeceğiz. Yaptığımız, kendimizi sınırlı hale sokmaktan ibaret. "Ben sınırsızım, hem bu dünyada yaşıyorum hem de manevi âleme aidim," demeliyiz. Evet, bu dünyada soluk alıyoruz ve buradan kopmamalıyız, buradaki yaşamın gereksinimleri neyse onları da keyifle yaşamalıyız. Öyle ki ruhumuz yaşarken, burada dans etmeye başlasın, öldükten sonra değil. Ruhumuzun burada dans etmeye başlaması için bu dünyayı anlaması şart, bu çok önemli. Ama öte yandan biz maddi âlemle sınırlı değiliz, biz sonsuzluğa, mekânsızlık âlemine aidiz.

İşte bunun bilincinde olduğumuzda, hiçbir zaman dışarıda bir şey aramayız çünkü kişi her şeyi artık kendinde arar. Vakit ayırıp, zihni susturup kendimizi dinlediğimizde, özümüze daldığımızda bir bir özümüzdeki cevaplar çıkacak ve kendini ifade etme sıkıntısı da ortadan kalkacaktır.

Zihni Susturmak

Zihnini susturduğun her an Allah'lasın. Zihnin sustuğu o ufacık anlarda Onla birlik içinde oluruz. Nefes alıp verirken, ufacık anlar vardır işte o anlara örnektir bunlar. Veya deniz kenarına gidersin, suyu seyredersin, dalgaları seyredersin, seyre dalmışken birden denizin kendisi sen olursun ve daha sonra ortada ne deniz kalır ne sen, sadece O kalır. İşte zihnin sustuğu an budur. Ya da bir resme bakarsın, o kadar derin ve içten bakarsın ki resme bakarken dalarsın ve resmin kendisi sen olursun, ardından yine ne resim kalır ne sen, sadece O var olur.

Düzenli meditasyonla bu daha kolay ve sık yaşanabilir. Devamlı meditasyon bu açıdan çok önemlidir.

Meditasyonda amaç zihni serbest bırakmaktır. Önce negatif veya pozitif, bütün düşünceleri serbest bırakıyoruz. Biraz daha olgunlaşınca nefesimizi izliyoruz, sadece nefese odaklanıyoruz. Daha sonra zihnin anlamayacağı bir şekilde konuşuyoruz. Mesela bilmediğiniz bir dil veya uydurma bir dille. Zihnin anlayamamayacağı, kodlayamamayacağı bir şeyler konuşuyoruz içimizden. Onu yanıltmak ve durdurmak için yapıyoruz bunu ve nihayet zihin susuyor. Zihin ortadan kalkınca izlemesi mümkün olmaz, sadece öz izler artık. Aslında her zaman izleyen ve tanık olan yalnızca özdür, zihin değildir. Zihni tamamen saf dışı bırakmadıkça da özümüze kavuşamayız.

Farkındalık, Tanık Olma ve Kabullenmenin Bilgeliği

Tanık dediğimiz hep şimdidedir ve andadır. Tanık her şeye tanıklık etmektedir. Zihnin yaptıklarına da başka algılara da tanıklık etmektedir. Peki öyleyse zihin nedir, ne yapar?

Zihnin iki meziyeti vardır; zihin ya geçmiştedir ya gelecektedir. Tabii ki zihin gibi akıl da… Zihnin yaptığı şey şudur; geçmişi bizlere hatırlatmak ve onları akla aktarmak ya da geleceğin kaygılarını akla yansıtmak. Geçmişi ve geleceği tamir etmeye çalışan ise akıldır. Haliyle zihin ve akıl sürekli geçmişte ve gelecekte olduğundan maalesef hep şaşkınlık içindedir.

Aslında akıl ne geçmişi tamir edebilir ne de geleceğin endişesini, kaygısını giderebilir. Bunları yapamaz çünkü biz şimdide, şu anda yaşıyoruz, gelecekte veya geçmişte değil. Şimdide olmamıza rağmen zihin yüzünden ya geçmişimizle ya da geleceğimizle debeleniyor, neredeyse hiçbir zaman anı ve şimdiyi arınmış olarak yaşayamıyoruz. Ama tanık ise bu süreçte olaylar zincirine sadece tanıklık ediyor.

"Zihin" dediğimiz aslında düşünceler zincirinden ibarettir. Halbuki zihin biz değiliz. Zihin, yaşadığımız ve gerçek olan an da değildir. Zihin bizden ayrıdır. Aslında ayrı olan şey yok demektir. Biz sadece tanık olan parçayız. Tanık nedir? Bilinçtir.

Bilinç tüm bunların dışındadır, tüm bunları gözlemleyen, devamlı ana tanıklık edendir. Tanık bilinçtir, haliyle saf sevgidir. Bütün bu zihin karmaşasının ötesinde sadece tanıklık etmektedir. Özümüz ve gerçeğimiz aslında budur. Bundan gayrı öz yoktur.

Farkındalık Nedir?

Farkındalık bu tanığın farkında olmaktır. Tanığın farkında olmak için zihni aradan çıkarmamız gerekiyor. Zihni aradan çıkardığımızda sadece tanık kalır, yani bilinç kalır, yani saf sevgi kalır. İşte o bilinç gerçek, hakiki olandır, hakikattir. O bilince varmamız gerekir, ancak farkında olduğumuz zaman tanığın kendisi oluruz.

Farkındalık dediğimiz şey, şu anı, şimdiyi yaşamaktır. "Ben şimdi bunu okuyorum, farkında oluyorum, sonrası yok, öncesi yok..." İşte bunun gibi sadece anın farkında olmaktır. Yaşadığımız her anın, her şeyin farkında olduğumuz ve farkındalıkla yaşadığımız zaman tanık ortaya çıkar.

Eğer biz farkındalıkla yaşarsak yaşadığımız her şeyin bir anlamı olduğunu göreceğiz. O zaman her yaşadığımız olayın, düşüncenin, fiilin bir anlamının olduğunun farkına varacağız.

Kabullenme ve Arayış

İnsan her zaman şikâyet eder, her zaman şikâyetçidir çünkü farkında değildir, tanık olamamıştır. Ancak tanık olunca şikâyetler ve düalite algısı kaybolur, gerçek ortaya çıkar, hep aradığımız o güzel "şey" ortaya çıkar. İnsanlar farkında olmadan ya da biraz farkında olarak her koşuşturmacada aslında kendilerini, yani tanığı ve bilinci ararlar. Bunun adına öz, Tanrı, Allah diyebiliriz...

Hakikati arayanlar zaten bu yoldadırlar. Fakat bir de bilinçsizce arayanlar ve savrulanlar var. Bilmeden arayanlar para, aşk, sosyal hayat, iş ve maddi şeyler için koştururlar ama esas itibariyle onlar da kendilerini aramaktalar. Kendilerine bir hedef belirlerler, "Şu isteğim olunca mutlu olacağım", "Sevgi bundadır", "Şu özgürlük verir..." Aslında hiçbiri o hedefi sağlamaz, evet belki hepsi gerçekleşir ama sonuç gerçekleşmez çünkü onların vereceği ruhsal tatmin sınırlıdır.

Elbette konan bu bütün maddi hedefler veya yargılar sınırsız olanı bulmak için öğretmenler, öğreticilerdir, kaderde vardır ve bunlar yaşanacaktır. Onları reddetmek doğru değildir. Yani maddi olanlar da özü aramak içindir, onları da iyi kötü, hayatımıza kabul etmemiz gerekir.

Bunlar hastalık olabilir, olaylar olabilir, düşünceler olabilir... Biz insanoğlu hiçbir zaman meşakkate gelemeyiz yani kötü düşünceler, olaylar ve işlerin başımıza gelmesini istemeyiz. Bunlar bizi üzer ama kaderimizde varsa bunlar mutlaka bir şekilde yaşatılır bize. Çünkü şu yaşadığımız beden bir misafirhanedir. Gelen her şey, tüm olaylar, düşünceler, duygular, bütün yaptığımız fiiller bu misafirhaneyi ziyaret eden birer misafirdir. Onlara kapımızı açmalı, onları güler yüzle karşılamalı ve misafir etmeliyiz. Onlar kalıcı olarak gelmezler, elbet gidicidirler, fakat biz onları reddettiğimiz ve kapıda beklettiğimiz sürece onlar bu bekleyiş ve engellenişten dolayı bizi hep rahatsız ederler. Tüm kötü düşünceler, ayıplar, haramlar, yasaklar, günahlar, hicap duymalar, utanmalar, her şey ama her şey duygu ve düşüncelerdedir ve bunların hepsi bir şekilde içeri girmek, evine misafir olmak ister ama sen onları işine gelmediği için reddedersin. Her ne kadar sen onları kötü ve negatif olarak algılasan da onlar sana bir şeyler göstermek ve öğretmek için gelmişlerdir. O yüzden önce kabul etmek lazım.

"Ama bu çok kötü bir hastalık, bunu nasıl kabul ederim?" diyebilirsiniz. Bu, kanser vb. başka bir hastalık da olabilir. Ne olursa olsun, evimize misafir olarak gelendir, hepsine kapımızı açıp güler yüzle buyur etmeliyiz çünkü kalıcı değillerdir. Hatta coşkumuzu, sevincimizi, mutluluğumuzu kaybettirme pahasına olsa da buyur etmeliyiz. Onların bize daha çok mutluluk, daha çok huzur ve daha çok coşku kapısını açmayacaklarını nerden bilebiliriz ki? Hepsi birer öğretidir, hepsi bizi pozitife götürür, hepsi bizi sevgiye götürür. Ama bu ancak kabulle mümkündür. Sevgiyle kabul etmek, serbest bırakmak onların öğreteceklerini alabilmenin yegâne yöntemidir...

Kabul ettiğimiz anda onlar bize öğretmeleri gereken şeyi öğretirler ve biz o zaman o öğrenmemiz gereken şeyin farkındalığını yaşarız. Biz kabul etmediğimiz için farkında olamıyoruz, biz onları reddettiğimiz ve kötü, öcü gördüğümüz için onların bize ne öğreteceklerinin farkında olamıyoruz. Halbuki onları buyur etsek, misafir etsek, o zaman farkındalıklara ulaşacağız, o hastalığın, o kederin veyahut korkunun, endişenin, kaygının, kötü düşüncenin ne sebeple geldiğinin bilincinde olabileceğiz. Zaten kalıcı değillerdir. Yeter ki onları kabullenelim, reddetmeyelim.

Reddettiğimiz, kendimizden uzaklaştırmaya çalıştığımız her şey büyür ve bizi kontrol altına alır. Ama kabullendiğimiz her şey küçülür ve biz büyürüz sayesinde, özgürleşiriz... Kabullenmek, bir sorunu kontrol etmektir. Kabullenmek, özgürleşmektir. Böylece sorunları biz kontrol edebiliriz.

Tüm bu sorunlar bizi özgürleştirme adına gelirler. Biz bunlara kötü duygu ve düşünceler diyoruz ama kötü, çirkin, güzel, bu yargıların, tanımlamaların tümü bize göredir. Allah için asli olarak ne güzel ne çirkin, ne kısa ne uzun, ne negatif ne de pozitif vardır... Sadece sevgi esastır Onun için. O, bizi sevgiye ulaştırmak için o dertleri tasaları verir. Doktora gittiğimizde, doktor iğne yapar, canımızı acıtır, acı ilaçlar verir, boğazımızdan zor geçer. Doktor da sizin kötülüğünüzü istemiyordur, iyileşmenizi istediği için veriyordur o ilaçları ki siz de zaten iyileşmek için gidersiniz.

Hastalıkların Sebebi

Hastalıkların sebebi "içimizdeki hastalıklar"... Ve her zaman bize bir şey öğretmek için varlar. Önemli olan neyi öğretmek istediklerini anlamaktır. Hastalıkların tamamı bizim özümüzle alakalıdır ve temizlenmemizi, ders almamızı amaç edinir. Yanlış yoldaysak bizi doğru yola sevk ederler. Örneğin sigara içiyorsun ve sigara içerken akciğer zarar görür. Doktor, "Akciğerin kötü durumda, iyileşmesi için sigarayı bırakmalısın," dediğinde sigarayı bırakman gerekir. İşte bu hastalık sana iyilik için gelir, akciğerini kurtarmak için oradadır ve sana önemli bir şeyi gösterir; sigara içmekten kurtulmayı.

İkinci önemli sebebi ise öze giden yolculuktur. Öze yolculuk sürecinde bu tür hastalıklar ortaya çıkabilirler. Öze yolculuğu başlatmak istiyoruz ama bizde eksik olanları tamamlamamız gerekir önce, işte bu eksikleri de görmemiz için hastalıklar bize uğrayabilir. Bu hastalıklar çok şey öğretir bizlere.

Eğer bir hastalığın nedenini bulmak istiyorsak, meditasyon yapmalıyız. Boyun dik, bel dik, gözler kapalı bir şekilde oturulur, özden gelecek bir şekilde "Bende bulunan şu hastalığın sebebi için meditasyon yapıyorum," denir ve meditasyon yapılır. Birinci defada bunu bulamadıysan iki defa yapılabilir, iki de olmadı üç, üç de olmazsa dört... Dördüncünün sonunda muhakkak o neden kendini gösterecektir.

Ruhunuzun İyileşmesini İsteyin

İyileşmeyi, ruhunuzun iyileşmesini, olgunlaşmasını isteyin. Bunun için de gelen acılara, kederlere, endişelere, hepsine kapınızı açın, güler yüzle karşılayın, misafir edin onları. İşte bu yüzden önemlidir kabullenme. Ruhun iyileşmesi için. Ve tüm bunların sizi tanığa götüreceğinin bilincinde olun. Onun için gelmektedir bu sorunlar, size eziyet olsun diye değil, Allah hiçbir kuluna eziyet etmez! Sadece olgunlaşma adına gelir bunlar, sizi olgunlaştırmak için gelirler.

Kimi zaman duygulanır ağlarsınız, kimi zaman korkarsınız ve endişelenirsiniz, kimi zaman da kaygılanırsınız, yani işin özü halden hale girersiniz. Bu beden bir misafirhanedir çünkü, o gelenlerin hepsi de misafirdir. Kaygılandıran, korkutan ve endişelendiren, sizi halden hale sokan Allah'tır, tüm bunları size yollayan Odur. Haliyle, Allah yolluyorsa derdi, sıkıntıyı, kapıyı açıp tebessümle karşılamalıyız ve bunu gönülden yapmalıyız. Yani karşılamayı, buyur etmeyi istemeliyiz. O zaman farkındalık denilen şey gelişmeye başlar ve bazı şeylerin farkında olmaya başlarız. "Hoş geldin," diyerek güler yüzle karşıladığımızda, o kaygı, sıkıntı, korku veya hastalık neden geldiğini fısıldar sana. Haliyle bu farkındalık ve âgâh oluş pekişir ve seni tanıklığa götürür ve zamanla da her anını tanıklık ederek yaşarsın. İşte tanık ortaya çıktığı zaman, her anını tanıklık ederek yaşadığın zaman, o öze doğru yolculuğu gerçek manada yaşamış olursun. Peki, ne olur bundan sonra? Bundan sonra yani tanık olduktan sonra, "ikinci yolculuk" başlar.

İkinci Yolculuk ve Tanık Olmak

İkinci yolculukta artık üzülme, kaygı, endişe, korku yoktur. Hiçbir şey yoktur. İkinci yolculuğa girdiğinizde orada sevinç vardır, mutluluk, coşku, huzur vardır. Hep o yolda kalmak istersiniz. Kimi zaman hemdem olmak, bütünleşmek, kimi zaman bütünlükten kopup dünyevi hayata dönmek ama hep aynı yolda olmak... Ve hep aynı şekilde mutlu, huzurlu, coşkulu olmak, tüm aradığınız şey budur işte. Gerçek mutluluk, gerçek sevgi, gerçek coşku budur. Ve bunlar ancak tanık olarak yaşanır. Tanığın kendisi olma, her şeye tanıklık etme deneyimi ile mümkündür.

Daha önceden de söylediğimiz gibi tanık, akıldan da, mantıktan da, zihinden de dışarıdadır. Zihin biz değiliz; zihin bizden dışarıdadır. Biz bu düşünceler zincirine, bu mekanizmaya zihin diyoruz. Ama zihnin kendisi değiliz, biz öz olarak tanığız ve sadece her şeye tanık oluyoruz.

Tanık biziz ve hakikatte tanık Odur, gerçek manada arzuladığımız şeydir, gerçek manada Allah Celle Şanühüdür, zahiren Onun parçası, batınen Onun özüyüz... Yani zahirî algılamayla onun bir parçası, batıni algılamayla onun özüdür işte o tanık.

Kaygılardan Endişelerden Kurtulmak İçin Kabullenme Meditasyonu

Kabullenmek tanık olmanın ilk basamağıdır. Haliyle kabullenme için meditasyon yaparak, o misafirleri misafirhanemize buyur edebiliriz. Meditasyon boyunca korkabilirsiniz, üzülebilirsiniz, belki endişelenebilirsiniz ama meditasyon sonunda çok rahatlamış olacak ve öğrenmeniz gerekenleri öğreneceksiniz.

Şimdi beller dümdüz, omuzlar ve boyun dik, gözler kapalı şekilde oturun veya bağdaş kurun. Oturacaksanız ayaklarınız yere paralel olsun ve yere tam olarak bassın. Ellerinizi dua eder şekilde dizlerinizin üzerine koyun. Başparmağınız dâhil bütün parmaklarınız birleşik olsun. Şimdi gözlerinizi kapatın ve o kapıyı açmadığınız, misafir etmediğiniz, hep reddettiğiniz, kendinizden uzak tutmaya çalıştığınız, duygu ve düşüncelerinizin hepsini içeriye alın. Yani sürekli erteleyip dışarıda tutmaya çalıştığınız korkuları, üzüntüleri, endişe ve kaygıları kapının sürgüsünü kaldırarak içeriye alın... Hepsi gelsin içeri, hepsi misafirhanenize girsin ve gülümseyerek buyur edin onları. 5-10 dakika boyunca hiç konuşmadan bırakın, misafir olsunlar, sadece izleyin onları. Şimdi bunlar misafirhanenizdeyken yavaşça şu niyeti edin:

> "Tüm bu kötü düşünce, kaygı ve endişeleri onaylıyorum, sizi seviyorum, sizi kabul ediyorum."

Ve bu süreçte farkında olmaya çalışın, neden varlar, ne için buradalar... Hazır hissettiğinizde çalışmayı bitirebilirsiniz. Bu kabul etme sonrasında kendinizi daha rahat hissedeceksiniz.

Kabul ettiğiniz bu sorunlar zamanla küçülecek. Artık bu sorunların efendisi siz oldunuz. Fark etmeden onları efendi yapmıştınız, ama şimdi siz efendi oldunuz çünkü onları kabullendiniz. Onlar size bir şeyleri göstermek ve öğretmek için gelmişti, onlar güzelliklerin kılavuzu olarak gelmişlerdi ve sizler de farkına vardınız. 21 gün boyunca yapın, sonra tüm bunlardan kurtulduğunuzu, tüm bunların sizi terk ettiğini göreceksiniz. 21 günün sonunda bu sıkıntıları tamamen unutacaksınız, bir daha gelmeyecekler çünkü öğreteceklerini mutlaka öğretmiş olacaklar. Sonrasında rahatlayacaksınız. Kabullenme çok önemliydi ve kabullendiniz, kendinizi özgürleştirdiniz…

Çocuklarımız ve Biz

Kendi Çocukluğumuz

Çocukken ailemizle olan ilişkilerimiz ve kendi çocuklarımızla ilişkilerimiz çok önemlidir. Özellikle 0-7 yaş arası çok önemlidir. Yedi yaşına kadar bilinçaltımız genel kategorileri şekillendirir. Çocukların 0-7 yaş arasında en çok anne babaya ihtiyacı vardır. İkinci olarak kardeşler, akrabalar ve sonra çevre gelir. Eğer biz yedi yaşına kadar mutlu ve güzel bir şekilde yaşamışsak yani ailemiz bizi hiç yalnız bırakmayıp anlayışla her konuda destek olmuş ve şefkatle, sevgiyle bizle ilgilenmişse güzel kategoriler oluşur ve bizler gelecekte o kategorilerin altını doldururuz. Örneğin, özgüven, sevgi, merhamet, şefkat gibi çok farklı kategorilerdir bunlar. Bu bilinçaltı kategorilerini bir web sitesi gibi düşünebiliriz. Herhangi bir siteye girdiğinizde genel kategoriler ve bunların altında da daha detaylı linkler vardır. İşte yaş geçtikçe bu genel kategorilerin altlarındaki linkler çoğalır. Örneğin, özgüven kategorisinin altına, "Ben kendi başıma iş yapabilirim," linki açılır. Bu bir özgüven işaretidir ve çocuklukta kazanılmış özgüven kategorisinin bir getirisidir. "Ben kendi başıma iş yapacağım," demek "Ben kendi başıma hayatta ayakta durabilirim," demektir.

Bir diğer örnek olarak, sevgi ve şefkati verebiliriz. Sevgi kategorisi açılırsa, zamanla altına "Ben insanları seviyorum" linki, onun altına "Ben hayvanları seviyorum" linki, onun da altına "Ben evreni seviyorum" linki açılır. Bu şekilde o ana kategorilerin altları çeşitlenir.

Eğer 0-7 yaş evresinde kategoriler olumsuz yönde gelişirse hayatın geri kalan sürecinde de olumsuz başlıklar açılır. Örneğin, anne babamız bizi bıraktı ve gitti, haliyle şefkat ve merhamet alamadık. Onlar hep uzaktaydı ve anneanne, babaanne veya dedenin yanında büyüdük ama hep anne şefkatine ihtiyaç duyduk. İşte bu kategori sağlıklı açılmaz, yarım yamalak kalır çünkü anne şefkati çok önemlidir. Bunun yanında babanın mücadeleciliğine şahit olmak önemlidir, özellikle erkek çocukları için. Eğer bunlar söz konusu olmaz ve olumsuz kategoriler açılırsa örneğin özgüvensizlik, zayıflık, tembellik, korku, endişe, kaygı ve üzüntü gibi, gelecek yaşamda da bunların altlarında yeni olumsuz sayfalar açarız. Herhangi bir yeni yaşantıda bu kategorilerin altları doldukça dolar. Tabiatıyla, yedi yaşından sonra yaşantımız hep bu 0-7 yaş arasında açılmış kategoriler doğrultusunda seyreder.

Tabii ki anne babamıza kızmamamız ve darılmamamız gerekir. Sonuçta onlar da anne babalarından böyle öğrendiler. Onları affederek bilinçaltımızı olumlu yöne doğru çevirmeliyiz. Onlara kızmak veya dargın olmak yerine onları affederek bilinçaltında daha olumlu yeni kategoriler oluştururuz. "Anne babamın suçu yok, onları affediyorum ve onları öylece kabul ediyorum," olumlaması bu yüzden önemlidir. Elbette 0-7 yaş arasında açılan o önceki kategoriler kalacaktır ama yeni olumlu kategoriler oluşacaktır. Böylelikle geçmiş olumsuz olsa da gelecekteki yaşamımızı bu davranış biçimiyle çok daha iyi geçirebiliriz. Yani yaşantımıza yine biz kendimiz karar veriyoruz. Eğer biz melankolik olmayı seçersek, affetmeksizin yaşamak istiyorsak bu sadece kendimize zulmetmektir. Affetmemek yüktür bizim için. Demek ki affetmeden, üzüntüyle yaşamayı seçmişiz demektir.

Maalesef bizim toplumumuzda üzüntüye meyil vardır, filmleri izleyip kendimizi oradaki hüzünlü karakterlerle benzeştirip, özdeşleştirip "İşte benim hayatım da böyle kötü", "Benim kaderim zaten böyle, hiç değişmez", "Hep böyle mutsuz olacağım" gibi telkinler yaparız. Eğer mutsuz olmak istiyorsak, böyle yaşamak istiyorsak affetmeyebiliriz ama burada sadece kendimize zarar veririz başka kimse bundan zarar görmez. Ama değiştirmek istersek ve "Evet, ben şimdi ve şu an değişime hazırım! Şu andan ve şimdiden itibaren geçmiş yaşamımda kin, öfke duyduğum herkesi affediyorum. Anne, babamı da öylece, oldukları gibi kabul ediyorum, onları seviyorum ve onaylıyorum. Şimdi ve şu an değişime hazırım, değişmeye hazırım!" telkininde bulunursak, hemen o an değişime hazır hissetmeye ve yeni kategorileri bilinçaltımızda yaratmaya başlarız. Tabii ki buna kendimizi sevmekle başlamalıyız, çünkü kendimizi seversek, her şeyi sevebiliriz. Önce kendimizi sevmeyi deneyimlemeliyiz. "Şu anda ve şimdide kendimi kabul ediyor, seviyor ve onaylıyorum. Her ne yaşadıysam şimdiye kadar asilce yaşadım. Her ne yaşatıldıysa bana, benim kaderimdi. Öyleyse kimseyi suçlamıyorum ve yargılamıyorum artık. Bana ne yapıldıysa, kimler tarafından yapıldıysa hepsini, herkesi gönülden affediyorum ve kendimi de affediyorum," olumlamasını yapmalıyız. Böylelikle yeni kategoriler açılır, bu yeni kategoriler doğrultusunda yaşamımıza coşku, huzur ve mutluluk gelir.

Ve Kendi Çocuklarımız

Buraya kadar kendi çocukluğumuza değindik. Bir de kendi çocuklarımıza nasıl davranmamız gerektiği önemlidir. Çocuklarımıza özellikle 0-7 yaş arasında, sevgi, şefkat ve merhamet göstermeliyiz. Özellikle o yaştaki çocukların anne şefkatine ve bunun yanında babanın merhametine ve mücadeleciliğine çok ihtiyaçları vardır. Evin tek çalışanı babaysa akşama kadar evde olmayabilir. Eğer baba gelince televizyonu, maçı, haberleri veya herhangi bir diziyi izlerken çocuk gelip bir şey sorar veya ilgi isterse ve bu sırada baba çocuğu tersler veya gerekli ilgiyi göstermezse, çocukta hemen değersizlik hissi oluşur. 'Demek ki maç, haberler, dizi vs. babam için benden daha önemliymiş' diye düşünür ve hemen değersizlik ve özgüvensizlik kategorisi açılır bilinçaltında.

Bu gibi konularda çocuklarımız için çok dikkat etmeliyiz. Çocuklarımızı parayla mutlu etmeye çalışmak veya yediği önünde yemediği arkasında diye boşlamak doğru değildir, çocuğa sevgi ve şefkat gösterilmelidir. Dünyayı çocuğun önüne yığmak yerine, şefkat ve merhamet çocuğa yeter zaten.

Çocuk sonuçta anne ve babanın aynasıdır. Çocuklara terbiye vermeye çalışmak bu yüzden yetersizdir çünkü ebeveyn nasılsa çocuk da öyle olur. Eğer çocuğumuza iyi örnek olmuşsak, iyi davranışları gösterir zaten. Karikatürdeki gibi elimizde sigara varken çocuğumuza "Sigara içme!" dememizin veya elimizde içki kadehi varken çocuğumuzu "Bu kötülüklerin kaynağıdır, sakın içme!" diye uyarmanın manası yoktur. Biz nasıl model olursak, çocuk da öyle olur.

Çocuklarımızla İlişkimiz

Hepimiz artık pozitif ve negatif enerjiyi, bu kavramların ne anlama geldiğini biliyoruz. Pozitif ya da negatif enerjiye sahip olmanın bize ne gibi olumlu veya olumsuz katkılarının olduğunu yaptığımız eylemler sonucu hissediyor, fark ediyor ve yaşıyoruz. Öfke, kin ve nefret dolu olduğumuzda negatifi; sevgili, saygılı, paylaşımcı ve hoşgörülü olduğumuzda ise pozitifi yaşıyoruz.

Düşüncelerimiz ve düşüncelerin tesiriyle yapılan eylemler çok önemlidir. Halk arasında sık sık duyduğumuz bazı söylemler vardır, "Bugün enerjim çok düşük", "Falanca benim enerjimi sömürdü", "Biriyle konuştum, bitap düştüm", "Bugün moralim sıfır" gibi. Aslında her ne yaparsak yapalım, her kimle konuşursak konuşalım biz istemedikçe kimse bizim enerjimizi sömüremez. Her şey bizde başlar ve bizde biter. Kavga, münakaşa anlarımızı bir düşünün; o anlarda kim daha çok bağırmış çağırmışsa o diğerinin pozitif enerjisini tüketir. Ya da normal bir konuşma esnasında bile kim daha çok sesini yükseltirse, o karşısındakinin enerjisini sömürmüş olur. Suçlamalar çok daha vahimdir. "Sen bunu bunu yaptın. Sen vicdansızsın. Sen adam olmazsın. Sen şusun, sen busun..." gibi sözlerle karşındakini suçlamak, onu enerjisiz, bitap düşüreceği gibi, onurunu da yaralar. Kişi düşük enerjisini bir şekilde toparlayabilir ama onuru kırılırsa onun tamiri kolay olmayacaktır. Bu bağlamda çocuklarımızla olan diyaloglarımız da çok önemlidir. Onları yaptıkları hatalardan dolayı asla suçlamamalı, kınamamalı, azarlamamalıyız. Unutmayalım ki onların yaşlarında bizler de öyleydik. Pek çok hatalar yaparak doğruyu öğrendik. Negatifin ne olduğunu bilmeseydik pozitifi nasıl öğrenebilirdik, kötüyü görmeden iyinin iyi olduğunu nasıl anlayabilirdik, çirkini görmeden güzelin güzelliğini nasıl bilebilirdik?

Her çocuğun mutlaka ayrı bir yeteneği vardır. Kimisi mühendis olmak için gelmiştir dünyaya, kimisi doktor, kimisi de marangoz vs. vs... Aileler bu durumu bir türlü kabullenmek istemezler. "Falancanın çocuğundan senin neyin eksik, sen de hukuk fakültesini kazanacaksın, sen de doktor olacaksın..." Belki ailenin zoruyla bu çocuk doktor olacaktır ama bu işi severek yapmayacaktır. Çünkü o doktor değil belki marangoz olmak istemektedir. Bu çocuk doktorluk mesleğini sizce hangi ölçüde becerebilecektir? Çocuklarımızın seçimlerine saygı duymalı, onları hiç istemedikleri bir yarışa sürüklememeliyiz.

Çocuklarda Eğitim

Çocuklar çok saf düşüncelere sahiptirler, bu yüzden onların zihnini bulandıracak, onları zora sokacak söylemlerden uzak durmamız önem arz etmektedir. Eski bir Kızılderili atasözünde der ki "Şeytan hakkında konuşmayın. Gençlerin kalbinde merak uyandırır." Çocuğumuza eğitim verirken, o günah bu günah demek ve şeytanlardan bahsetmektense, Yaratıcı'nın sevgisini öğretmek doğru olandır. Allah hep bize öcü gibi aşılandı ama Allah sevgidir, O saf aşktır, hoşgörü ve şefkatle doludur. O özümüzdedir, öcü gibi gösterilip korkutucu olan bir şey nasıl içimizde var olabilir? Hep bizi seven, bizden ayrı gayrı olmayan bir varoluştur... Haliyle O ve ben, O ve sen diye kavramlar yoktur gerçekte. Sadece ve sadece O vardır. O yüzden çocuklara dinden bahsederken Yaratıcı'nın sevgisini öğretmek daha doğrudur. Korku, sınırlama ve baskı yerine, güven, erdem ve sevgiyi aşılamamız gerekir. Ve inanın, sizler nasılsanız sonuçta çocuklar da öyle olacaklardır. Çocuklar anne babanın aynasıdır, sizler güzel örnek olun ki çocuklar da sizleri kopya edip güzel olsunlar. Onlara "Şunu yapma bunu yapma!" gibi -me -ma negatif kipiyle konuşmak yerine onlara olumlu alternatifler sunmanız, güzel örnek olmanız en güzel eğitimdir, siz iyi olunca onlar da iyi olacaktır.

İndigo ve Kristal Çocuklar Kimler?

Üç açıdan bu durumu inceleyebiliriz. İlk olarak, öyle bir dünyada yaşıyoruz ki eskiye göre çok daha fazla şeyin bilindiği bir evredeyiz. Bir tıkla tüm bilgilere ulaşabiliyoruz internet sayesinde. O kadar ilerleme var ki bilim insanlarının araştırmalarında; kuantum fiziğin sağladığı teknolojik gelişmelerle şekillenen, "kuantum ilerlemesi", "kuantum sıçraması" olarak adlandırılan yeni bir aydınlanma dönemindeyiz. Bu açıdan yeni doğan çocuklar çok şanslılar. İkincisi, 2012'den sonra doğan çocuklar daha akıllı ve zeki oluyorlar. Üçüncüsü, Reiki alan hatta daha ana rahmindeyken Reiki inisiyesi yapılan çocuklar gerçekten de "indigo ve kristal" dediğimiz sınıfa giriyorlar. Doğuştan bilgelik ışığıyla, Reiki ile hemdem olarak tüm çakraları açık doğuyorlar.

"Bu şifa enerjisi, Reiki hepimizde zaten doğduğumuzdan beri vardı, bir bebeğe inisiye yapmanın ne manası var?" diyenler olabiliyor. Ama önceden de değindiğimiz gibi bu yanlıştır. "Bebeklerde Reiki var, bebekler iyileştirebilir, bebeğin elini koyunca Reiki akar," gibi söylemler yanlış söylemlerdir. Biz ilahi kaynaktan bu enerjiyi, nuru ekstra alıyoruz. Doğuştan yaşam enerjimiz var, dünya için bedenlerimizin yaşam enerjisine ihtiyacı var. Ve bu yaşam enerjisini Reiki olsun olmasın herkes zaten kök çakrasıyla yeryüzünden alıyor. Yani tüm insanlar, canlılar ve nesneler yaşam enerjisiyle hemdemdir. Hem bedenimizin hem de organlarımızın ihtiyacı olan enerjiyi dünya veriyor bize. Beden dünya içindir çünkü.

Reiki ilk önce Amerika'da sonra Avrupa dillerinde "evrensel yaşam enerjisi" diye tanımlandı. Bizim ülkemize de Avrupa dolayısıyla geldiği için bizde de böyle kaldı. İnisiye yoluyla aldığımız enerji daha doğrusu nur Allah'tan gelir ve farkındalıklarımızı arttırır. Bu, mistisizm ile birlikte, birtakım açılımlar sonucu elde edilen ilahi nurdur. Biz bunu inisiye yani el verme yoluyla alıyor ve dağıtıyoruz. Bu ayrı bir enerjidir, ilahi bir enerjidir. İlahi enerji taç çakradan yani tepe çakradan iniyor aşağı.

Dediğim gibi kök çakra ve diğer çakralar tıkalı değilse yaşam enerjisi yeterince alınıyordur zaten. Ama günümüz çağında stres ve negatiflere bolca bulaşılabiliyor. Yalan, dedikodu, arkadan konuşma, kavga, münakaşa derken negatif enerjilere maruz kaldığımızda, korktuğumuzda, endişelendiğimizde ve üzüldüğümüzde aurayı ve çakraları kirletiyoruz. Tabii çakralar kirlene kirlene tıkanabiliyor. Reiki alanlarsa sürekli aura ve çakralarını sürekli arındırırlar.

Biz genelde ana rahminde olan çocukları da inisiye ediyoruz. Hepsinin gelişimlerini doğumdan itibaren takip ediyoruz. Tecrübelerle de sabit, pek çok çocuğumuz var böyle, hiçbiri annelerini rahatsız etmiyor, az ağlıyor ve gayet sakinler. Çok erken konuşmaya başlıyorlar. Çok zekiler. Onlar indigo ve kristal çocuklar...

Sevginin Önemi ve Birlik

Hayatta bizleri ne ilgilendiriyor veya ne ilgilendirmiyor diye sorarsak, dünyada yaşadığımız her şey ama her şey bizi ilgilendirir. Düşündüğümüz her şey, konuştuğumuz her kelime, yaptığımız her fiil bizi ilgilendirir. Sadece kendimizinkiler değil, dışımızdaki her şey de bizi ilgilendirir.

Örnek vermek gerekirse; bir kafeye girdiğinizi düşünün. Kafe tıklım tıklım dolu ve bir masa bulup oturabildiniz. Esasında o kafeye tesadüfen varmadınız, ilk önce bunu düşünmeliyiz. İkinci planda, oradaki tüm insanlar sizi ilgilendirdiği için oraya geldiniz ve o masaya oturdunuz. Oradaki tüm insanların davranışları, hal ve hareketleri, konuşmaları, hepsi sizi ilgilendiriyor.

Tamamıyla olmasa da kısım kısım sizsiniz onlar. Herkes bir itkiyle gelmiştir, sizler birbirinizi çektiğiniz için oraya oturmuşsunuzdur. Eğer birisi size oradan kötü bakıyorsa bu da sizsiniz, yani sizin bir parçanız. Eğer başka birisi size kötü konuşuyorsa o da sizin parçanız, o da sizsiniz. Hep konuşulur ya evren bütündür, evrende ayrı gayrı yoktur diye. İşte tam olarak bu şekildedir. Her şey bizim parçamız, her şey bizim bir tarafımız, bir eksikliğimizdir. Hiçbir düşünce, eylem ve konuşmamız evrende kaybolmaz, her biri bir cana bürünür.

İşte o yüzden çevremizde olan her şey ama her şey bizi ilgilendiriyor. Şu anda sizler beni çektiğiniz ve şimdi ben sizi çektiğim için siz bunları okuyorsunuz. Her birimiz birbirimizin parçalarıyız. Bütün olan sadece bilinçtir, bir tek bilincin parçalarıyız hepimiz. Bizi meydana getirenlerse beynimizdeki frekanslardır, bu frekanslar gözümüze yansıyarak bizi parça şeklinde gösteriyor ve gördüğümüz şu dünya gerçekte yok olmasına rağmen böyle bir varoluş gösteriliyor. Aslında tek bir bilinçten türüyor bütün bunlar. Herkesin bilincinde Allah var ayrı ayrı ama tümde, bütünde hepimiz aynıyız.

Hastaneye Gitmeden Hastalarını Tedavi Eden Doktor

Bunun en güzel örneği Dr. Ihaleakala Hew Len'in Hawaii'de yaşadığı olaydır. Hawaii Eyalet Hastanesi'nde hastane koğuşunun birisi tamamen sabıkalı ve suçlu akıl hastalarıyla doluymuş. Kimi işe alsalar, doktor veya hasta bakıcı, hepsi de en fazla bir hafta dayanıyor ve sonra istifasını verip çıkıyormuş. Diğer çalışanlar ise o hastalar tarafından saldırıya uğrama korkusundan dolayı, koğuşta sırtlarını duvara çevirerek yürüyorlarmış. Kısacası burası yaşamak, çalışmak ya da ziyaret etmek için hoş bir yer değilmiş. En sonunda Dr. Len'i işe almışlar. O işe hiç gitmemiş, sadece hastaların geçmişlerini içeren klasörü almış ve ofisinde dosyaları incelemeye başlamış. Hastaların dosyalarına bakarken kendi üzerinde çalışmış. Ve kendi üzerinde çalıştıkça hastalar iyileşmeye başlamış. Birkaç ay sonra, daha önceden elleri kelepçeli dolaşan hastalara serbestçe dolaşmaları için izin verilmeye başlanmış, ağır ilaç tedavilerine maruz kalan hastalar ilaç tedavilerini bırakmışlar. Serbest bırakılmalarına zerre ihtimal verilmeyenler dahi serbest kalmış. Ve personel işe gelmekten hoşlanmaya başlamış. İşe gelmemeler ve sıkça yaşanan işten ayrılmalar bitmiş. Hastalar serbest bırakıldığından personel fazlası bile oluşmaya başlamış. En sonunda personelin yapacak bir işi kalmamış tabiatıyla. Üç-dört sene sonra bir tek "deli" bile kalmamış. Ve koğuş tamamen kapatılmış.

Peki, bu nasıl oluyor? Bunun bir tek iksiri, sırrı var; yüzleşmek ve sevmek. Bundan başka bir yöntem yok ortada. Dr. Len'e soruyorlar "Ne yaptın bu insanlara, nasıl böyle oldu?" diye. O da diyor ki "Onları yaratan kendi parçamı iyileştirdim sadece ve onları sevdim. Ben onların dosyalarını incelediğimde, kendimdeki eksiklikleri gördüm, bu eksikliklerimi sevdim, kendimi iyileştirdim ve onlar da iyileşti."

İşte bu "aynalık" oluyor, bu bahsettiğimiz o "birlik" oluyor. Tabii şunu sorabilirsiniz; "Karşımdaki insan kötülük yapıyor, hınç ve öfke dolu ve ben hınç, kin dolu değilim, nasıl ona aynalık yapabilirim, ben nasıl onu yansıtabilirim ki?" Hayır, size yansıyan sadece eksik, olgunlaşmamış parçanızdır, tümünüz değil. Sizin tamamen öfkeli olduğunuz anlamına gelmez ama o kişi iç dünyanızda gizlediğiniz, sakladığınız bir tarafınızı yansıtır... Siz o tarafınızı o kişide görürsünüz. Halbuki siz normalde sevgi dolu, hoşgörülü bir insan olabilirsiniz ama bir kavga içinde kendinizi bulduğunuz an şaşırır kalırsınız, "Ben miyim bu öfke, kin dolu insan?" diye. Evet, o kişi ufak da olsa sizin bir parçanızdır. Bunu iyileştirmek için size yansır ve size bir fırsat sunar. Bunlar Cenabı Allah'ın size sunduğu fırsatlardır.

İşte Hawaiili bu adam bütün bunları anlıyor ve kendini iyileştiriyor. Nasıl iyileştiriyor peki? Oradaki akıl hastalarının yaşadıklarını ve sebeplerini inceliyor ve sonra sadece "Seni seviyorum, seni onaylıyorum, senden özür diliyorum, sana teşekkür ediyorum," diyor. Herhangi bir olay, olgu veya herhangi bir düşünce, hiç fark etmiyor. Sadece sizin onu sevip onaylamanız gerekiyor ve böylece ilk olarak kendinizi iyileştiriyorsunuz, kendi eksikliklerinizi tamamlamış oluyorsunuz. İkinci olarak ise onu iyileştirmiş oluyorsunuz. O sizdeki ufak parça düzelince, o sorun yok olunca onda da yok oluyor, o da iyileşiyor.

- Seni seviyorum,
- Seni onaylıyorum,
- Senden özür ve af diliyorum,
- Ve size teşekkür ediyorum.

Sadece dört cümle ama ne kadar önemli... Sevgi bu kadar önemli işte, sevmek bu kadar önemli… Yoksa Hz. İsa ölüleri nasıl diriltecekti, yoksa Hz. Muhammed avcunun içindeki taşlara nasıl kelime-i tevhidi söyletecekti? İşte bütün bunlar sadece sevgi ile oluyor ama bütün bu yolculuk öncelikle kendimizi sevmekle başlıyor. Kendimizi seviyoruz, kendimizin o eksik taraflarını da ortaya çıkarıp onları da seviyoruz ve bunları sevdiğimiz zaman karşıdaki insan da iyileşiyor.

Bu süreçte şu soru aklımıza gelebilir: Olumlu bir ruh halindeyken bile eksik parçamız olduğu için mi negatif kişiler karşımıza çıkar yoksa biz onlara pozitif enerji, Reiki ve şifa verebilelim diye de karşımıza çıkabilirler mi? İlk olarak dediğimiz gibi kendi eksikliklerimizi görmemiz ve bu eksiklikleri tamamlamamız için çıkar onlar. İkincisi, biz onlara pozitif enerji verelim, onları şifalandıralım diye de karşımıza çıkmış olabilirler. Lakin ikisi de aynı kapıya çıkar. Eğer sen kendi eksikliğini tamamlarsan o da şifa bulacaktır zaten.

Her An Olgunlaşıyoruz

Bir anımız diğer bir anımızı tutmuyor. Bazen acı bazen tatlı yaşıyoruz bu anları, ama gerçekten pişiyor olgunlaşıyoruz. Her an bir adım daha sevgiye, huzura, gerçek aşka yaklaşıyor; gerçek mutluluğun, gerçek huzurun malda, mülkte, kariyerde, şanda şöhrette olmadığının farkındalığını hep birlikte yaşayarak öğreniyoruz. Dünyevi mutlulukların geçici bir hevesten başka bir şey olmadığını anlamak da büyük bir meziyettir. Bu dünyanın yarısı ya da tümü benim olsaydı acaba bu kadar mutlu olabilir miydim diye düşünmeden edemiyorum bazen. İnanın ben böyle çok mutluyum. Sizleri tanıdığım, sizlerle olduğum için çok, hem de çok mutluyum. Sevgi ve muhabbetsiz bir dünyayı, sizlerle yaptığım bir saatlik sohbete değişmem.

Sevginin, saygının, hoşgörünün, ne olduğunu öncelikle kendimizde yaşamadıkça anlayıp idrak etmemiz mümkün değildir. Sevginin ne olduğunu bilmeden, yani kendimizi sevmeden başkalarını sevmemiz mümkün olmayacağı gibi öncelikle kendimize saygı duymadan, kendimize hoşgörülü olmadan da başkalarına bunu yansıtamayız.

Yolumuz sevgidir. Öncelikle kendimizden başlayarak çıkıyoruz bu yola. Kendimizi onaylayıp sevmekle başlıyor ve evrendeki tüm canlıları tüm nesneleri seviyoruz. Yunus misali "Yaradan'dan ötürü seviyoruz her şeyi." Evet amacımız bu, her an dilimizde olan güzel söz bu. Amaa... Gerçekte bunu ne kadar içselleştirdik acaba?

Bu cümleleri okuduğunuzda bir durup dönün bakalım içinize, gün içinde kendinize ettiğiniz kelimelerin kaçında kendinizi yargılıyorsunuz? Kaç tanesinde kendinize aferin diyorsunuz? *Üff neden yaptım ben bunu, şöyle dememeliydim, aman bu kilolardan nasıl kurtulacağım, amma da sigara içiyorum, ah bırakabilsem,* tarzı cümleler mi çoğunlukta yoksa, *Şükür, keyfim yerinde, her şey olması gerektiği gibi oluyor, elimden gelebileni yapıyorum, canım isterse yapıyorum,* gibi cümleler mi?

Çağın en yaygın hastalıkları kanser ve kalp rahatsızlıklarıdır; hemen hemen üç insandan birinde tansiyon veya şeker rahatsızlığı var. Bu hastalıkların duygusal nedenlerini incelediniz mi hiç? Kanser bir büyük kırılganlık, kalp rahatsızlıkları hayatta kendine zevk almayı yasaklama, şeker hastalığı gizliden gizliye duyulan kin ve affedemeyiştir. Bunları okuduğumuzda da hep etrafımızdaki kişilere bakıp "Evet, şuna çok kırıldım, şu kişiyi affedemiyorum," diyorsunuz değil mi? Aslında affedemediğiniz kendinizsiniz. Aslında o kırılan kalbin yaralarını saracak olan da sizlersiniz. Kendinize zevk almayı yasaklamayın. Kendinize bu kadar kindar olmayın. Olmayın ki aynı kişilere takılıp, "Bana şunu şunu yaptı, kendimi toparlayamıyorum," demek yerine, "Yeniden başlamayı hak ediyorum," deyip, yeni pencerelerden bakın hayatınıza, yeni insanlarla tanışın, yeni ilişkilerde bulunup yeni sevgiler paylaşın...

Çağın en büyük hastalığı kanser değil, insanların en büyük derdi öfke, suçlama değil; çağın hastalığı kendini sevmeyi unutma, çağın en büyük yanlışı kendini affedememedir... Eğer kendinizi affederseniz, yargılamayı da bırakırsınız. Stres kendini yargılamaktan ortaya çıkar. Bir şey zamanında yetişmedi, istenen gibi olmadı mı? Olsun, olması gerektiği zamanda oldu, elinizden gelen kadar oldu. Yargılamayı bırakın. Nötrleşin. Ardından sevgi gelecek. Kendinizi sevmeye o zaman başlayabileceksiniz. "Hocam kendimizi nasıl seveceğiz?" diye soruyorsunuz ya, işte cevabı: Kendinizi yargılamayı bıraktığınız zaman seveceksiniz. Kendinizde sevecek hiçbir şey bulamıyorsanız o zaman şunu düşünün: Siz Onun nefhasından bir parçasınız. O tarafınızı görün, özünüzü sevin. Gerisi gelecektir. Artık gerçek sevgiyi yaşayıp yansıtabileceksiniz. İnsanları, tüm canlıları o zaman sözde değil, gerçekten sevebileceksiniz. İşte o zaman olaylar da yolunda gidecek inanın, güzel olayları, neşeli durumları kendinize çekeceksiniz. Gerçek *secret*[1] budur.

Âşık olduğunuz zamanları hatırlayın. Birini çok seversiniz ve sevilirsiniz de. O sevilme size kendinizi de sevmeyi öğretir, daha güzelleşirsiniz, gözlerinizin içi parlar, hayat daha anlamlı olur. Bilim insanları genel olarak bu durumları hormonlara ve "aşk" olgusuna yorarlar, aslında bu durumların oluşma gerekçelerinden en önemlisi bir nebze de olsa kendimizi sevmeye başlamaktır. Bir başkası bize kendimizi sevmeyi öğretmiştir, özdeğerimizi bize hatırlatmıştır. Fakat bu süreci farkında olmadan yaşarsak, sevme eylemini karşı tarafa endekslersek, en ufak bir tartışma ya da ilgisizlikte bu sevgi söner. Çünkü o sevince biz kendimizi sevmiştik, şimdi sevmeyince evet sevilecek bir yanımız yokmuş demek ki düşüncesine inandık. Şimdi tekrar uyanmanızı ve kendinize âşık olmanızı istiyorum. En büyük öğreti budur. Eğer bunu başarabilirseniz dünyanın en etkili mistik öğretisini, kişisel gelişim yöntemini, adına ne demek isterseniz işte onu, öğrenmiş ve bu yolla maddi manevi her türlü güzelliği yaşamaya başlamış olacaksınız.

Kendinizi onaylayın, kendinizi sevin, kendinize âşık olun ve tüm gönüllere bu aşkı yayın.

---

1 Yazar burada Rhonda Byrne'ın yazdığı *Secret* adlı popüler kitaba gönderme yapıyor.

Bilinçdışı ve Bilincin Katmanları

Bilinçdışı, bilincimizin ötesinden, evrenden gelen, evrenle bütünleşmiş unsurlardır. Gördüğümüz haberci rüyalar bu katmandan gelir.

Kolektif bilinçdışı ise tamamıyla bütünün bilinçdışıdır.

Kozmik bilinçdışı ise bütün bu bilinçdışı katmanlarını aşan aşamadır.

Kozmik bilinçdışına ulaşma, kâmil insan olma, aydınlanma anlamına gelir. Bu bilinçlerden ancak meditasyonla geçebiliriz.

Öncelikle meditasyonda bize bilinçaltı yansır. O bilinçaltındaki resimler bir bir gözümüzün önüne gelir. O aşamadan sonra bilinçdışına girilir, bilinçdışı zifirî karanlıktır, oradan korkmadan geçilirse kolektif bilinçdışına varılır.

Kolektif bilinçdışında evrende söylenen her söz, düşünülen her şey, yapılan her fiil bir figüre bürünür. Evrende hiçbir şey kaybolmaz; konuştuğunuz hiçbir söz, düşünce ve fiil. Evrenin herhangi bir yerinde var olmaya devam eder bunlar. Kolektif bilinçdışı denen olguda da bunlar size gösterilir. Buraya meditasyonla ulaştığınızda örneğin orada deve insana, aslan maymuna dönüşür. Reel hayatta gördüğünüzden daha keskin, daha gerçek olarak gösterilir farklı vizyonlar. O yüzden Hz. Mevlâna şöyle der; "Aman ha bu yola çıkarken bir şeyhin eteğine yapışın, aman ha azıksız yola çıkmayın yoksa gulyabaniler karşınıza çıkar." Çünkü bunca yıl yaşadığınız, düşündüğünüz her şey bir figüre bürünmüştür bu katmanda. Ve o figürler bir bir gözünüzün önüne gelir, bir bir gösterilir. Birdenbire bir kedinin bir ata, bir atın aniden bir insana dönüştüğünü görebilirsiniz kolektif bilinçdışı denen katmanda.

Eğer buradan da korkmadan geçilirse, o zamanda kozmik bilinçdışına varılır. İşte bizim kâmil insan dediğimiz ya da ariflik makamı dediğimiz yer işte burasıdır. Aydın insan olma makamı işte burasıdır. Bu kozmik bilinçdışına ulaşılınca aydın insan olunur. Ondan sonra o kalp hep daha fazla coşkuyu, daha fazla sevgiyi ister.

Kozmik bilinçdışı, ne aydınlık ne karanlıktır, bütün zıtlıkların toplandığı yerdir. Kuran-ı Kerim'de de öyle denmiştir; "Her şey zıddı ile kaimdir." Yani her şey zıddını çeker. Orada zıtlıkların bütünleşmesi vardır. Korku ile sevgi bütünleşir orada. Bilinç, bilinçaltı, bilinçdışı, kolektif bilinçdışı ve kozmik bilinçdışı katmanları aşağıya doğru gidiştir. Kendimizi tamamlamamız gerektiği için aşağıya doğru ineriz. Kozmik bilinçdışından sonra yükselme başlar. Öncelikle bilinç dediğimiz reel bilinç, sonra bilinçüstü, sonra süperbilinçüstü, daha sonra süpersüperbilinçüstü ve daha sonra da kozmik bilinçüstü katmanları söz konusudur. Bilinç ruh ile alakalıdır, görünmeyen hakikattir. Kozmik bilinçüstü ise "bekabillah" denilen makamdır yani son makamdır. Yine sonsuzluk âlemindesin ama senin tamamen kaybolduğun, bittiğin ve Allah ile tam tamına bütünleştiğin mekân.

Bazı mistik ilimlerde mesela Yoga ve benzerlerinde eğitim dışarıdan içeri gerçekleştirilir yani önce beden, sonra zihin ve son olarak ruh eğitilir. Tasavvuf, Reiki, Zen vb. mistik ilimlerde ise içten dışa bir eğitim söz konusudur; önce ruh, sonra zihin ve en son bedendir. Her ikisinde de hedefe varılır, hedef aynıdır ama içten dışarıya yolculuk ve eğitim daha kolaydır.

Ayna Olmak Nedir, Nasıl Ayna Olunur?

Hepimiz aynaların işlevini biliriz. Lavabolarımızda vardır veya evimizin farklı köşelerinde boy aynası vardır. Aynaları bulundururuz çünkü kendimizi görmemiz açısından çok önemlidir. Ayna, yansıma demektir. Aynaya baktığımız zaman kendimizi görürüz orada.

Bahsettiğimiz gibi bir maddi ayna vardır, bir de iç ayna vardır. Dış aynamız aşikârdır, örneğin aynanın karşısına geçtiğimizde kaşlarımızı çattığımız zaman kendimize baktığımızda, yansımamızın da kaşları çatıktır veya biz gülümsediğimizde aynadaki yansımamız da bize gülerek bakar. İç aynamız da bizi olduğumuz gibi dışarıya yansıtır ama iç aynamız gizlidir.

İç aynamız da görebilene aslında aynen böyledir ama iç aynamızın birçok gizli tarafları vardır. Hani bazen şöyle sorarız kendi kendimize, *Şu adam neden bana kötü baktı?* veya *Şu kişi neden kötü konuştu?* Çünkü onlar bize aynalık yapmıştır. Yani reel hayatta yaşadığımız birçok şey iç aynamızın bize yansımasıdır. O yüzden suçlu aramak, onu, bunu suçlamak tamamen yersizdir. Suçlamak istiyorsak elbette öncelikle kendimizi suçlayacağız çünkü eğer karşımızda biri bize kötü bakıyor, kötü konuşuyor, kavga ediyorsa bizimle, elbet bu bizizdir, bizden başkası değildir. Yani o karşımızdaki insan bize aynalık yapmaktadır.

Ama biz insanoğlu olarak hiçbir zaman kendimize bakmayız, hep karşımızdakini suçlarız. Örneğin bir firmada çalışıyorsunuz, sizden başka bir sürü çalışan insan vardır ve herkes size düşmandır. Siz, herkeste kusur ararsınız, hepsinin mutlaka bir kusuru vardır size göre. Ve sizin düşüncenize göre sizde hiç kusur yoktur çünkü siz kendinizde kusur görmezsiniz, çünkü ego bunu size göstermek istemez. Hep araya girer ve karşıdaki insanları suçlu gösterir. Halbuki bütün o insanlar iç aynamızın yansımalarıdır, onlar eksik taraflarımızdır.

Eğer karşınızdaki insan sizle güzel muhabbet ediyorsa, bilin ki bu da sizin güzel tarafınızdır. "Her şey bir şeyi çeker. Küfür kâfiri, doğruluk doğru yola gitmek isteyeni çeker," der Hz. Mevlâna. Evet, hepimiz bu şekilde çekiyoruz. Nasıl düşünüyorsak, nasıl bakıyorsak olaylara, nasıl konuşuyorsak oyuz ve onu çekiyoruz. Gerçekten biz buyuz, kendimizi düzeltmek istiyorsak öncelikle bakış açımızı, düşünce yapımızı tamamen kökünden değiştirmemiz ve sözlerimize, konuşmamıza çok dikkat etmemiz gerekir. En başta kelimelerimizi, cümlelerimizi değiştirmeliyiz ancak böyle mükemmel insan olabiliriz. Yani Allah'ın istediği ölçüde bir insan olmak için bunlar gerekir. Güzel düşünürsek, olaylara hep güzel tarafından bakarsak ve güzel konuşursak gerçekten mükemmelliğe adım adım yükseliyoruz demektir.

Dışarıda sürekli kavga çıkaran, münakaşaya giren bir insan düşünün, bu insanın bile bazen çok iyi tarafları olur. O zaman o kişi karşısında hep iyi insanları bulur. Ya da bir insan düşünün ki hep iyidir, içtendir ama bazen de negatif insanlar çıkar karşısına ve bu mutlaka, o insanın içten içe sahip olduğu kötü taraflarının yansımasıdır. Biraz uç bir örnek olabilir ama örneğin biri karşınıza çıktı ve bu kişi sizinle Allah'ın varlığını tartışıyor. Eğer tartıştığınız insan size "Tanrı yok," diyor ve siz de buna rağmen bu kişiyle tartışmaya devam ediyorsanız, bilin ki sizin de beyninizin bir tarafında bu düşünce vardır. Yani kendi kendinize binlerce defa sormuşsunuzdur. Karşınızdaki insanla tartışırsınız, hatta kızarsınız, bağırırsınız ve Onun varlığını kanıtlamaya çalışırsınız ama aslında siz karşınızdakine değil kendinize Tanrı'nın varlığını kanıtlamaya çalışmaktasınızdır çünkü sizde bunun eksikliği vardır. Karşınızdaki sizin her daim aynanızdır.

Aynalık yapmak ve ayna olmak bu vasıta ile mükemmel olmak, ne kadar muhteşem bir deneyim. Yeri gelecek, kendimiz ayna olmaya çalışacağız, aynalık yapacağız. Ayna olmak; tüm insanlara, tüm canlılara ve tüm evrenlere güzel yansımak... Biraz önce bahsettiğimiz gibi güzel düşünmek, güzel konuşmak ve her olaya olumlu tarafından yani güzel tarafından bakmak. İşte aynalık bu şekilde bizi geliştirir.

Türkiye Toplumu İnsanlığa Ayna Olmalıdır

Maalesef çok eleştiriciyiz. Hepimiz eleştiriyoruz, küçük bir olay vuku bulmasın, yaşadığımızın yüzde doksanı olumlu bile olsa, biz hemen yüzde onluk olumsuz tarafını görüyoruz. Elbette böyle alıştırılmışız, böyle alışmışız. Toplum olarak böyleyiz esasında biz. Sıcakkanlı bir milletiz, kavgamız da, barışımız da hiç uzun sürmez. Toplum olarak birbirimizi eleştiririz, birbirimizin arkasından konuşuruz ama ardından barışırız. Gerçekten dünyada bambaşka bir milletiz, övülecek taraflarımız çok ama biz yine de insanlığa daha iyi örnek olmalıyız, mükemmel insanlar olarak örnek olmalıyız.

Sürekli toplum olarak yabancı bilim insanlarına, yabancı ilim adamlarına meyleder, onlardan bahsederiz. Nietzsche şöyle demiş, Freud bundan bahsetmiş, Darwin şunu geliştirmiş vs. gibi. Tabii ki istifade etmeliyiz ama kendi ilim adamlarımıza, filozoflarımıza hiç önem vermeyiz. Sanki onları okuduk, biliyoruz dersek bir rahatsızlık, bir kompleks oluşur. Halbuki onları da ön plana çıkarmalıyız. Yunus Emre, Mevlâna daha mı az düşünür ve Allah dostu da onları hor görüyoruz, diğerlerini büyütüyoruz? Neden komplekse giriyoruz ki? Tüm dünya Mevlâna'yı ve felsefesini tanıyor ve konuşuyor ama biz ne kadar tanıyoruz?

Mevlâna dünya çapında daha çok tanınıyor. Peki neden diğer mistikler, mutasavvıflar tanınmıyor da sadece Mevlâna tanınıyor? Çünkü o yüzyılda Farsça dünya diliydi, Hz. Mevlâna mükemmel Türkçesi olmasına rağmen, Farsça yazdı ki dünya okusun. Bu yüzden Mevlâna daha çok tanınır oldu, o yüzden kitapları neredeyse her dile çevrilmiştir. Ama bu diğer mutasavvıflarımızın daha küçük olduğu anlamına asla gelmez, her biri kendi alanında büyük insanlardır.

Kendi kendimize dönüp bir bakalım, bizler ilim adamları, bilim insanları yetiştirmeliyiz artık. İnsanlar Türkiye'den fışkırmalı ve yayılmalı artık. Gerçek manada dostluk, barış yanlısı olan ve olaylara iyi tarafından bakan, güzel düşünen, konuşan mükemmel insanlar bizim toplumumuzdan yetişmeli artık. Güneş doğudan doğar ve biz doğuyla batı arasında köprüyüz, ikisine de yakınız. Buradan doğmalı mükemmel insan kavramı.

Biz millet olarak tüm toplumlara ayna olmalıyız. Sakın şöyle bir önyargıya kapılmayın. Millet, ırk, din ayrımı yapmıyorum, asla yapmıyorum. Tüm insanlar benim nazarımda birdir ama yine de kalbimden şöyle bir his geliyor, ışık doğudan yükselir. Gerçekten de biz Türkiye toplumu olarak ışık olacağız insanlığa, hissiyatım bu yönde. Onları kucaklayacağız ve bizden yayılacak farkındalık ve sevgi...

Zor Zamanlarda...

Kimin kime karşı nasıl davranacağını bilmediği, herkesin birbirinden şüphe duyduğu bugünlerde en çok ihtiyacımız olan arınmadır. Bol bol tefekkür ve dua ederek bunu yapabiliriz. Unutulmamalıdır ki, böylesi birlik olunan, beraberce dualarda bulunulan günlerde, gecelerde varoluş tüm kapılarını narin ve nazik gönüllere açar. Tam da bugünlerde huzura, barışa, kardeşliğe çok ihtiyaç vardır. Zihin illüzyonuna aldanmamalı, "ben ve onlar" düşüncesinden kurtulunmalıdır. Zihin, seni sana bir kişi olarak algılattığı sürece elbette ötekiler olacak, aranızda düşmanlık tohumları oluşturacaktır. Ama sen zihnine fırsat tanımaz, onun yaptıklarını bilirsen Hz. Pir Mevlâna'nın da dediği gibi; "Beri gel, daha beri, daha beri. Bu yol, vuruculuk nereye dek böyle? Bu hır gür, bu savaş nereye dek? Sen bensin işte, ben senim işte..." Bu sözün olgunluğuna ulaşacak, gerçek mutluluğu, gerçek huzuru yakalamış olacaksın. Sevgidir, aşktır yolumuz. "Her şey biziz ve biz her şeyiz," yaklaşımına çok ama çok ihtiyacımız vardır. Son olarak Hz. Mevlâna'nın şu sözlerine kulak vermeli ve üzerinde çokça düşünmeliyiz; "Topumuz bir tek inciyiz, bir tek. Başımız da tek, aklımız da tek. Ne diye iki görür olup kalmışız iki büklüm gökkubbenin altında, ne diye?"

Haksızlık

Bana dokunmayan yılan bin yıl yaşasın, diyoruz. Hepimiz bir şekilde aklımızla hareket ediyor, iç sesimizi dinlemiyoruz. Bir adaletsizlik var veya bir sorun var ama biz hiç ses çıkarmıyoruz. Bir başkası bir başkasına haksız yere saldırıyor ve kimse gıkını çıkarmıyor. Bana ne, ben tanımıyorum ki, tartışma ikisi arasında, beni ilgilendirmez, diyoruz. Vur eline al ekmeğini, bu mudur ahlak, öğreti bu mudur? Önce hakkı tutup kaldırmamız gerekiyor, haklının, mazlumun yanında olmamız lazım, haksızın değil. Çoğu zaman hepimiz bunu biliriz. Sık sık bunu söylüyorum, sakın olun sözünüzü yutmayın, üslubunuzca cevap verin. Karşınızdaki insan bağırıp çağırabilir, sayıp sövebilir, siz gözünüzü kapatın, bir saniye düşünün ve sözünüzü akıllıca ve nezaketle sarf edin. Karşınızdaki babanız bile olsa dişini geçireceğini anladığında zulmeder size. Hakkınızı koruyun. Hakkı korumak özündeki Hakk'ı, Allah'ı korumaktır. Hakk budur. Önce kendini korumayı bilmelisin ki başkalarının hakkını da korumayı öğrenebilesin.

Esasında başkaları diye bir şey yok, başkaları da sensin, çünkü bugün ona olan yarın sana olabilir. Bana ne dememek ve vurdumduymaz olmamak gerekiyor. Önce ben hakkımı korumalıyım ve o özümdeki hak beni rahatsız etmemeli. Bunu çoğu zaman yaşamışızdır mutlaka. Karşınızdaki insan size bir şey söyler ve siz de saygıdan değil, korkunuzdan bir şey söyleyemezsiniz ona. Saygı demiyorum dikkat edin. Çünkü bizler artık korkunun adını da saygı koymuşuz... Daha sonra içiniz içinizi yer, şunu neden söylemedim, bunu da söyleseydim... Gerçekten içiniz içinizi kemirir ve huzurlu olamazsınız. İşte bu nedir biliyor musunuz? Bu özünüzdeki razı olmayan haktır. O özdeki hak mahveder insanı, ne olursa olsun hakkımızı korumalıyız. O hakkı insan kaldıramaz ve böylece kişi gerilemeye başlar. İslam ülkeleri neden kalkınmıyor diye sorulur hep, bundan dolayı. İki kişi kavga ediyor, diğerleri bana ne diyor veya bana dokunmayan yılan bin yıl yaşasın diyor, böyle bir şey yok. Biz biriz, bütünüz, onlar da bizim kolumuz, kanadımız. Herkesin derdi bizi ilgilendirir bu yüzden. Tabii karşıdaki bağırıyor diye o kişiye on misli bağırmamak gerekir, üslubunca, uygun şekilde hakkı korumak gerekir ki diğerlerinin de hakkını korumayı öğrenelim. Aksi takdirde ne kendinin ne de başkalarının hakkını koruyabilirsin. O yüzden, susma haksızlığa karşı! Hakkı tutup kaldır, haklının, mazlumun yanında ol, haksızın değil...

Cinsellik ve Saldırganlık: Yaşam ve Ölüm

Psikanalize göre, doğduğumuzda iki temel eğilimle dünyaya geliriz: cinsellik ve saldırganlık. Yani yaşam ve ölüm. İlk duyduğumuzda kabul etmek istemesek de, kendimize yakıştıramasak da aslında bunların, hayatta tutunabilmemiz için bize verilmiş olan hediyeler olduğunu görürüz. Şimdi biraz bu kavramları açalım.

Saldırganlık, savaşma, öldürme, yok etme eğilimidir. Bu bizim, savaşmayla, mücadeleyle, ölümle ilişkili olan yönümüzdür.

Cinsellik ise üremek, üretmek, yaşamın devam etmesine katkıda bulunmak yani yaşatmaktır.

Saldırganlık kavramını biraz açarsak, bu sadece karşımızdaki kişiye ya da nesnelere zarar verme olarak algılanmamalıdır. Bu eğilim, yeni bir durumla karşılaştığımızda o durumla başa çıkmak için mücadele etmeyi simgeler. Mücadele sonucunda o problemi yok eder, yani öldürür.

Cinsellik kavramı da sadece fiziksel birleşme ile sınırlandırılamaz. Cinsellik güdüsü sayesinde biz yeni şeyler üretiriz. Bu eğilimle hareket eden kişi, yeni bir durumla karşılaştığında onunla başa çıkmak için yeni çözümler üretir. Ortada problem olduğu gibi çözüm yolları da vardır her zaman. Böylelikle herhangi bir şey yok olmamıştır, yeni bir şey yani çözüm eklenmiştir hayata, bu nedenle de bu eğilim yaşamı simgeler.

Bir problemle karşılaştığımızda iki temel eğilimden birisiyle seçim yaparız; ya saldırganlığı seçip o önümüzdeki problemle savaşır, onu yok ederiz (öldürme) ya da cinsellik güdüsüyle hareket etmeyi seçip yeni bir çözüm yolu yaratırız (yaşatma).

Eğer bu iki eğilimimiz olmasaydı biz doğduktan çok kısa bir süre sonra yaşama veda ederdik. Çünkü anne karnından dünyaya doğan bir bebek için her an yeni bir deneyimdir. Ve her yeni deneyim bebek için yeni bir seçimdir. Ve bu seçimlerinde de bebek ya saldırganlık eğilimiyle hareket eder ya da cinsellik eğilimiyle. Örneğin, bebeğin henüz emekleme yeteneğine ulaşamamış olduğu bir evresini düşünelim. Sevdiği oyuncağı uzağındadır. O oyuncağına ulaşmak için ya cinsellik güdüsüyle yeni çözüm yolları üretir; sürünerek gitmesi, ağlayarak ses çıkarıp annesinin onun isteğini anlamasını beklemesi ya da başka türlü hareketleriyle ilgiyi o oyuncağına çekmesi bebeğin yeni çözümleridir. Bu üretmedir, yeni ve yaratıcı bir deneyimdir onun için. Ya da çözüm yolları üretmek yerine, saldırganlık içgüdüsüyle hareket edip oyuncağı isteme duygusu ile savaşır ve isteme duygusunu öldürür.

Örneğin çok sevdiği oyuncağını diğer arkadaşının aldığını gören bir çocuğu ele alalım. Eğer oyuncağını geri alabilmek için o arkadaşıyla kavga ediyor, oyuncağı uğruna savaşıyorsa bu saldırganlık eğilimiyle hareket ettiği anlamına gelir. Ama oyuncağını arkadaşıyla kavga ederek geri almak yerine başka bir eşyasıyla değişmeye ikna etmek veya paylaşımlı kullanmak, annesinden yardım almak gibi değişik çözüm yolları üretiyorsa bu da cinsellik eğilimiyle hareket ettiği anlamına gelir.

Bu iki eğilimi de dengeli olarak kullanmalıyız. Zaten bilinçaltımızda önceden kodlanmış bu güdülerle fark etmeden seçimler yapıyoruz ama en azından bu eğilimlerden birisini öldürmeyi ya da birisini abartılı olarak kullanmayı seçmemeliyiz. Örneğin, cinsellik hakkında tabuları olan insan sakral çakrasını yani cinsellikle alakalı olan çakrasını zamanla kirletir. Çakra kirliliğinin hayatımıza olan etkisi zaten bir kısır döngüdür. Çakra kirli oldukça hayatımızda o çakrayla ilişkili alanlarda olumsuz şeyler yaşarız, her olumsuz deneyimimizde de o çakramızı kirletmeye devam ederiz.

Bizlerin doğasına bu iki duygu kodlanmıştır. Ve bunları asla yok sayamayız. Fark etsek de etmesek de bu iki temel güdünün etkisi altında kararlar alıyoruz. Fakat yaşımız ilerledikçe, ailenin, çevrenin, sosyal ortamların, gelenek, göreneklerin etkisiyle insanlarda bir yığın tabu meydana geliyor. Bazı ailelerin terbiye eğitimine göre, çocuklar cevap vermez, hakkını arayamaz, sesini yükseltemez. Aile bu terbiyeyi verirken belki sadece aile içindeki küçük bir tartışmadan yola çıkıyor ama o çocuk büyüdükçe bilinçaltındaki o kodlanmanın etkisiyle, "cevap vermeme, hakkını aramama" davranışını hayatının diğer alanlarına da taşıyor. İşinde kendisine gerekli terfi/prim/zam verilmediğinde hakkını arayamıyor. Savaşmayı hayatından neredeyse tümüyle kaldırdığı için ne gerektiği yerde istekleri uğruna mücadele edebiliyor, ne de saygınlığını kurtarma adına bir kişiye bir uyarıda bulunabiliyor. Toplum içinde de biz bu davranışları sergileyen insanlara "çekingen", "çok hanımefendi/beyefendi, kimseyi kıramaz", "hiç sesini çıkarmaz" gibi etiketler yapıştırıyoruz. Ve bu etiketlerle durumu daha da ağırlaştırıp kişinin o davranış kalıbını bırakmasını daha da zorlaştırıyoruz. İşte bu tarz davranışlar sergileyen insanların "saldırganlık" eğilimi küçük yaşlardan itibaren doğal görülmemiş, yargılanmış, dolayısıyla da saldırganlık, mücadele (*challenge*) kavramıyla ilgili bilinçaltında tabular oluşmuştur.

Cinsellikle ilgili tabularımız da çok küçük yaşlarda beynimize yerleşiyor. Bizim toplumumuzda özellikle kadınlarda cinsel tabular Batı toplumlarına göre daha çoktur. "Kızım düzgün otur, kızım eteğine dikkat et, dışarı yalnız çıkma, tanımadığın amcaların yanına gitme vb..." Daha beş yaşındaki bir kız çocuğuna hakkında hiçbir fikrinin olmadığı konularda kâbuslar yaratıyoruz. Taciz ve tecavüz senaryolarını, daha ne anlama geldiğini bile bilmeden ezberlemiş olarak büyüyor. Bu da o kişiye, erkeklerden zarar göreceğine, kadın olarak her zaman korunmaya ihtiyaç duyacağına, sanki kişiliğinden daha önce cinsel kimliğinin ön planda tutulduğuna dair kendisinin bile farkında olmadığı korkular kodlanmasına sebep oluyor. Bu da ilerde bir erkekle yakınlaşmaktan çekinme, her an tacize uğrama korkusu yüzünden cinselliği çirkin ve kirletici olarak görme, vajinusmus ve cinsel soğukluk problemlerine kadar gidebiliyor.

Bu iki duygu yok sayılamaz. Gelen danışanlardan bazı sözler duyuyorum, "Hocam, ben erkeksiz de yaşayabilirim, hiç gerek duymuyorum, bence bu duygu hayatımda olmasa da olur", "Hocam ben kimseyi kırmak istemiyorum, ailem istediği için sevmediğim bir işte çalışıyorum. Yıllardır onların problemleriyle ilgilenmek için de evlenmedim..." Bu cümleler cinsellik ve saldırganlık eğilimlerinin bastırılmasının klasik iki örneğidir.

Bu duygular es geçilemez. Bu duyguları kişi kirli, çirkin olarak gördükçe gelişilemez. Doğamıza kodlanmış şeyleri pas geçemeyiz. Biz pas dedikçe tekâmül yolumuzun bir yerinde, karmalarımızın birinde tekrar karşımıza çıkacaktır. Evlenmek bizim doğamıza kodlanmış bir şey değildir. "Hayır, evlenmeden de yaşayabilirim," diyebiliriz pekâlâ. Ama "Hayır, bu duygu, cinsellik bende yok, ben onu öldürdüm artık," diyerek gelişmeyi bekleyemeyiz. Büyük Mistik Osho cinselliğin tabu olarak görülmesi hakkında şöyle söylüyor: "Eğer hiç tabusuz, yasaksız, bu duygunun özgürce yaşanmasına izin verilirse 42 yaşında zaten sizi terk eder. A ma sizi çok eğitmiş, ehilleştirmiş ve bütünleştirmiştir. Aksine bu duyguyu yasaklamaya, yargılamaya, kendimize yakıştırmamaya devam edersek 80 yaşında çocuk tacizcilerini görmeye devam ederiz."

Bu söylemler yanlış anlaşılmamalı, insanlar sadece bu duygulara yönelmeli demiyorum. Sadece bunları yasak ve çirkin olarak görmeyi bırakmalı. Özgürleşmeleri o zaman başlayabilir. Bunlar hayatımızın içinde dengeyle var olmalı. Doğamızı kabul etmedikçe özgürlüğe adım atamayız. Bu iki duygumuzu öldürmeye çalışmak, kendimize pranga vurmaktan başka bir şey değildir.

Mistik Yola Nasıl Hazır Olunur?

Nedense hemen hemen hiç kimse *Ben mistik yola hazır mıyım?* diye sormaz kendine.

> Bir profesör bir ermişe gitmiş. Ona reenkarnasyondan yaratılışa birçok soru yöneltmiş. Adam hiç durmadan peş peşe sorular sorarken ermiş, "Bir dakika, hele ben bir çay yapayım sonra konuşalım, hem kim bilir belki de çay oluncaya kadar senin soruların cevabı da hazır olur," demiş. Ermiş çay yapmaya kalkınca profesör 'Boşuna geldim, keşke gelmeseydim, nasıl olur da bunca sorunun cevabı çay oluncaya kadar cevaplanır?' diye düşünmeye başlamış. Ermiş elinde çayla gelmiş odaya. Önce profesörün bardağına çayı dökmeye başlamış, bardağın ağzına kadar doldurmuş, çay bardaktan taşmaya başlamış. Adam hemen, "Durun! Bardak taşıyor, görmüyor musunuz?" deyince "İşte senin cevap geldi," demiş Ermiş. "Bu nasıl cevap böyle?" deyince, ermiş şöyle karşılık vermiş: "Senin kafan o kadar dolu ki sen buraya bilgi öğrenmeye değil benimle tartışmaya gelmişsin. Senin beynin bu kadar doluyken ben sana ne anlatsam taşar, önce beynini boşalt öyle gel, işte budur sana benim cevabım."

Öğrencilerimden biri ilk geldiğinde, "Tüm sitelere baktım, sonunda sizde karar kıldım, benim için en doğru olduğunuza karar verdim," diyordu. Gerçekten çok araştırmış, kendince çok şey biliyordu. Tıpkı hikâyedeki profesör gibi, sanki bir şeyler öğrenmeye değil de tartışmaya gelmiş gibiydi. Soruyor, cevabını alınca yine soruyor, soruyor, soruyordu... Aslında bütün sorduğu sorulara birçok cevabı vardı. Her sorduğu sorunun neredeyse on cevabı vardı. Her cevap da on soruyu beraberinde getiriyordu. Böylece sorulu cevaplı iki saat geçti. Hâlâ doymamıştı sormaya...

Bilmediği, kavrayamadığı tek şey ise cevapların onun içinde gizli olmasıydı. Şimdi şunu duyar gibiyim; "O halde nasıl oluyor da o cevapları kendisi bulamıyor?" Çok şey bildiğini zannediyor ama kendi özündeki cevapları bir türlü bulamıyordu. Materyalist dünyaya o kadar çok adapte olmuştu ki her şeyi dışarıda arıyordu. Çünkü henüz o farkındalık oluşmamıştı kendinde. Aslında o cevapların hepsi kendinde olduğu için bu sorular meydana çıkabiliyordu, işte bunun farkında değildi.

Şunu unutmamalıyız; her sorduğumuz sorunun cevabı kendi özümüzde gizlidir. O cevaplardır bize o soruları sordurtan. Kendi özümüzü tertemiz hale getirince kalp aynamız bize her şeyi yansıtacak, bu cevaplar da birer birer ortaya çıkacaktır.

Bir diğer kardeşimiz de şöyle diyordu; "Hocam sizin mistik yönünüz size kalsın, ben çakra çukra anlamam, zaten bunun için de burada değilim." "Evet kardeşim o halde ne istiyorsun bizden?" dedim. "Benim işlerim bir türlü rayına oturmuyor. Neye elimi atsam kurutuyorum. Buna bir hal çaresi arıyorum. Bunun için bir şeyler yapın lütfen." "Kardeşim o halde yanlış kapıyı çalmışsın. Sen Reiki nedir henüz bilmiyorsun, tasavvuftan hiç haberin yok, mistisizm hakkında hiçbir fikrin yok... E o halde sana yardımcı olabileceğimi zannetmiyorum," dedim. Onun cevabı ise "Hocam lütfen benim öyle dediğime bakmayın siz, ne gerekiyorsa yapın," oldu.

Gerekenleri yaptık. İşleri biraz düzene girdi, bu sefer de "Hocam bunlar tesadüfen oldu," demeye başladı. Neyse, o da öğrenecek neyin ne olduğunu, yavaş yavaş olacak bunlar. Reiki yumuşaktır, zarifçe görür işini. Kısa zamanda farkındalığı artacak, hatta o bilmeden olacak bunlar. İşte bu nedenle sadece soru sormak ve cevabını almak önemli değildir. Önemli olan o cevapları kişinin kendisinin deneyimlemesidir. Aksi halde hocası, psikoloğu, doktoru ya da arkadaşı, kim olursa olsun cevapları ona veren, o bunları duyamayacak, anlayamayacaktır.

Gelişim yolunda öncelikle siz kendinizi hazırlamalısınız. Hazır olmadığınız takdirde karşınızdaki dünyanın en değerli mistiği ya da yaşam koçu ya da ruhsal danışmanı vb. olsa siz ondan faydalanamayacaksınız. Peki, hazır olmaya nereden başlamalı?

Ruhsal gelişime hazırlık, kendi kendine meditasyona başlamak, detoksa girmek, CD'ler satın alıp telkinlere başlamak, kötü (!) davranışlar yapmamaya söz vermek gibi şeylerle olmaz. Bu sayılanlar zaten zorlamayla olacak ve birdenbire bir karar alınarak yapılacak şeyler değildir, çünkü yürekten olmazlar o zaman. Ruhsal gelişime hazırlığa zihinsel kalıpları bırakmakla başlanır. Ruhsal gelişim gerçekten hedefleniyorsa bu zahirî bilgilerin ışığında olmaz.

Öncelikle profesör örneğinde olduğu gibi "biliyorum"la yola çıkmamalısınız. Çünkü gerçek bilgiler kitaplardan değil deneyimleme sonucu öğrenilirler. Siz biliyorum dedikçe, öğrendiğiniz yeni bilgileri kafanızdaki yargılarla karşılaştıracak, kafanızdaki yargıya uymuyorsa reddedecek, ancak uyuyorsa kabul edeceksiniz. Oysa bu kabul ediş bile iyi sayılmaz çünkü tamamen ego ürünüdür. Desteklendiği için kabul etmek, ezber bozarak kabul etmek kadar değerli değildir. Sadece yargılarınıza uyan bilgileri kabul etmeniz kendinizi tekrar etmenin başka bir yönüdür. Değerli olan ise egoya rağmen cesaret edip, sarsılmayı göze alıp, yeni ruhsal bilgilere kendini açmak ve gelişiminize izin vermektir.

Kişisel Gelişim mi, İçsel Gelişim mi?

İçsel gelişimi destekleyici uygulamalar ve eğitimler soyuttur. Bu soyutluk da ona gizem katar. Özellikle bizim kültürümüzde ve Doğu toplumlarında ruhsal gelişim öğretmenlerine engin bir saygı duyulur ve onların ilminden şüphe edilmez. Örneğin, günümüzde bile birçok sahte şeyh var ama ona mürid olarak bağlanan çoğu kişi onun ilminden hiç sual etmediği için onlar bu sahtekârlıklarına hâlâ devam edebiliyorlar. Toplumsal bilinçaltımıza yerleşen bu gizemli konuları sorgulamaktan çekinme tutumunu ve "Üstat bilir" anlayışını şimdilerde ruhsal sağlık ve gelişim eğitimlerine katıldığımız kişiler hakkında da sürdürüyoruz. Bu nedenle de bunu istismar etmekten kaçınmayan birçok sahte master çıkıyor karşımıza.

Bu sözde masterlar kişisel gelişim adı altında eğitimler vermektedirler. Yabancı kaynaklardaki bilgileri tercüme edip sitelerine koyan ama kendileri hiçbir bilgi sunamayanlardan tutun da, kiralarını dahi ödeyemezken "Bolluk Bereket Reikisi" icat edip onu öğretmeye kalkanlara, "Benim birkaç soyağacım var, genellikle ben şunu kullanıyorum," diyenlere kadar... Burada yanlış anlaşılmasın, insanın kirasını ödeyememesi onun içsel gelişim anlamında eksik olduğunu elbette ki göstermez. Benim eleştirdiğim nokta, insanlara zenginliği, milyonerliği vaat eden eğitimlere kalkışıp da kendilerinin bu anlamda hiçbir başarılarının olmaması. Öte yandan, Reiki'nin en önemli noktalarından birisi güvenilir bir soyağacına sahip olmak iken, bu durumun ciddiyetinin bile farkında olmadan "Benim birkaç soyağacım var ama ben şunu kullanıyorum genelde," denmesi trajikomik. Hele bir de "Masterınızı nasıl seçmelisiniz?" başlıklı bir yazı yazıp içeriğinde de sadece kendisini tarif edenlerse karikatüre konu olacak cinsten...

Kendileri hiçbir şey olmayanlar kimseye bir şey öğretemezler. Kendileri aydınlanmadan kişileri aydınlatmaya çalışmak aldatmaktan başka bir şey değildir. Adamın biri dağdan mantar toplayıp gelir, karısına, "Şunları kavur da afiyetle yiyelim," der, Karısı azıcık bir şey kavurur adamın önüne getirir, adam neden böyle yaptığını sorunca hanımı, "Sen önce ye, zehirli değilse ve ölmezsen sonra biz de yeriz," der. Yani, öğretilecek olan bilginin ilk önce kendinde deneyimlenmesi ve hazmedilmesi gerektiğinden dem vurur bu hikâye. Bunlara böyle diyecek biri de mutlaka çıkacaktır bir gün…

Mantar somuttur, gözle görülür ama Reiki olsun, diğer felsefeler olsun soyuttur, onları göremezsin. O öğretilerin ışığı sonucunda güzellikleri yaşarsın, yaşanır sadece. Bunların yaptıkları cahil cesareti değildir, bunlar bu gizin arkasına sığınan simsarlardır.

Mütevazılık, susmak, her şeyi hoş görmek demek değildir. Hele apaçık yapılan yanlışlara ses çıkarmayıp, bana dokunmayan yılan bin yıl yaşasın mantığı mistik yolda olan birisine asla yakışmaz. Yanlış uygulama ve eğitimler sonucu kişilerin dengelerini altüst edenlere karşı susmak marifet değil, aksine tüm mistik öğretilere yapılan en büyük saygısızlıktır. Ben doğruları söylemek zorundayım. Ve bu güzel yola temiz yürekle ve coşkuyla başlayan kardeşlerimizi de uyarmak zorundayım.

Aydın İnsan

Günümüzde birçok merkezde, kuruluşta aydınlanmaya yönelik çalışmalar vardır. Aydınlanma dediğimiz olgu acaba nedir? Aydın olmak, saygınlığını arttırmayı başarabilmek, özgüven sahibi olmak, kendini motive etmeyi öğrenmek vb. midir?

Eğer gaye bu ise maalesef aldanılmış olunur. Aydın insan öncelikle kendini bilmelidir. Aydın insan özünü bilmelidir. Aydın insan içselliğini kavramalıdır. Aydın insan egosunun farkında olarak ruhunun güzelliğine varmalıdır.

Bu merkezlerde bilerek veya bilinmeden yapılan tüm gayretler de aslında buna yöneliktir. Tüm koşuşturmalarımız, iş, aşk, makam, mevki sevdalarımız da... Yani aydınlanma içindir. Çektiğimiz acılar, kederler, üzüntüler de bu aydınlanma yolunun eserleridir. Varoluş bizi acılarla, çilelerle eğitir ve tekâmül yolunda olgunlaşmamızı sağlar.

Düşünün, ne zaman negatif bir olayla, durumla karşılaşıp *Artık öldüm bittim,* dediğiniz anın peşi sıra pozitif olguları, olayları yaşamadınız? Çok kez kısayı görüp aldanıp da uzunu göremediğiniz olmadı mı?

Aydınlanma oluşun ta kendisidir. Aydınlanma dediğimiz olgu, kitaplardan okuyarak ya da merkezlerden alınan eğitimlerle olmaz. Her ne kadar okuyarak ve eğitim alarak birazcık da olsa *Evet, ben yanlış yol izlemişim, demek ki ben böyle olmamalıyım,* gibi düşüncelere kapılınsa da bu sadece denizde bir damlacık kadardır. Aradığımız her şeyi biz uzakta, ötede beride ararız. Oysa aradığımız şeyin kendi özümüzde olduğunun, tüm çözümlerin orada olduğunun farkında bile olamayız. Hani define arayan adam hikâyesindeki gibi: Adamın biri orada burada ha bire define arar ama bir türlü muvaffak olamaz. Definenin kendi evinin altında olduğunun farkında olamadan yıllarca arayışı sürer. Kendi evinin altında define olduğunun farkına vardığı zaman da artık çok geçtir, yaşlanmış ve ölüm döşeğindedir. İki yol vardır. Ya ömrümüz boyunca eğitimler alacağız, aradığımızı hep orada burada sanacağız ya da kendi özümüze yönelip tüm aradıklarımızın orada olduğunu fark edeceğiz. Bunlar farkındalıklarımızın oluşması ile gerçekleşecektir. Neyin, niçin, neden olduğunun farkındalığı... Ne için varım, bu âlemdeki görevlerim nelerdir ve nereye gidiyorum ben?

İçsel gelişim yolunda elbette yardımlar alacaksın. Elbette farkında olmuş, idraki keskin birine gideceksin. İşte bunun için, sana bu öğretmenlerin senden neler beklediğini anlatmak istiyorum: Hakiki aydın bir insan senin iç yüzünü anlamanı ister. Sana açık seçik talimatlar sunmaz. Sadece sana kılavuzluk yapar, rehberlik eder. Ama sen kendinle ilgili sorumlulukları kabul etmezsen, o aydın insanın da sana yapacağı bir şey yoktur. Çünkü sen sorumlulukları almadığın sürece hiçbir zaman gelişemeyecek ve olamayacaksın. Şunu unutma, kendin arzu etmedikçe, kendin dışında hiç kimse seni doğru yola sokamaz. Sorumluluklarını üstlendiğin zaman, geçmişi bırakıp, gelecek endişesini gütmediğin zaman, anı yaşamaya başladığın zaman her alanda gelişip güzelleşeceksin, işte o zaman artık farkındasındır ve kesinlikle özgürsündür. İşte o zaman senin gelişimin başlar. İşte o zaman gelişimini hiçbir şey engelleyemez. Ve kararlılıkların oluşur. Kendini değiştirme kararlılığı ise nihayetinde seni değiştirir.

Soru ve cevap birlikte olduğu gibi sebep ve sonuç da birliktedir. Bunlar uzakta değillerdir. Sende, kendi içindedirler. Senin sorduğun sorunun cevabı zaten sendedir. Sende olmayan bir şeyin sorusu da olmaz. Sebep ve sonuç da aynen böyledir. Kendine karşı sorumlu olmalısın. Hiç kimseye bu sorumluluğu yükleyemezsin o senin sorumluluğundur. Ama sen sorumluluğunu ha bire başkalarına yüklemek istiyorsun. Tüm sorumluluklarını kabul etmek zorundasın. Önce kabul et, sonra çözüm yavaş yavaş başlayacaktır. Sorumluluğunu bir başkasına yüklediğin zaman sen bir çocuk gibi olursun. Sorumluluğunu kendin kabul ettiğinde ise en büyük zekânın sahibi. Şunu anlarsın o zaman, ben bir şeyin sorumlusu isem o halde tüm bu eylemlerin anahtarı benim ellerimdedir. O zaman tüm bu sorumluluklar benim kölemdir. Aksi halde eğitim yerlerine gittiğin hocaların kölesi olursun. Kendi ipini hiç kimsenin eline teslim etme. Birileri sana şunu yap bunu yap dediği için değil kendin istediğin için yap.

Aydın insan içsel yolculuğunda ancak önündeki engelleri kaldırabilir. Ama şunu unutma, bu yolda sen tek başına yürüyeceksin.

Buraya gelen katılımcılardan da gözlemliyorum. Enerji çalışması almak istemesindeki nedenler, üçüncü gözüm açılsın, astral seyahat yapayım, durugörü yeteneğim olsun, aura göreyim, çakra göreyim vb... Oysa kişiye baktığınızda bu dünyaya ait o kadar temel problemleri var ki! Ve bunları görmezden geliyor! Kendinden kaçtığı için üçüncü gözünün açılması gibi soyut ve az kişiye nasip olacak bir özelliği kendinde istiyor. Sadece bir tatminin karşılanmasının arzusu...

Sorumluluk almama, affedememe, ilişki kuramama, sosyal ortamlardan kaçma, yüzleşememe vb. bu sorunları çoğaltabiliriz. Ama bunların ortak özellikleri, zihnimize, egomuza ve bu dünyadaki yaşamımıza ait sorunlar olmalarıdır. Ve bu problemlerin bir ya da birkaçına sahip olan insanları gözlemlediğinizde en önemli ortak özellikleri, kişilerin bu sorunları inatla görmezden gelmeleridir. Ve kaç yaşına gelirlerse gelsinler defalarca, yıllarca aynı problemle yaşamaya devam etmeleridir. Kendilerinden o kadar çok kaçıyorlar ki, kişisel gelişim umuduyla eğitimlere kaydoluyorlar. Enerji çalışmaları, meditasyonlar yapıyorlar, kitaplar okuyup telkinler dinliyorlar ve sonuç olarak aura görmeyi, üçüncü gözün açılmasını hedefliyorlar. Kendi gerçeğine tahammül edemeyen insana üçüncü göz yeteneği asla verilmez. Bu dünyaya ve kendisine ait olan şeyleri görmeye tahammül edemeyen kişi, manevi şeyleri görmeye hiç dayanamayacaktır. Tüm sorumluluklarını aldığında, işte o zaman üçüncü gözün açılır ve neyin ne olduğunun farkında olursun. Aksi halde senin üçüncü gözün hiçbir zaman açılmayacaktır. Sen kendine yönelme cesaretini bulmadığın sürece bu eğitimlerin sana hiçbir katkısı olmayacaktır.

Ben sana nasıl olman gerektiğini anlatıyorum. Seni kandırmıyorum. Oyalamıyorum. Her şey benim elimde, seni iyileştiririm, senin korkularını alır, sana şu yeteneği veririm, demiyorum. Bunların ilacı bende değil. Bunların ilacı sende. Bunların farkında olmanı istiyorum. Ben sana Reiki inisiyesi yapar, tüm auranı temizlerim. Çakralarını açar ve seni zihinsel, fiziksel ve ruhsal açıdan dengeye sokabilirim ancak. İlaveten, sana bilinçaltı kodlama terapisi yapar, geçmişinde yaşadığın negatif olayların etkilerini de unutturabilirim. Ama sen hâlâ eski sen olursan, hiçbir sorumluluğu kabul etmezsen, yine kısa zamanda eski sene dönüşüvereceksin. Bunun için açık söylüyorum. Bana gelmeden önce değişme sorumluluğunu alarak gel.

Spiritüel Yol ve Büyük Yanılgı

Yanlış anlaşılmalar, yanlış algılamalar, insanları ne kadar da sıkıntıya sokuyor, gelişime ne kadar da engel oluyor. Şeyh, mürşit, master, hoca... Adına ne derseniz deyin, size manevi yolda rehberlik edecek kişi... Sizden hiçbir farkı yoktur. Bir ermişin de, evliyanın da, Peygamberin de, Buda'nın da özü sizden farklı değildir. Ve bir insana ancak bir "insan" rehberlik edebilir.

Manevi öğretmen de bir insandır. Dünyada yaşıyordur. Sinirlenebilir, üzülebilir, sıkıntı içinde olabilir, paniğe kapılabilir, bir kaybın acısını yaşayabilir, hastalanabilir, hobileri olabilir, dünyada bazı istekleri uğruna zaman ve para da harcayabilir... Çünkü o da bir "insan"dır.

Fakat öğrenciler hocalarını hep manevi dünyada görmek isterler. Her daim mutlu, her zaman sinirleri alınmışçasına sakin, her zaman hoşgörülü, hiçbir şeye kızmayan, ayakları yerden kesilmiş, tüm boş zamanlarını murakabeyle, mükâşefeyle veya meditasyonla geçiren, gezmeyen, tozmayan, para harcamayan, dünyevi hiçbir isteği olmayan... Bunun yanında da zannedilir ki, hep manevi yolda zamanını ve enerjisini harcadığı için dünyevi ihtiyaçları da kendiliğinden karşılanır. Geçimini sağlamak için çalışmamalıdır, çünkü ona kendiliğinden, gökten para gelir. Çoluk çocuğunun ihtiyaçları ve korunmasını düşünmemelidir çünkü onun çocukları melek gibidir, doğuştan ahlaklı ve çok zekidir, hayatlarıyla kendileri başa çıkabilirler, onların tüm işleri tıkır tıkır olur, trafikte kalmazlar, kuyrukta beklemezler, kimse onlara kazık atmaz, kimse onları aldatamaz, çünkü onlar manevi yolun işçileridir ya, Allah ve melekleri onların tüm işlerini kendiliğinden yoluna koyar (!)

Tüm bunlar koskoca ama koskoca birer yanılsamadır. Nasıl ki ruhsal ihtiyaçlarımız olduğunda manevi yolda çalışıyorsak, dünyevi ihtiyaçlarımız için de dünyevi anlamda emek harcamalıyız. Allah'ın özü hepimizde. Hiç kimse diğerinden aşağı ya da üstün olmadığı gibi bazıları da kayırılmamıştır. Manevi öğretmenler, ruhsal gelişim yolunda çok emek vermiş ve çok yol kat etmiş olabilirler. Bu konuda diğer insanlara yardım edebilecek düzeyde olabilirler, onlara bu yönde yetenekler verilmiş olabilir. Ama bu, dünyevi konularda Allah tarafından kayırılmış olmaları anlamına gelmez. Paraya ihtiyaçları varsa her insan gibi kazanmak zorundadırlar. Devlet dairesinde sıraya giriliyorsa her insan gibi o sıranın çilesini de çekmelidirler. Ve o anda sinirleniyorsa bu da içinde bulunduğu bedeninin, hormonlarının, duygularının bir sonucudur. Ve bu da fazlasıyla insanidir. İnsan olmasının, bir bedende var olmasının doğal sonucudur. Kimse bunları bir manevi öğretmene çok göremez. Hiçbir manevi öğretmen de bunları kendinden saklamaya çalışmamalıdır. İnsanlardan, öğrencilerinden gizlememelidir. Aksi halde bu tam bir çelişkiye dönüşür.

Ruhsal gelişim yolundaki öğrenci hocasına bağlanır, bu bağlılık onu örnek almasından dolayıdır. Onun anlattıklarını dinleyip içini zenginleştirirken, davranışlarına ve yaşam biçimine bakıp kendisiyle karşılaştırır. Bunu bilinçli olarak yapmaz belki ama mekanizma kendiliğinden böyle işler. Onun yaşam tarzını bir nihai hedef olarak alır kendine. Öğrenci şöyle hayal eder; spiritüel yolculuğunun zirvesine çıkacağı zaman yaşam biçimi hocasınınkine dönüşecektir, her daim meditasyonda, dünyadan elini ayağını çekmiş bir guru veya bir mürşit haline gelecektir... Halbuki nihai hedef bu değildir. Her insan başka bir âlemdir. Herkes kendine özgü şartlarını yaşar, özgün tarzını ve yaşam biçimini geliştirir.

Öğrenci yıllardır bu gelişim yolculuğunun içinde çalışmalar yapar, ibadetler eder, meditasyonlar yapar manevi anlamda çok şeyi çözdüğünü fark eder. Ama bir bakar ki, hâlâ sinirleniyordur, hâlâ parasızlık çekiyordur, ev almak istiyordur, suçluluk duyar, çocuğu hastalandığında endişelendi diye "Varoluşa teslim olamadım," diye suçluluk duyar, âşık olur suçluluk duyar, sigara içer suçluluk duyar... Neden? Çünkü nihai hedeften çok uzaktır. Bir an büyük bir hayal kırıklığına uğrar, *Ne kadar uğraşsam da gelişemiyorum, seviye atlayamıyorum, boşa kürek çekmişim demek ki...* diye hayıflanmalarla pes eder. Geleneksel terimle manevi yol, yeni çağın deyimiyle spiritüalizm... Adları ve yapılan çalışmalar değişik olsa da hedef manevi gelişim, öze yolculuktur. Öze yolculuk peşindeki her türden insan bu yanlış anlama yüzünden çok acı çekmiştir.

Masterın yaşam biçimi nasıldır? Belki de ayda bir kez birkaç saatliğine görüştüğü, feyz aldığı, sohbetini dinlediği, manevi çalışmalar yaptığı insan... Oysa kendine ait bir hayatı vardır. Ve o da bir insandır. Ve sırf bu nedenle hata yapmaya mahkûmdur. Acıkır, yorulur, hastalanır, sinirlenir, üzülür. Peki, biz öğretmeni insanüstü bir varlık olarak görmeye ne zaman başladık? Belki *Benim gibi birisi beni eğitemez, beni eğitecek insan sıradan olmamalıdır,* düşüncesiyle egomuza yenildik, belki masterımız bize böyle bir yaşam biçimi yansıttı, belki de kafamızda oluşturduğumuz bir şablona o öğretmeni sokmakta inat ediyoruz... Nedenleri sıralanabilir, her insana göre değişebilir ama manevi öğretmeni melekleştirmek, insanüstü bir varlıkmış gibi görmek, öğrenciye asla yardım etmediği gibi, onu gerçekten uzaklaştıracak, gelişim yolunda onda "başarısızlık" duygusu yaratacak, devam etme isteğini, şevkini köreltecektir.

Eğer bu yanlış anlaşılma ve çelişki düzeltilmezse gelişim asla tamamlanamayacaktır. İnsan hem maddi hem manevi yönlüdür. Hem fizikî hem ruhsal ihtiyaçları vardır. Ve her ikisi için de yaşanması gerekeni yaşamak zorundadır. Dünyevi ihtiyaçlardan suçluluk duymak, dünyevi çabalardan utanmak ve bunları yok saymaya çalışmak manevi yönden gelişmenin beraberinde getirdiği olağan bir sonuç değildir. Aksine, dengenin ne olduğunu unutmak, içinde bulunduğu öznel durumu, hâlâ insan olduğunu reddetmek, manevi gelişimin nasıl olacağını eksik anlamak demektir. Eğer tekâmül etmek üzere insan bedeninde yaratılmışsak, fiziksel şartlar içinde, Yaradan'ın insana verdiği ihtiyaç ve istekleri de kabul etmek durumundayız vesselam.

Budizm, Tasavvuf ve Diğer Yollar

Reiki'yi Japon kökenli Usui Sensei keşfettiği için o toprakların yolu olan Budizm ve Buda çok sorulur. Buda'nın da bir yolu, bir felsefesi var. Oradakiler Buda'nın felsefesine inanıyor ama nihayetinde Yaratıcı'ya inanıyorlar. Buda'ya inananlar Buda'ya tapınmaz. Buda, onlar için bir nevi peygamberdir.

Buda da aydınlanmış bir kutsal insandır. Ama onun aydınlandığı yer başkadır. Aslında kutsal toprak, kutsal mekân yoktur. Gerçek kutsal sensin, senin özün; kendinden başka kutsal arama. Her şey senin içindir, her şeyin amacı kendini bilmen, olman ve Onda yok olmaktır. Kendini bil ve özündeki Allah'ı bil; yaşadığın her şey, çektiğin tüm çileler, işkenceler, korkular, endişeler hepsi bunun içindir. Kendini ne kadar bilir tanırsan, Yaratıcı'yı da o kadar bilir tanırsın, kendine ne kadar yakın olursan Allah'a da o kadar yakın olursun. Her şey senin için yaratıldı! Kitaplar da, peygamberler de senin için geldi. Ne diyor Yunus Emre; *"Her ne ararsan kendinde ara, Kudüs'te, Mekke'de, hacda değil."* Gerçek manada kendini bilmen için gönderildi her şey. Özünü bulmaya geldin. Özünü bulunca, Onu bulacaksın. Sen ve Allah yok, Allah var sadece. Öyleyse her şey aracıdır, onlar için Buda aracı olmuştur, başkaları için de başka yollar… İster Allah deyin, ister Rahman, isterseniz başka bir isimle anın, yüzünüzü nereye dönerseniz Yaratıcı oradadır. Tasavvufda her yolun Allah'a çıktığını bilirsin. Çünkü Ondan gayrı bir şey yoktur; Allah'tan gayrı bir şey yoksa ona çıkmayan bir yol var mıdır?

Reiki, Zen, Kabala, Yoga veya tasavvuf gibi yollar uygulanabilir ve herkes bunları kullanabilir. Hiç kimsenin dinine de hiçbir şekilde zarar gelmez. Gerçi Kabala, Tevrat'ı baz alır ama o da Museviliğin tasavvufudur yani tasavvufa benzer. Bizim daha ağırlıkla üzerinde durduğumuz mistik ilim tasavvufdur. Aslında Reiki ile bizim varmak istediğimiz nokta da tasavvufdur. Onun için tasavvufu tercih etmek, tasavvufla birlikte yol almak bir Müslüman için en güzelidir, bana göre.

Ama bunun yanında yardımcı bazı öğretilere el uzatmak, onlardan da yardım istemek gerekebilir. Örneğin Reiki gibi bizi açan, auramızı temizleyen, çakralarımızı açan ve bizi tamamıyla o ilahi nurla hemdem kılan ve bunun sonucunda da arınmalar yaşatan bir sistem gibi... Reiki, sorgulamalar yaşatan ve tasavvufun kapısına vardıran bir ilahi nurdur. Reiki'yle amacımıza çok daha çabuk yaklaşabiliriz. Kapıyı açmak artık bize kalmıştır. Kapıyı açtığımız zaman da mutlukların mutluluğunu orada yaşarız. Elbette bunlar anlatımla çok kolay görünüyor. Ama bunu nasıl yapmalıyız? Nasıl oradan ufak bir delik açmalıyız ki o coşkuyu, o mutluluğu yakalayabilelim?

Asıl yolculuğumuz kendini keşfetme ve öze kavuşma yolculuğudur. Kişinin kendini keşfetmesi ve öze doğru yolculuğa çıkması en zor yolculuktur. Zordur çünkü kişi artık kendiyle savaşmaktadır. Yarışacak hiç kimsesi yoktur. Karşısındaki kişi artık kendisidir. İşte en zor olanı da budur; içsel savaş. Hz. Muhammed "En büyük savaş kendinle olan savaştır," demiştir. Terazinin hangi yönü ağır gelirse o taraf size yardımcı olmaya başlar. Kişinin şeytani yönü yani egosu ağır basarsa kişiye ego yardımcı olur.

İlahi yön ağır basarsa sizi ilahi yöne yani Mevla'ya, öze, aşka doğru çeker. Burada hem düşüncelerimize hem bakış açımıza hem konuşmalarımıza sahip olmalıyız. Onları kontrol altında tutmalıyız. Her zaman vurguladığım, şu üç iksiri unutmamalıyız:

1- Her şeye güzel bakmak
2- Her şeyi güzel düşünmek
3- Her şeyde güzel konuşmak.

Bunu 21 gün yapınca ahlakınız değişir.

Kendimizle Savaşmak

Düşüncelerimiz de bizi ya şeytani ya da ilahi yöne yönlendirir. Onun için düşüncelerimiz çok önemlidir. Yanlış düşünceden kendinizi men edemezsiniz. İnsan yanlış veya kötü de düşünebilir. Kendinizi bırakın, negatif düşüncelerinize de kapınızı açın. Onlar size bir şeyler öğretmek için gelmiştir. Düşünceler, olgular, olaylar ve hastalıklar da öyledir. Bırakın içeri girsinler, her şeyi kabullenin, onlar geldikleri kanaldan geri giderler. Mana iklimine yani öze girmek için her şeyi kabullenin. Siz kabul ettikçe onlar küçülecektir ve siz özgürleşeceksiniz. Hiçbir şeyi reddetmeyerek her şeyin güzel tarafına bakıp, eleştirip kırmadan yolculuğunuza devam edin. Kötü konuşma, kuyu kazma, dedikodu, eleştiri bunlar egomuzu ağırlaştırır ve ego bize hükmeder.

Biz iyi düşünmeliyiz ki her şey iyi olsun. Tüm düşüncelerimizi düzeltmeli ve onları sevgiye dönüştürmeliyiz. Onların negatif taraflarına bakmadan pozitif yönlerini bulmaya çalışalım. Düşündüğümüz şeyleri sevgiye dönüştürelim. Konuşma en önemli şeylerdendir. Güzel konuşmalı ve negatif cümlelere yer vermemeliyiz.

Olmak Ne Demektir, Nasıl Olunur?

Pişmek sonrası yanmak ve sonrasında olmak her kişinin harcı olmasa gerek. Önce aşkı tatmak gerek bunun için. Bir Allah dostuna bir öğrenci gelir ve "Beni eğitin," diye ricada bulunur. O da ona "Sen hiç âşık oldun mu?" diye sorar. O da "Hayır efendim ben hiç âşık olmadım," deyince, "Sen git, önce bir âşık ol, sonra bize gel," der. İnsani olan aşklar Allah aşkı yanında denizde bir damla gibi olsa da, az olsa da bize o tadı tattırır.

İnsanın insana olan aşkı da Allah'ın yansıması sonucu olur. Allah Ayşe'ye yansır, Hasan'ı ona âşık eder. Hasan'a yansır, Ayşe'yi de ona âşık eder. Halife Leyla'yı görmek istemiş ve yanına geldiğinde hayal kırıklığını saklamamış: "Leyla Leyla dedikleri bu mu Allah aşkına? Mecnun bunun neyine vurulmuş ki? Alelade bir kadın. Ne farkı var ötekilerden?" Bunu duyan Leyla gülmüş. "Evet, ben Leyla'yım ama sen Mecnun değilsin ki," diye cevap vermiş. "Sen beni bir de Mecnun'un gözlerinden görebilsen. Sanma ki başka türlü aşk denen sırra erebilirsin..." Muhammed İkbal pişme sonucu Allah'ta kendini kaybedince, yani yanınca ve olunca ilk sözleri şunlar olmuştur: "Aman yâ Rabbi sen mi bensin yoksa ben mi senim Allah'ım."

Bu bahsedilen aşklar Televole aşkları değildir elbette. Televole aşkları, aşk değil, olsa olsa cinsel arzudur...

Kâmil İnsan Kime Denir, İnsan-ı Kâmil Nasıl Olunur?

Allah'ın 99 güzel ism-i şerifi vardır. Esmaü'l-Hüsna da denen bu güzel isimlerin manaları bütün insanlarda da mevcuttur. Daha bizler ana rahmindeyken Allah beynimize kazımıştır bu manaları.

Bunlar beyin PC'mizde açılmayı bekleyen birer program gibidirler. Yaratan'ın bu güzel sıfatlarının bir kısmı insanlarda zaten açılmıştır. Mesela bir marangozda "El-Musavvir" yani "Her şeye bir biçim ve özellik veren" sıfatı açıkken, bir işverende "Er-Rezzak" yani "Rızık veren" ismi açıktır. Bir hâkimde "El-Adl, Mutlak adil," vasfı açıkken, cömert birinde de "Er-Rahîm, Nimetler veren" ismi açıktır.

Zaten bu durum dolayısıyladır bizim birbirimizden farklı oluşumuz. Hepimiz değişik düşünür, değişik konulara yoğunlaşır, değişik konuşuruz. Eğer tüm bu frekanslar açık olsa hepimiz aynı düşünür, aynı konuya yoğunlaşır, aynı şeyleri söyleriz. Bununla birlikte biz bir ve bütünüz. İşte "kâmil insan" denilen büyük zatlar bu frekansların tümünü açmayı başarmış olan Allah dostlarıdır.

Onlar hem halkla, hem Hak'ladır artık. Halkın içinde Hüdai'dir, Hacı Bayram'dır ama gerçekte Allah'ladır. Onların bakması Allah'ın bakması, yürümeleri Allah'ın adımları, duymaları Allah'ın duymasıdır artık. Allah dostları ayrı düşünüp ayrı ayrı konuşmazlar. Kimisi beyitlerle, kimisi şiirlerle anlatır bu yolu. Her veli yaşadığı zaman diliminde insanların anlayacağı dilden konuşmuştur. Yaşadıkları devirlerde bu aydınlık yoldan yani Allah aşkından bahsetmişler birçok öğrenci eğitmişlerdir.

O halde "Kâmil insan olmak Allah mı olmak oluyor?" sorusu geliyor aklımıza. Onlar, Güzeller Güzeli'nde kaybolmuşlar ve Onda kendilerini (ruhlarını) fenâ kılmışlardır. Kâmil insan olmak ya da bir başka ifadeyle Allah dostu olmak Allah olmak demek değildir. Aksine Allah'ta kaybolmaktır. Hz. Mevlâna bu konuda şöyle söyler: "Peygamberleri, nebileri, velileri, evliyaları iki gören şaşıdır, ondan öyle görür. Oysa onlar tektirler."

"Onun aşkını seç ki bütün peygamberler, Onun aşkı ile kuvvet ve kudret buldular, iş güç sahibi oldular. Sen 'Bize o padişahın huzuruna varmaya izin yoktur,' deme. Kerim olan kişilere hiçbir iş güç değildir."

– Hz. Mevlâna

Telkin Nedir ve Nasıl Yapılmalıdır?

Telkin, düşünsel olarak kurgulanan ya da sözel olarak söylenen olumlu veya olumsuz polaritelerdir. Her ne kadar pozitif düşünmeye ve söylemeye çalışsak da bunun yanında birçok negatif düşünce ve söylemimiz mevcuttur. Telkin iki yönlüdür. Birincisi negatif, ikincisi pozitiftir. Ben beyne hırsız diyorum çünkü negatifleri daha çabuk alır; pozitifleri ise nazlanarak alır. Bunun nedeni ise çocukluğumuzdan beri yetiştirilme tarzımızdır.

Daha biz küçükken anne babalarımız ya da ninelerimiz tarafından "Öcüler böcüler geliyor, polise veririm," gibi korku verici sözlerle büyütüldük. Tabii onları da suçlamak yersiz, onlar da atalarından ne öğrendilerse bizlere onları aktardılar. Artık bizler yeni nesiller olarak yeni şeyler düşünmeli ve yeni şeyler söylemeliyiz.

Çocuklarımızı da bu doğrultuda eğitmeli ve yetiştirmeliyiz. Hz. Mevlâna'nın da söylediği gibi "Artık dün bitti, bugün yeni şeyler söylemek lazım." Bu telkinler bizim beynimize o kadar çok yerleşmiş ki biz de benzeri olayları yaşadıkça bilinçaltımızda bunları katmanlaştırmışız.

Söylenen sözler veya düşünülen kurguların hepsi birer telkindir. Bunlar insana birer mantra gibi açılım sağlar. Söylenen her sözü veya düşünülen her şeyi beyin alır immün sisteme yollar, immün sistem de bunu diğer organlara postalar ve böylece insan söylediği sözün manasını yüklenir, o hale bürünür. Örneğin, negatif bir telkin olan "Hastayım," cümlesini beyin alır immün sisteme gönderir, immün sistem de diğer organlara ışınlar. Bu ise saniyenin onda biri kadar bir zaman diliminde oluşur. Siz hasta kelimesini kullandığınız için hasta olmasanız dahi hasta olursunuz. Ama bunun karşıtı, "Ben sağlıklıyım," pozitif bir telkindir. Aynı şekilde işleyerek hastaysanız bile sizi sağlıklı hale getirir. Bunu şöyle de örnekleyebiliriz: Her ülkenin bir askeriyesi vardır. Her askeriyenin de bir genelkurmay başkanı olur. Bu durumu biz üç komuta kademeli bir zincir gibi düşünelim. Yani genelkurmay başkanının altında bir komutan, onun da altında bir komutan olduğunu düşünerek tüm askerlerin böyle yönetildiğini düşünelim. Sizce genelkurmay başkanının verdiği emre onun altındaki komutanın uymaması mümkün mü? Onun altındaki komutanın verdiği emre de diğer askerlerin uymaması mümkün mü? Cevabınız tabii ki de hayır olacaktır. İşte sizler bedeninizin genelkurmay başkanısınız. Sizin altınızdaki komutan beyniniz, beyninizin altındaki komutan ise immün sisteminizdir, immün sistemin altındaki askerler ise organlarınızdır.

Kısaca söylediğiniz ve düşündüğünüz ne ise siz Osunuzdur. Yani olumlu düşünüp olumlu söylüyor ve olumlu bakıyorsanız siz pozitif bir insansınızdır. Tersine, olumsuz düşünüyor, olumsuz söylüyor ve olumsuz bakıyorsanız siz negatif bir insansınızdır. O halde ne yapmalıyız, nasıl olmalıyız? Tüm aile bireylerimize bunu anlatmalı, aile ortamında pozitif olmaya yani pozitif düşünmeye, pozitif konuşmaya ve pozitif bakmaya kendimizi ve onları da alıştırmalıyız. Örneğin "Ben hasta değilim," yanlış bir telkindir. Çünkü beyin hasta kelimesi negatif olduğu için buna öncelik tanır ve bunu alır. Bunun yerine "Sağlıklıyım," doğru olacaktır. Yine "Korkak değilim ya da korkmuyorum," da yanlış bir telkindir. Beyin bu negatifi alır ve sizi o hale büründürür. Bunun yerine o kelimenin karşıtı "Cesurum," kullanılmalıdır. Aynı şekilde, "Tembel değilim," yerine "Çalışkanım," gibi.

Çare Bizde, Bizim İçimizde...

Yirmi birinci yüzyıla gelmemize rağmen tıp bilim insanları hâlâ beynin fonksiyonlarını tam olarak keşfetmiş değiller. Yüzde yedi buçuğu ancak keşfedilmiş olan bu organımızın neler yapabildiği ya da neler yapabileceği henüz bir muamma. Ancak bazı denenmiş, uygulanmış gerçeklerden yola çıkarak beynimizin ne kadar güçlü olduğuna bir bakalım. Bakalım beynimiz bize ne gibi şaheserler sunuyor?

Kanser hastası olup, sonradan bu hastalığı yenen insanlardan sık sık duyarız; "İnandım ve yendim..."

İşte bu nokta çok önemlidir. İnanmak iyileşmenin yarısıdır. İnsan önce kendinin iyi olacağına inanırsa bu önce beyinde gerçekleşir. Yani önce beyin bunu algılar sonra immün sistemine yollar, bu olay saniyenin onda biri kadar bir zamanda gerçekleşir, immün sistem diğer organlara sinyal gönderir ve böylece iyileşme süreci kendi içinizde kendi doktorunuz tarafından başlatılmış olur.

Buna içimizdeki mükemmel doktor da diyebiliriz. Hiçbir ilaç, hiçbir doktor, siz iyileşmeyi arzulamadıkça sizi iyi edemez. Siz kendiniz iyi olmayı arzulamadıkça isterseniz dünyanın en iyi doktoruna gidin, en iyi ilaç tedavisini görün bu mümkün olmayacaktır. İyileşmeyi kendiniz istemedikçe yapılan tedavinin de bir sonuca ulaşması pek mümkün olmayacaktır...

1950 yılında bir ilaç ortaya çıkmış ve bu ilacın kanseri %100 iyileştirdiği söylenmiş. Daha sonra medyanın ve bazı güçlerin yaptıkları karşı propagandalar sonucu bu ilaç toplatılmış.

Bir Fransız Onkolog Doktor kendi hastasına bu ilacı uygular ve bu hasta üç ay sonra iyileşir. Daha sonra bu ilaç ortadan kaldırılınca, hasta tekrar kötüleşir ve doktoruna gelir. Doktor hastasının moral olarak iyileştiğinin farkına varır. Doktor hastaya şöyle der, "Yeni bir ilaç çıktı, bu ilaç önceki ilaçtan çok daha mükemmel. Bu ilacı size vereceğim, bununla kesin iyileşeceksiniz." Doktor hastaya her gün bir iğne yapar, yaptığı iğne deniz suyundan başka bir şey değildir. Hasta yine üç ay sonra iyileşir, sağlıklı hale gelir.

Buradan da anlaşıldığı gibi hastanın iyi olacağına önce kendisinin inanması gerekmektedir...

Hasta kendi içinde hazır bekleyen o en mükemmel doktoru nasıl aktif hale getirebilir?

1- Hasta kendisinin iyi olacağına inanmalı, asla pes etmemeli.

2- İyileşmeyi hiçbir zaman aklından çıkarmamalı.

3- Sonuç ne kadar vahim olursa olsun bunları hiç düşünmemeli, hayata, yaşama dört elle sarılmalı.

4- İyi olacağını kendi kendine sürekli telkin etmeli...

Telkini diğer yazılarımızda açıklamaya çalışmıştık ama burada da biraz açalım. Beyni bir kanun koyucuya benzetelim, immün sistemi de bu kanunu uygulayana, kanunun uygulandığı organları da halka... Bu kanun koyucuya siz hükmediyor, emirler yağdırıyorsunuz. Kanun koyucu bu emirleri kanun uygulayıcıya devrediyor. Kanun uygulayıcı ise bu kanunları halka uyguluyor.

Her gün beyne pozitif telkinler yapın; "Ben sağlıklıyım, ben cesurum, kan değerlerim normal, bütün organlarım mükemmel çalışıyor," gibi. Pozitif veya negatif her söylemimize ya da düşüncemize dikkat etmeliyiz. Medyadan sık sık duyarız; hasta bir herbaliste, otacıya gider, ona bir ot verilir ve bu otla %100 iyileşeceği söylenir, yani beyne bilerek veya bilmeyerek bu telkinde bulunulur. Hasta buna inanır ve bunu uygular. Gerçekten de hasta bu yolla iyileşmeler gösterir. Ama ne zaman ki bir onkoloji uzmanı çıkar, bunun asılsız olduğunu söyler, bu hasta o zaman yine eski haline geri döner.

Bütün bunlar birer örnektir. Aslında ne verilen ot, ne de verilen ilaçtır hastayı iyileştiren. Hastayı iyileştiren kendi içindeki o mükemmel doktordur. Hastayı iyileştiren hastanın iyi olma inancı ve azmidir...

Şöyle düşünün; kolunuz kırılıyor, bir ortopedi uzmanına gidiyorsunuz, ortopedi uzmanı sadece kolunuzu alçıya alarak doğru kaynamasını sağlıyor. Kolunuz kendi kendine kaynayıp iyileşiyor, üstelik siz bu dönemde hiçbir ilaç da kullanmıyorsunuz. Bu gerçekten yola çıkarsak içimizdeki mükemmel doktorun neler yapabildiğini ve neler yapabileceğini anlamış oluruz.

İçimizdeki doktoru faaliyete geçirelim. Çare bizde, bizim içimizde.

Tasavvufta Yedi Kapı ve Çakralar

Çakralar yedi ana enerji noktasıdır ve Hz. Mevlâna bu noktaları neydeki yedi deliğe benzetir. Ney gibi her biri ayrı sesler çıkartır. Çakralar, makamlar ve tasavvuf kapılarıyla bağlantılıdır.

Kök çakra iş, mevki, para gibi dünya işlevselliği olan çakradır. Tasavvufta birinci kapı şeriat kapısıdır, kurallar kapısıdır ve tamamıyla kök çakraya tekabül eder. Zahirî olan ne varsa kök çakranın işlevsel alanına dâhildir. Zahirî olanın önemini bilip, Allah'tan gayrı hiçbir şeyin olmadığını da unutmamalıyız. Kuran-ı Kerim'in özüne girdiğinizde, Allah'tan başka bir şey yoktur. Allah'a ulaşmak için bazı kurallardan geçmek gerekir. Bu kurallar olgunlaştırır ve sonra farkındalık artar, aydınlanmaya ulaşırsınız. O olgunlaşmaya ermeniz için bazı kurallar getirilmiştir.

Göbek altı çakramız başta cinsellik ve duygusallıkla alakalıdır. Bu da tasavvufta tarikat kapısıdır. Tarikata girdiğinde kişinin cinsellik enerjisi birden açığa çıkar, artış gösterir ve o kadar çok üst düzeylerde yaşanır ki bu, kişiler korkar bu durumdan. Kişi, tarikata girince ilk yaşanan durumlardan biridir bu. Ardından göbek altı çakrasında cinsellik olgunlaşır, yaratıcılığa geçilir. Kişi bu sefer yine hayretlere düşer. Bazen yaratıcılık o kadar had safhaya ulaşır ki, kendisi de bu duruma şaşırır. Sonra duygusallık başlar, öyle ki kişi her şeye ağlayabilir.

Sonra enerji *solar pleksus* çakraya ulaşır yani göbek sinir ağı denen mide çakrasına... Birden kişi öfkeli ve sinirli olabilir. Kin ve nefret duymaya başlar ve bu da şaşırtıcıdır. O da olgunlaştıktan sonra sevgi duymaya başlanır, işte burası da marifet kapısıdır yani Allah'ı bilme sanatıdır. Kişi "Ben Allah'tan bir parçayım," farkındalığına ulaşır.

Burada da olgunlaştıktan sonra hakikat kapısına yani kalp çakrasına geçilir. Kalp çakrası sevgi, şefkat ve merhametle alakalıdır. İlahi sevgi ve aşk hissedilir.

Bundan sonra da fenâ kapısına girilir yani Allah'ta kaybolma kapısına. Fenâfillah halidir bu. Zahiren kişi vardır, ayaktadır ama kişinin özü artık Allah'la bütünleşmiştir. Çünkü kişi fenâ olmuş, Allah'ta kaybolmuştur. Fenâ kapısı boğaz çakrasına tekabül eder. Boğaz çakrası zahirî olarak konuşmayla, ifade etmeyle ve benzeri eylemlerle gösterilir ama boğaz çakrası batınen, fenâ kapısıyla bağlantılı olarak sessizlikle alakalıdır.

Fenâ olduktan sonra beka kapısına varılır yani zihin (alın) çakrasına geçilir. Beka kapısı "bir öz"dür. Alın çakramızla beka kapısına ulaşmış oluyoruz, artık burada çok derinlerdeyiz. Allah ile var oluruz. Daha sonra sonsuzluk, aşkın varoluşu gerçekleşir. Bu da bizim taç çakramızdır. Modern deyimle bu kundalinidir yani daimî yaşanan enerji ve aydınlanma.

> Hangi kapıda olduğunuzu kendiniz ölçebilirsiniz. Gözlerinizi kapatın ve yedi defa diyaframınıza burnunuzdan derin nefes alıp ağzınızdan verin. Sonra kendinizi rahatlatıp bu soruyu sorun ve iç sesiniz muhakkak size dönüp cevap verecektir.

BİNLERCE YILLIK

GELENEK

REİKİ

Reiki Nedir?

Reiki, özkaynaktan gelen ve tekâmüllerini tamamlamaya yakın olan insanlara verilen ilahi bir hediyedir. Her ne kadar Avrupalılar Reiki kelimesini "evrensel yaşam enerjisi" olarak tabir etseler de bunun böyle olmadığını Japonca anlamını incelediğimizde görebiliriz. Japoncada, *"rei"* ilahi, *"ki"* ise "aydınlanma" ya da "nur" anlamına gelmektedir.

"İlahi nefha" tüm canlılarda ve hatta nesnelerde vardır. Onsuz bir hayat, Onsuz bir canlılık zaten düşünülemez. Özünden kopup, ete kemiğe bürünüp bu âleme gelmiş olan bizler de bu ilahi nefhayı taşıyoruz. Evrensel yaşam enerjisi olarak tabir edilen kavram bu olsa gerek. Reiki ise bundan farklı bir şeydir. Reiki, Hz. Âdem'den başlayıp tüm peygamberlerde, nebilerde, velilerde, bilgelerde, dünyaya gelmiş ruhsal öğretmenlerde, masterlarda kendini göstermiş olan "nur"dur.

Kuran-ı Kerim'de Nur suresinin 35. ayetinde şöyle buyurulur: *"Allah, göklerin ve yerin nurudur. Onun nurunun temsili, içinde ışık bulunan bir kandillik gibidir. Işık sırçanın içindedir. Sırça sanki incimsi bir yıldız gibidir ki, doğuya da, batıya da ait olmayan kutlu bir zeytin ağacından tutuşturulur. Bu öyle bir ağaç ki neredeyse ateş ona dokunmasa da yağ ışık verir. Nur üstüne nurdur. Allah, kimi dilerse onu kendi nuruna yöneltip iletir. Allah insanlar için örnekler verir. Allah, her şeyi bilendir."*

İnsanın aura kanalı temizlenmedikçe de bu "nur"a ulaşmak mümkün değildir. Hz. Mevlâna *Mesnevi*'nin 35. beytinde bu konuya şöyle işaret etmektedir: *"Senin ruhunun aynası niçin akisten haber vermiyor biliyor musun? Sathı (yüzeyi) pastan kurtulmamış da ondan."* Aura kanalları paslı oldukça "ilahi kaynak"tan saf bilgilerin alınıp insanın kendini keşfetmesi de mümkün değildir. Rabbimiz bu nuru insanlara vesilelerle ulaştırmakta ve onların tekâmüllerini tamamlatmaktadır. Reiki inisiyesi tüm aura kanallarının ve dolayısı ile tüm çakralarımızın açılması sonucu bire bir ilahi kaynakla temasa geçiştir.

Günümüze kadar sadece şifa yönü ile bilinen Reiki, gerçek anlamda bir mistik ilim, bir felsefedir. Yalnız şunu vurgulamadan geçemeyeceğiz: Elle veya uzaktan şifa yöntemi diğer mistik felsefelerde de bulunmakla birlikte, öğreti ve eğitim farklılıkları nedeniyle buna çok zor ulaşılmaktadır. Şifa yöntemine kavuşmak Reiki ile bir inisiye sonucu hemen mümkün olabilirken, diğerlerinde yıllar sürmektedir. İşte bu yönü ile de Reiki her insanın kolayca elde edebileceği bir iksirdir. Reiki inisiyesinden hemen sonra tepe çakranın açılması ile birlikte ilahi kaynaktan saf, berrak, temiz bilgiler sezgisel olarak akmaktadır. Fakat terbiye edilmemiş olan ego ve nefs bu alınan bilgileri muhafaza etmeye engel olmaktadır. İşte bu nedenle kişisel keşfine devam etmek isteyen kişi, ego ve nefsini ehilleştirmenin bir yolunu bulmalıdır. Burada Kuran'ın esaslarından ayrılmayan ve kalbî olan tasavvuf bizlere bir kapı açmakta, bizi içeriye buyur etmektedir. Reiki de, tasavvuf da, "öz"e ulaşmak için birer araçtır. Bu ikisinin sentezi ile asıl amaç insanın kendisini, dolayısı ile aslını bulmasıdır. Amaç özü bulmak, Onu idrak etmektir. Önemli olan bir zerrenin içinde âlemleri görebilmektir. Amaç fenâ olmaktır, amaç fenâfillah makamıdır. Amaç Onda var olmak değil, aksine Onda yok olmaktır.

"Ölü iken dirilttiğimiz ve kendisine, insanlar arasında yürüyeceği bir nur verdiğimiz kimsenin durumu, hiç, karanlıklar içinde kalmış, bir türlü ondan çıkamamış kimsenin durumu gibi olur mu?"

– Enam Suresi, 122. ayet

Reiki'ye Başlarken

Türkiye'ye geldiğimden beri Reiki'yi anlatmaya çalışıyorum, kuralları açıklıyorum. Çünkü mistik ilimler kurallarıyla anlaşılır, doğru uygulamayla da yaşanır. Reiki inisiyesi de böyledir. Tekniğine, kuralına dikkat edilmeksizin yapılan inisiyeler kişiyi geliştirmeyeceği gibi tehlikeli sonuçlar ortaya çıkarır. Reiki, sadece inisiyeden ibarettir. Reiki inisiyesi alan kişi bunun gelişimini kendi içinde yaşar. Reiki'nin herhangi bir kuralı olmadığı gibi herhangi bir eğitimi de yoktur. Elinizi nasıl koyarsanız koyun, Reiki akar ama bu akış için dediğimiz gibi doğru inisiyasyon çok önemlidir. Reiki'nin felsefesine giriş yapmadan önce bazı önemli noktaları hatırlatmakta fayda görüyorum.

Reiki ile açılan bu "nur" kapısını mutlaka bir başka mistik ilimle desteklemek gerekmektedir. Biz bunu tasavvuf desteği ile sürdürüyor, öğrencilerimize bunu öğretmeye gayret gösteriyoruz. Yolumuz Hz. Mevlâna yolu, anlayışımız Hz. Yunus anlayışıdır. Mistik felsefeler ayrı ayrı isimlerle anılmasına, hepsinin çeşit çeşit usulleri, öğretileri olmasına rağmen hedef aynıdır. Tüm bu yollar suyun çeşitli kanallardan gelip bir ummanda birleşmesi gibidir.

Hz. Mevlâna'nın tabiri ile, "Tüm yollar Ona çıkar." Hangi seviyede olursak olalım, bunu doğru uygulamıyor, doğru anlatamıyorsak, bundan bir sonuç beklememiz hayal olur. Bu yüzden Reiki inisiyasyonu çok önemlidir. İnisiye olacak kişi buna önce iyi hazırlanmalı, bu felsefeyi çok iyi bilen "üstad"ını bulmalı ve sonra inisiye olmalıdır.[2] Bu yol keskindir, bu yol dikenlerle doludur. Önünüzü açıp sizi hedefe ulaştıracak ise üstadınızdır. Sizler hepiniz zaten birer güneşsiniz. Ama önünüzdeki bulutlar parlamanıza, ışık saçmanıza mâni olmaktadır. Bu kara bulutları önünüzden alıp ışığınızı saçmanızı sağlayacak kişi ise sizin en kadim dostunuz olan üstadınızdır.

Üstadınızla olan bu ışık serüveni Reiki'nin 1. seviyesiyle başlar. Ama önemli nokta şu ki, Reiki'nin birinci seviyesini iyice hazmetmeden Reiki 2'ye geçilmemesi gerekir. Reiki'nin bu birinci aşaması ışık yolunda açılan ilk kapıdır. Sezgisel bilgilerin çoğu bu devrede elde edilir. Bunun için önce kendinizi iyi keşfetmeniz, kendinizi ve Yaradan'ınızı tanımanız gerekir. Bu seviyede içsel olarak çok güzel anlar geçireceğiniz gibi bazı negatif olguları da yaşayacaksınız. Geçmişiniz boyunca o güne kadar yaşadığınız bazı olumsuzluklar içinizdeki küçük çocuğu yaralamıştır. Bu yaralar yavaş yavaş iyileşecek, içinizdeki o "öz ben"iniz kendini tamir edecektir. Eğer bu devre kısa olur, hemen Reiki 2 inisiyasyonu yapılırsa bu iyileşme durur. Durduğu gibi başka olumsuz sonuçlar da doğurabilir. İşte bunun için Reiki'nin birinci seviyesi çok önemlidir.

Şunu unutmayın; Reiki'den asıl öğreneceğiniz ve Reiki'nin size asıl yaşatacakları şeyler bu birinci seviyede olacaktır. O yüzden diğer seviyelere geçmeden önce bu

2 İnisiyasyon (sülûk) bireyin, spiritüel gelişimi için, 'spiritüel tesir'i alıp aktarabilen bir üstadın kontrolü altında, bir düzen, disiplin içinde ve bir metoda dayalı olarak bir yola girmesi, o kanala, intibak etmesi, uyumlanması ve o yolculuktaki eğitimi şeklinde tanımlanabilir. İnisiyasyon sözcüğünün kökeni, Latincede "bir yere girme, iştirak etme, katılma, kabul edilme, başlama" anlamındaki "initium" sözcüğüdür. Türk tasavvuf geleneğinde bulunan "sülûk" kelimesi de, "iplik, sıra, dizi, yol, meslek, tutulan yol" anlamlarındaki Arapça "silk" sözcüğünden gelmektedir.

güzelliğin tadına varın. Yeniden doğmayı bu devrede gerçekleştireceksiniz. Ayrıca şunu da aklımızdan çıkarmamalıyız ki hiçbir doğum sancısız olmaz. O yüzden Reiki'ye başlarken, 2. seviyeyi hiç düşünmeyin. Zamanı gelince üstadınız bunu size söyleyecektir.

Reiki'de seviyelerden daha önemli olan insanın kendini geliştirmesi, sevgi yolunu iyi öğrenmesidir. Asıl amaç budur. Bir kere inisiye olduktan sonra siz ölene dek bir kanal olmuşsunuz demektir artık. Yıllarca yapmasanız da önemli değil. Ne zaman diler ve isterseniz, Reiki o zaman akar.

Reiki ile Tanışma Hikâyem

Reiki ile tanışma hikâyem çok merak edilen bir konu ama aslında diğer tanışma hikâyelerinden pek de farklı değil, üç aşağı beş yukarı birçok insanın yaşadığıyla aynı. Reiki'yle olan tanışmam 1994'te oldu. İnisiye olana kadar Reiki'yi tamamen araştırdım. Ve dualarımda da "Rabbim, bu yolu bana kolaylaştır," diye diliyordum. İnanın, Reiki'nin ismini ilk duyduğumda ben karate, tekvando, judo gibi bir dövüş sporu olduğunu zannediyordum. Gerçi bu dövüş sporlarının da bir ruhani yönü vardır ama Reiki'nin bunlardan bambaşka bir şey olduğunu, okuyarak ve Avrupa'da bulunan çeşitli büyük üstatlara sorarak öğrendim.

94 yılında Almanya'da yaşarken bir solaryumum vardı. Solaryumdan önce çok işler yaptım Almanya'da; bir oryant pazar açtım, yani market tarzı bir oluşum, orayı kapattım ardından, bir firmanın bayisi oldum, sonra gıda işine girdim, salata sattım, toptancılık yaptım derken en sonunda solaryum açayım dedim ve solaryum işine girdim. Tabii, vaktimi solaryumda geçiriyordum çoğunlukla. Müşterilerimle oturup kahve sohbetleri yapıyordum. Yine böyle bir günde bir hanımefendiyle tanıştım. Adı Renatı'ydı.

Renatı, 54 yaşlarında, hanım hanımcık birisiydi. Gelirdi, birlikte kahve içer konuşurduk ama bana hiç Reiki 3A seviyesinde olduğunu söylememişti. Reiki ismini duyduğum o dönem oldukça stres içerisindeydim. Çünkü karşıma bir solaryum daha açılmıştı ve orası franchising sistemiyle bayilik almış bir firmaydı ve yepyeni makineler edinmişti, elbette benim makineler de eski kalmıştı. Müşterilerim oraya gitmeye başladı, ben de o sırada kredi almaya çalışıyordum ki yeni makine alayım, müşterilerim geri gelsin. Bankalara başvuruyordum ama garanti istiyorlardı. Sonuçta yabancı adamım, garantim yok. Elimdekini o solaryuma yatırmıştım, o yüzden kredi vermiyorlardı. Oldukça depresyondaydım o zamanlar.

Bu stresli dönemimde, bir gün yine Renatı geldi, merhabalaştık ve konuşurken "Sen bayağı stresli gözüküyorsun," dedi, "Olabilir," dedim, o da derdimi sordu, anlatmaya başladım. "Senin Reiki alman gerekiyor," dedi bana. Belki önceden duymuş veya okumuştum ama algılamamıştım sözünü. "Alırız ya onu da alırız," dedim. Sordu, "Ne olduğunu biliyor musun?" diye. "Duymuştum, tahmin ediyorum," dedim. "Ya," dedi "senin şu haline, şu stres durumuna Reiki birebir," dedi. "Nasıl bir şey, tamam enerji menerji de içeriği ne?" diye sordum, "Tamamen içsel farkındalık ve aydınlanma sağlıyor," deyince hayli hoşuma gitti. "Peki sen Reiki verebilir misin bana?" diye sordum ama o 3A düzeyinde olduğu için veremediğini söyledi "Benim masterım var, ona gitmen gerekiyor," dedi ve masterının telefonunu verdi.

Telefonla aradım, bir kadın açtı, hemen randevulaştık. Bir hafta sonraya aldım randevuyu. Gideceğim saat bile belli oldu ama inanın bir hafta boyunca düşünmediğim şey kalmadı; Reiki nedir, enerji nasıl olur, niye içimi aydınlatsın ki, ne oluyor ki bu, sahtedir, yalandır, doğru değildir, nasıl farkındalık kazandırır? Zihnim binlerce şey üretiyordu. Bir taraftan da bir Türk kardeşimle konuştum, "Aman," dedi "yaklaşma buna, cin işi olabilir!" Bayağı korkutmuş beni. En sonunda ben de ne olabilir ki dedim, dinlerim, hoşuma gitmezse almam diye düşündüm ve o gün geldi, çıktım yola.

Yolda giderken yine kafam çok karışık, zihnim hep bir şeyler söylüyor. Arabayı çektim sağa, düşündüm kendi başıma biraz, "Ne yapıyorsun sen, ya dinine karşı bir şey yapıyorsan... Ya doğru değilse, nasıl olacak bu iş?" diye sorgulamalara giriştim. Ama sonra "Yok," dedim "Ne olursa olsun gideceğim, kararı verdim, niyetim bu, geri dönmeyeceğim."

Kapıda birisi beni karşıladı 60-65 yaşlarında güzel bir kadın, hemen sarıldı bana. Buyur etti, oturduk. Sezgileri güçlü, üçüncü gözü açık bir kadındı. "Sen benim dostumsun," dedi. "Seninle biz ezelde tanışmıştık," dedi. Ben çok ciddiye almadım dediklerini. Oturduk, Reiki'yi anlatmaya başladı, Reiki şöyle böyle, anlattı detaylıca. O zamanlar tasavvufla da ilgiliydim, anlattıklarında tasavvufa benzeşmeyen bir tarafını görmedim, her anlattığı benziyor. "Peki ne olacak şimdi?" diye sordum. "Dört gün geleceksin, üç gün auranı yumuşatacağız, dördüncü gün inisiye edeceğiz," diye açıkladı.

Daha birinci günden auramı yumuşattı, 45 dakika şifa verdi. Almanya'da bu iş bu kadar ciddiye alınıyor. Üç gün üst üste 45 dakika boyunca şifa veriliyor, aura kanalı arındırılıp yumuşatılıyor ve dördüncü gün inisiye ediliyor; Almanya'da sistem böyledir. O ilk 45 dakikalık seans bittiğinde kendimi o kadar mutlu hissediyordum ki, sanki strese ve borçlara bulanmış olan ben değildim... Daha bana Reiki verilmemişti halbuki, hatta çakralarım da açılmamıştı ama daha ilk seansta muhteşem bir huzur geldi. İkinci gün gittim, daha iyiydim, üçüncü gün çok çok daha iyi, dördüncü gün uçuyordum artık. O kadar mutlu ve huzurluydum ki, aman Allah'ım, o zaman kesinlikle doğru bir şey yaptığımı anladım.

O sıralar, stresten dolayı başım çok ağrıyordu, o yüzden çok ilaç kullanıyordum. İnisiye edildikten sonraki üçüncü gündü ve yeni olaylar oldu krediyle ilgili, yine tuttu başımın ağrısı. Eşimden ilaç vermesini rica ettim, suyu, ilacı koydu önüme. "Dur," dedim kendi kendime, "Bende bir ilaç var zaten, kendi ilacım, yani ellerim. Deneyeyim oluyor mu bakalım?" Gerçekten ellerimi başıma koyduğumda, 2-3 dakikada hiçbir şey kalmadı. Baş ağrısı tamamen şifa buldu. Ve ondan sonra Reiki'yi ben ciddiye almaya başladım. Reiki 1'den ikinci seviyeye dek dört yıl geçti. Dört yıl boyunca almadım ikinci seviye eğitimini, gereksinim duymadım. Reiki birinci seviyede bayağı ilerledim, meditasyonlar, enerji çalışmaları ve benzeri uygulamalar yaptım sürekli. O yüzden hep diyorum, *ben ne bulduysam Reiki 1'de buldum, müthiş bir kapı oldu benim için* ve sonra Reiki 2. seviye eğitimini alıp yoluma devam ettim.

Her şey bütünün hayrına oluyor, tesadüf yok. Bu sıkıntıları yaşamıştım çünkü Yaratan beni bu ilahi ilme ve nura yönlendirecekti.

Neden Reiki'ye İhtiyaç Var?

Benim Reiki'ye olan ihtiyacım bahsettiğim gibi iş hayatımdaki sıkıntıyla oldu. Ama peki neden insanlığın bu ilme ihtiyacı var? Bu konuyla ilgili sizinle çok güzel bir yazıyı paylaşmak istiyorum. Bu yazı neden Reiki'ye ihtiyaç olunduğunu özetler nitelikte.

Dünyanın Reiki'ye İhtiyacı Var[3]

Günümüz dünyasının acil olarak şifa enerjisine ihtiyacı var. Çok sayıda insan, zihinsel, ruhsal ve bedensel olarak hasta, çökmüş, kötümser ve yıkıcı durumda. Şifa enerjisine; günlük hayatımızda birbirimizle olan ilişkilerimizde, kendimizle olan ilişkilerimizde, doğa ile olan ilişkilerimizde, siyasi ve ticari adalette, eğitim ve öğretimde, dünya barışında ve gelecekteki tüm nesiller için evrenin korunmasında ihtiyacımız var.

Reiki işte bu tür bir şifa kaynağıdır, bu tür vazgeçilmez bir sevgidir, yüreklerin ve kurumların karanlığında bir ışıktır.

Günbegün birçok insan ruhsallığın bu gücünü istemekte ve Reiki'nin uzaktan tedavi yöntemiyle iyi düşüncelerini siyasete, dünya barışına, doğanın iyileşmesine ve dünyamızın korunmasına göndermektedir. Pek çok şeyin değiştiğini, çevre bilincinin yaygınlaştığını, askerî blokların yumuşadığını,

3 Bu yazı, *Reiki – Uygulamalı Şifacılık Teknikleri* kitabından Gül Öner'in çevirisiyle alıntılanmıştır.

barışın mümkün olduğunu görmek tüm olumsuzluklara rağmen ümit vericidir. Uygulayıcılar, bu değişimlerin gerçekleşmesi ve yaşamın pozitif yönde sürmesi için, şifa enerjisinin yayılımına yönelik çabalarını sürdürmektedirler.

Kültürlerin bir bütün oluşturmaya başladığı bu dönemde Batı insanı için Doğu'nun düşünme tarzı gittikçe daha fazla önem kazanmaktadır. Buna bağlı olarak da tüm kültür tarihlerinin mirası olan, beşerî bilginin içsel çekirdeğini (ezoterizmini) oluşturan deneyim ve bilgelikler yeniden canlandırılmaktadır. Bütün bunlar günümüzün sömürücü ve israfçı "kültürüne" birer cevaptır.

Reiki hem Doğu hem de Batı düşünce tarzı için idealdir. Her iki kültürde de uygulanmakta (örneğin homeopati, masaj vb. ile çalışan şifacılık mesleklerinde), ayrıca bilimsel olarak da araştırılmaktadır.

Bu açıklık, kendini okült gizlilik yerine Reiki'nin bilinen spiritüel ve teolojik bilgiler ile bağdaştırılabilir olmasında da göstermektedir. Ayrıca Reiki pratiktir, kolayca uygulanabilir ayrıca fazla çalışma ve teknik gerektirmeden günlük hayatta başarıyla kullanılabilir.

Adından da anlaşılacağı üzere Reiki'de evrensel enerji ile yaşam enerjisi birleşmiştir. Bu enerji, bütün toplumlarda farklı isimler altında daima bilinmiştir.

Reiki her dünya görüşüne göre değişik düşünülebilir. Evrensel enerji ve yaşam enerjisi ne kadar değişik düşünülüp kullanılabiliyorsa, o da o kadar değişik düşünülüp kullanılabilir. Reiki, her kültürde izine rastlanan evrensel enerjinin Japonca adıdır. Ayrıca Reiki, kozmik ve yaşamsal bir enerji veya fiziksel, biyolojik, sosyal, mental ve ruhsal bir nitelik olarak da düşünülebilir. Bu temel üzerinde Reiki ile deneyim kazanmak isteyenler buna uygun sonuçlar alacaktır. Örneğin Reiki ile uygun fiziksel veya biyolojik ve tıbbi deneyler yapıldığında niteliği fiziksel veya biyolojik olan sonuçlar alınacaktır. Reiki ile insanlar arasındaki problemleri çözmeye çalışan kişi bu alanda deneyim ve başarı kaydedecektir. Mental çalışmayı Reiki ile birleştiren kişi Reiki'siz çalışmalarına nazaran çok daha büyük olanaklar tespit edecektir; evrensel güç kategorileri ile düşünen kişi ise Reiki ile teolojik, ideolojik, antropozofik ve mistik düşünceleri birleştirebilir.

Bütün bu alanlarda Reiki ile deneyimler mevcuttur. Bu yolla örneğin gelişen enerjetik tıp, Reiki'nin etkisi ile insanın enerji durumu üzerinde deneyde bulunabilir. Buna göre Reiki'nin bedenin ışınım alanına kanıtlanmış etkisi vardır; etkileri özellikle sağlık durumunu güçlendirici yöndedir.

İletişimsel sorunlarda, daha doğrusu tüm iletişim sürecinde Reiki ile edinilen deneyimler, görüşmelerin daha büyük bir sakinlik, soğukkanlılık ve uyum içerisinde geçtiğini göstermektedir.

Mental yöntemler ile birleştirildiğinde Reiki; kişilik gelişimi, konsantrasyon yeteneğinin artırılması, şuur üstü ve altının ve dolayısıyla hayatın iyimser yönde şekillendirilmesi için güç kaynağı olarak "yedinci duyu" imkânlarını ortaya koymaktadır.

Ve sonuncu olarak Reiki, kozmik-spiritüel bağlantılara, kozmik güçlerin oyununa dair bilgiyi tamamlamaktadır, bazı agnostik (bilinemezci) ve sözde ateistleri (tanrıtanımaz) görünmez güçlere ilişkin sorulara, mistik tecrübelere yöneltmektedir.

Reiki, kişisel olarak da düşünülebilir, yani Yahudi, Hıristiyan, Müslüman veya başka düşünce şekilleriyle ters düşmemektedir. Evrensel hayat enerjisi, bizim gibi kendisine kulluk eden sayısız ruhsal varlığı, ruhu yaratan ve yaratmakta olan Tanrı'dır. Bu durumda Reiki, ruhsal yardımcıdan kendisinin de kaynağı olan Tanrı'ya kadar sonsuz evrendir. Ve biz insanlar Reiki'yi istediğimiz kadar ve istediğimiz yerde kullanma hakkına sahibiz, çünkü bununla ışık, sevgi, müteşekkirlik her yere girip karanlığı, sevgisizliği ve nankörlüğü kovacaktır. Demek ki, kiliseler Reiki'nin gelişmesini desteklemelidir. Çünkü böylece Japon-Hıristiyan bir rahip olan Dr. Usui'nin[4] de göstermiş olduğu gibi Hıristiyan spiritüalizminin tüm yönleriyle deneyimlenmesini sağlayan bir yol elde edeceklerdir. Böylece şimdiye kadar Hıristiyan meditasyon tarihinde göz ardı edilen beden, ruh ve zihnin engellerden kurtularak bütünsel bir şekilde meditasyona katkıda bulunmasının yol ve yöntemleri gösterilecektir.

Bu kadarla da kalmamakta: Reiki ile şifa deneyimine sahibiz. Reiki her şeyden önce pratik olduğunu göstermektedir. En ufak bir rahatsızlığın işaretlerinde ilgili yere el koyarak hastalığı önleyebilirim, sadece hastalıktan korunmakla kalmam, ayrıca sağlığımı da güçlendiririm. Reiki güven dolu bir yaşam duygusunu yaratır ve korur. Bu cesaretsizlik ve üzüntü dönemlerini ve engelleri aşmak gerekmediği anlamına gelmemekte; fakat Reiki şu söze uygun

4 Bu bilginin doğru olmadığı sonra anlaşılmıştır. Dr. Mikao Usui, 19. yüzyılda Japonya'da doğmuş, aydınlanma, şifa ve bunların nasıl sağlanabileceğiyle ilgili arayışlara yönelmiş Budist bir doktordu. Şifa enerjisinin açığa çıkabilmesi, onu kullanıp aktarabilmesi için bu enerjiye, onun sembol ve bilgilerine 1920'li yıllarda inisiyasyon eşliğinde uyumlandı. Böylelikle Usui, Japoncada "Reiki" (Batı'daki tercümesiyle "evrensel yaşam enerjisi") adını verip, sistematiğini tekrar oturttuğu bu şifa enerjisiyle çalışma ve onu yeni jenerasyonlara aktarmada yeni bir başlangıç noktası olarak yaşamına devam etti.

olarak pozitif düşüncelerle gösterdiğiniz çabaya yardımcı olmaktadır: "Düşmek zor değildir, fakat bir insanın niteliği tekrar ayağa kalkma çabasıyla kendini gösterir."

Reiki'nin zamana ihtiyacı vardır. Reiki'den ricada bulunmak, Reiki'nin akmasını sağlamak ve Reiki'ye teşekkür etmek için kişinin kendisine yönelmesi sabır gerektirmektedir. Bu, stres içinde çalışmayı sürdürmek için yutulan bir hapa benzememektedir. Reiki ile insan sükûnet ve soğukkanlılığa, yeni bir yaşam şekline ulaşmaktadır.

Reiki mekanikleştirilemez. Ben bir güce dikte edemem, ona ancak güvenebilir ve teşekkür edebilirim. Bir hastalığın sürmesi veya ölüm nedeniyle yaşanan hayal kırıklıklarını da engellemek mümkün değildir; ama bu tip durumlarda hastalığın en iyi şekilde seyrettiği ve ölümün bir kurtuluş olduğu kesindir.

Reiki, etkisini başkaları üzerinde de gösteren pozitif bir ruh hali yaratır. Özgüven sağlar ve zor durumlarda yardım eder. Bu sonsuz güçten ve yaşam gücünden ne kadar çok insan yararlansa azdır.

Münster Üniversitesi'nden
Profesör Peter Heitkemper

Reiki Nasıl Öğrenilir?

Reiki'ye Kanal Olmak

Reiki ilahi kaynaktan gelen manevi bir nurdur. Yüce Yaratan, kuluna nice çileler sonrasında bu güzel hediyeyi vesileler sonucu nasip eder. Bu da kişinin anlayışı, farkındalığı, bilinci olgunlaşsın, kendini, dolayısı ile 'ben'i bulsun diyedir. Bu hediye, bir Reiki öğretmeni vasıtasıyla inisiyasyon, el verme ile gerçekleşir.

Kişinin inisiyasyon sonrası aura kanalları açılır, açılan kanallara ilahi enerjinin akması sağlanır. Artık o kişi Reiki için bir kanaldır. Yaratan'ın bir anahtarıdır artık. Yüce Mevla nurunu aktardığı kişinin bilincini açar, zekâsını berraklaştırır. Bilinci ve zekâsı kıvraklaşan kişi artık çok daha mantıklı hareket etmeye başlar. Kaynak Yüce Mevla, kendisi ise nur kanalıdır artık.

Tabii bu nur için çile çekilmiştir. Yaratıcı, hiçbir kulunun kötü olması için bu çileyi vermez. Ham ruh, olgunlaşmalı, kemale ermelidir. Bunu bir örnekle ifade edecek olursak; bizler bir doktora gittiğimizde de doktor bize acı reçeteler, yani tadı hoş olmayan acı ilaçlar verir. Doktor bu ilaçları biz iyileşelim diye verir. Yaratıcı da bu çileleri bize ruhumuzun olgunlaşması, aradığımız güzelliklerin ötede beride değil de kendimizde olduğunu göstermek için yapar. Mevlâna'nın dediği gibi; "Hamdım, piştim, yandım."

Kanal olmaktan bahsedilirken bir diğer akla takılan soru, Reiki'nin dereceleridir. Yani Reiki birinci seviyede olan ile üçüncü seviyede olanın kanal olması aynı mıdır diye sorulmaktadır genelde. Şunu unutmamalıyız ki kanallıkla dereceler aynı şey değildir. Kanallık bakımından seviyeler arasında hiçbir fark yoktur ama derece bakımından epeyce bir fark vardır. Yukarı seviyelerde, öğretilenlerin ve Reiki'nin daha yoğun aktarımı söz konusudur. Yine de daha önceden de değindiğimiz gibi seviyeler arasında ciddi farklar olsa da Reiki birinci seviye, Reiki'nin en önemli seviyelerindendir. Çünkü giriştir, kapıdır, arınmadır bu dönem. Sevinçlerin, coşkuların, üzülmelerin, duygusallıkların bir arada yaşandığı dönemdir Reiki 1 dönemi. Nice öğrenciler tanırım daha Reiki 1'deyken bir masterın kat edemediği mesafeleri aşmışlar, olgunlaşmışlardır.

Reiki'yi isteyen herkes öğrenebilir. Başka bir ifade ile Yaratıcı, kime bu nuru nasip etmişse, o kişi mutlaka ilgi duyacak ve öğrenecektir. O istemezse biz isteyemeyiz. Kim bilir, belki bu yazıyı binlerce kişi okuyacak ama bu iksir, bu ilaç sadece birine ya da onuna nasip olacaktır. Yani O, istediği kuluna nasip eder bu yolu. O istemezse bir yaprak dahi kımıldayamaz.

Reiki öğrenmek bir masterın öğrencisini uyumlaması (el verme) ile olur. Zaten Reiki'nin yegâne öğretisi de budur. Uyumlanan öğrenci artık bir şifa kanalıdır. Reiki uyumlama tekniğini iyi bilen bir master tarafından inisiye edilmiş kişide artık öğrenme dönemi başlamıştır bile. Reiki'nin yıllar süren bir eğitimi yoktur. Öğrenmesi de uygulaması da çok kolay olan bir tekniktir Reiki. Öğrenci bu eğitimi kendi içinde yaşar. Master ona ancak kendi geçirdiği bu dönem hakkında bilgiler verebilir.

Bireysel Reiki Eğitimlerinin Önemi

Reiki'de bireysel eğitimler çok önemlidir. Ama bu eğitimlerin çok uzun saatler sürmesi şart değildir. Yani seminer şeklinde toplu değil, bireysel eğitimler tercih edilmelidir. Bir tam gün ya da 4-5 saat sürecek ve bu konularla dolu içeriklere sahip seminerlerle belki öğrencilerin kulağına yoğun bir eğitim sunuluyormuş gibi gelebilir. Fakat öğrencinin web sitesinde okuyabileceği şeyleri hocasının ağzından sesli dinleyerek onca saat harcaması ne kadar işlevseldir, bu tartışılmalıdır. Burada önemli olan, saatler süren eğitimden ziyade, etkili bir uyumlama sürecidir.

Bir kişinin inisiyesini ortalama yarım saatte ancak tamamlayabiliyorum. (Kendim 10. aşama eğitimini almadan önce Reiki 1. seviye inisiyasyonunu dört ayrı günde 45'er dakikalık dört seansta verebiliyordum. 10. aşamayı gördükten sonra bir seansta yapabilme imkânına kavuştum). Dolayısıyla, sadece 20 kişinin inisiyesini aralıksız olarak yapmak bile on saati alır. Bu yüzden toplu uyumlamalar mümkün değildir. Haliyle, saatler süren teori aktarımından ziyade öğretmenin bire bir inisiyasyon vermesi çok daha önemlidir.

Bire bir eğitim yapmamızın en önemli sebebi, Reiki eğitiminin pozitif bilim dersleri gibi topluca verilmeye uygun olmamasıdır. Çünkü her kişi ayrı ayrı soru ve sorunlarla bu eğitimi talep eder. Her birinin hikâyesi ayrı olduğu gibi mistik yolculuğu da kendine özel olacaktır. Bu nedenle her öğrenciye ayrı cevaplar verilmeli, ilerlemeleri için ayrı yöntemler sunulmalıdır. Her birey ve ihtiyaçları farklı farklı olduğu için, onların yolunu ayrı ayrı çiziyoruz. Örneğin, birine ilk geldiği gün ödev verebilirken bir diğerine ancak inisiyasyondan 21 gün sonra vermek zorunda kalıyoruz. Biri meditasyon yapmaya çok müsaitse ona hemen bunu yapmasını önerirken bir diğerini hazırlamak için başka alıştırmalarla yola devam ediyoruz.

Eskiden seminer şeklinde eğitim verilirdi çünkü Reiki masterlar çok azdı ve eğitim için başka şehirlere ya da başka ülkelere giderdi. Haliyle de eğitimlerin seminer şeklinde verilmesi zorunluluğu doğuyordu. Fakat bu şekilde öğrencileri kontrol etmek çok zor oluyordu. Öğrencisi de istediği zaman hocasına ulaşamıyordu.

Bire bir eğitimde öğrenci takibi de çok daha rahat olmaktadır. Ayrıca hocanın aynı anda en az 20 kişiyle 4-5 saat muhatap olmasıyla bire bir tanışması arasında büyük fark vardır. Öğrencimiz ile bire bir görüştükten sonra öğrencimiz bize e-posta yazdığında ve telefon açtığında çok daha rahatça özel iletişimimizi sürdürebiliyoruz.

İşte bu nedenlerden dolayı, zamanım ölçüsünde kontrol edebildiğim kadar öğrenciyi bireysel olarak eğitmeye devam edeceğim. Diğer öğretmenlere de bunu öneriyoruz. Böylelikle öğrenci-öğretmen ilişkisi bire bir kurulacak ve kişiye özgü bir yol izlenebilecektir.

Uzaktan Reiki İnisiyasyonu

Uzaktan uyumlama mümkün mertebe tercih edilmemelidir. 3B seviyesinde olanlarda bile değil, ancak daha yüksek Reiki aşamalarında olanlar için mümkündür. Işık aşamalarında olmama rağmen uzaktan uyumlama beni yakından uyumlamadan çok daha fazla yoruyor. Arka arkaya günde 3-5 yakından uyumlama yapabilirken, her uzaktan uyumlamadan sonra en az bir saat dinlenmem gerekiyor. Bu işlemi elimde olmayan sebeplerden dolayı (yurtdışında bulunan öğrencilerim nedeni ile) sürdürmeme karşın yakından uyumlamanın taraftarı olduğumu da gizlemek istemiyorum.

Ben bunu her ne kadar internetten kamera ile sağlamaya çalışsam da bire bir gibi asla olmuyor. Bununla birlikte "Uzaktan asla olmaz," diyenlerden de değilim. Pekâlâ, internet üzerinden kamera ile ya da bir resimle bu işlem gerçekleştirilebilir.

Uzak inisiye işleminde masterın öğrencisini, öğrencinin de masterını görmesi şarttır. Eğer internetten kamera ile mümkün olmuyorsa mutlaka her iki taraf da birbirlerinin resmini görmelidir. Aksi takdirde yapılan inisiyenin geçerliliği söz konusu olmaz. Çünkü bu işlem asla hayalî yapılamaz. Sadece telefondan birbirlerinin seslerini duymaları yeterli sayılmaz. Master kime inisiye yaptığını bilmelidir, o kişinin suretini kameradan ya da resimden bir kere olsun görmelidir ki o kişiye konsantre olsun. Öğrenci de masterının yüzünü görmelidir ki o anda masterına kendini açsın ve ona odaklansın. Her branşta olduğu gibi Reiki'de de yanlış kişiler olabilir. Bir öğrenci olarak, masterınızın masterlığını kimden aldığını, hangi ekole ait olduğunu, sertifikasını, soyağacını sormayı ihmal etmeyin.

Yanlış Uyumlamalar Sonucunda Oluşan Yanılsamalar

Sorumluluğum gereği uyarmak istiyorum ki maalesef bazı Reiki masterları bu bahsettiğimiz derinliğin farkında olmuyor. Haliyle uyumlama prosedürünü bütün incelikleriyle bilmeyen öğretmenler, kapılarını çalanlara büyük sıkıntı olabiliyor. Yani öğrenciler yeterli eğitimi alamıyorlar. Bir de bu insanların sebep olduğu enerjisel dengesizlik yüzünden günümüzde kanal olduğunu, mesaj aldığını iddia eden birçok kişi var. Eğer gerçekten bu öğrenciler gerçekten eğitim almış olsalardı bu müşkül durumlara düşmezlerdi. Bunu şuradan anlıyor ve biliyorum. Ülkemizde bulunan birçok kardeşim dengesiz olduklarından şikâyetçi. Belli ki bu kardeşlerimiz çift taraflı değil de tek taraflı inisiye edilmişler. Böyle bir aldatılmaya maruz kalan kardeşlerimizin ne kendi iç dünyalarında bir gelişme sağlamaları mümkündür ne de doğru dürüst bir şifacı olmaları.

Aksine, dengesizliklerden dolayı nefsin ve egonun isteklerine boyun eğerek benlik sevdasına duçar olmuşlar ve "Ben yapıyorum, ben ediyorum," yanılsamalarına kapılmışlardır. Reiki ("ilahi nur") inisiyesi asla ve asla küçümsenmemeli, "Beş dakikada, on dakikada insanlara inisiye veriyoruz, inisiye aldın sen," yalanına kanılmamalıdır. İnisiye çok ciddi bir işlemdir. Öyle ki, inisiye edilen kişide ruhani bazı açılımlar gerçekleşir. Bu açılımların ne olduğunu bilmeyen, kendisi dahi doğru dürüst inisiye olmamış sözde hocalar bu durumu ne öğrencilerine ne de kendilerine açıklayabilirler. İşte Reiki inisiyesi bunun için gerçek üstatlar tarafından yapılmalıdır.

Reiki ve Bedel

Reiki'yi öğrenme yolunda olan kişileri en çok düşündüren şeylerden biri Reiki için verilen ücrettir. Bu noktaya değinmek yararlı olacaktır.

Usui Sensei, Reiki'yi ilk olarak çevresindekilere aktardığında, insanların bunu layıkıyla yapmadığını ve yine Reiki için ona geldiklerini fark etmiştir. Bu noktada bu öğretiye değer verilmediğini anlamış ve Reiki'yi bedel karşılığı vermeye başlamıştır. Pirinç, mahsul vb. şeyler ile bir bedel aldığında, evrendeki dengenin sağlandığını, aynı zamanda öğrencilerin Reiki'ye daha fazla kıymet verdiğini ve bu yüzden Reiki sürecinin daha sağlıklı işlediğini fark etmiştir. Haliyle Reiki'de bedel almak bu açıdan çok önemlidir.

Sadece almak veya sadece vermek ruhsal disiplinler için dengeli bir davranış değildir. Alma-verme dengesi önemlidir. Ama maalesef Türkiye'de bu işin ciddiyeti hâlâ anlaşılamamıştır.

Türkiye'ye ilk geldiğimde ücret almaktan dolayı eleştirenler çok fazlaydı ve ben de oldukça şaşırdım bu duruma. Çünkü dünyanın her yerinde Reiki ücret karşılığı verilir. Sizlerin de mutlaka yakından bildiğiniz gibi dünyanın birçok yerinde "Reiki Center" ya da "Reiki Clinic" bulunuyor. Şu anda Reiki uygulanan hastanelerin sayısı da azımsanmayacak kadar fazla durumda. Reiki çok yakın bir gelecekte tüm dünyada tanınacaktır. Bu çalışmalar yıllardır devam ediyor.

Şüphesiz ruhsal dengenin yanı sıra, bu klinik ve merkezlerin kendini idame ettirebilmesi için ücret alınmaktadır. Kaldı ki Reiki'den alınan ücret sadece inisiye karşılığı olmayıp, öğrenciyle yıllarca sürecek olan eğitimin de karşılığıdır. Dediğimiz gibi ilahi nur ücret karşılığı verilmez yargısına cevabı bu ekolün kurucusu olan Dr. Usui vasiyetinde şöyle veriyor: "Reiki'nin mutlaka karşılığı alınmalıdır. Çünkü karşılıksız olan hiçbir şeyin kıymeti olmaz."

İlk zamanlarda üstadın bu sözünü dahi göz ardı ederek ben de 2004 yılından 2007'nin sonuna kadar dünyanın dört bir tarafına internet üzerinden yaptığım uzak inisiyelerden hiçbir karşılık almadım. Evet, belki böylece binlerce öğrencim oldu, binlerce kişiyi inisiye ettim. Ama maalesef kıymeti bilinmedi. Pek çoğu inisiyeyi aldı ve geri dönmedi, eğitimlerine devam etmedi. Ve bunun için Usui'nin vasiyetini de düşünerek bu eğitimi ücret karşılığı vermeye karar verdim. Birçok Reiki master da bu şekilde, zor öğrenmiştir bedel almanın önemini.

Bu yüzden Reiki masterların bir bedel veya ücret alması önemlidir. Eğer Reiki öğretmeniniz sizden bir ücret istemediyse, öğretmeninize bir bedel vermeyi muhakkak unutmayın. Zaten masterın bir Reiki merkezi varsa, ücret alması yapının devamı için şart olacaktır.

Reiki'nin Faydaları

Reiki'nin faydaları ve etkilerinin bazılarını şu şekilde maddeleyebiliriz:

- Kronik hastalıklarınızı yavaş yavaş ortadan kaldırır.
- Bağışıklık sisteminizi güçlendirerek sizi hastalıklara karşı korur.
- Stresli zamanlarınızda sizi rahatlatır ve sakinleştirir.
- Korku duygusunu yenmenize yardım eder.
- Kafanız karışık olduğunda düşüncelerinizi netleştirmenizi sağlar.
- Ağrı ve acılarınızı azaltır.
- Düşüncelerinizi doğru noktaya yönlendirmenize yardım eder.
- Var olan hastalıklarınızın ilerlemesini durdurur.
- Vücudunuzu toksinlerden arındırır ve zehirli maddelerin atımını sağlar.
- Duygusal blokajları çözer ve duygusal sorunlarınızı çözmenize yardım eder.
- Sezgisel yeteneklerinizi ve farkındalığınızı arttırır.
- Vücudunuzdaki yaraların daha kolay geçmesini sağlar.

- İnsanlarla ilişkilerinizde daha sakin ve daha yapıcı olmanıza yardım eder.
- Sanatsal üretkenliğinizi arttırır ve ilham almanızı kolaylaştırır.
- Kin, nefret, öfke gibi zarar verici duygulardan sıyrılmanıza yardım eder.
- Bilinçaltınızdan kaynaklanan sorunları tedavi eder.
- Kendiniz için daha doğru ve iyi olanı bulmanıza yardım eder.
- Enerji vererek sizi dinçleştirir ve yaşlanma etkilerini azaltır.
- Cinsel sorunlarınızın çözülmesinde yardımcı olur.
- Psikolojik rahatsızlıklarda, fobilerde ve depresyonda olumlu sonuçlar verir.
- Sevgi ve ilgi duygularınızı artırır ve duygusal ilişkilerinize olumlu katkısı olur.
- Uykusuzluk, bitkinlik ve isteksizlik gibi sorunlarınızın çözülmesine yardım eder.

Reiki'nin fiziksel, psikolojik ve zihinsel sorunların çözümlenmesine katkıda bulunması ve diğer pozitif etkileri, hem iş yaşamında hem duygusal yaşamınızda hem de sosyal ilişkilerinizde sizi destekleyecek ve çok daha mutlu bir insan olmanıza yardım edecektir.

Reiki ve Din

Reiki'nin ilahi bir nur olduğu gerçeği, beyinlere yerleşmiş tabular nedeni ile maalesef çok azımız tarafından biliniyor. Adının Reiki olması, Uzakdoğu'dan gelmesi insanları ürkütüyor ve hatta bazı çevrelerce Reiki öcü gibi lanse ediliyor. Halbuki Hz. Muhammed, "İlim Çin'de de olsa, gidip alınız," buyururken; Hz. Ali ise, "Bana bir harf öğretenin kırk yıl kölesi olurum," demiştir. Böylesine yüce bir dinin mensupları olan bizler, nasıl oluyor da dünya toplumlarına mâl olmuş, hiçbir din ya da tarikatla uzaktan yakından alakası bulunmayan ve şimdilerde tüm dünyada tamamlayıcı tıp olarak kabul görüp yüzlerce hastanede uygulanan, sayesinde milyonlarca insanın şifaya kavuştuğu, Yaratıcı'dan gelen bu güzel hediyeye tepkili davranabiliyoruz?

İlahi nur, insana direkt Yaratıcı'dan gelen mükemmel bir hediyedir. Bu hediye ile aura kanallarımız temizlenmekte ve dolayısı ile bedendeki yedi ana enerji noktası (çakralar) açılmaktadır. Reiki ne bir din ne de bir tarikattır. Reiki sadece ve sadece Yüce kaynaktan gelen ilahi bir nurdur. Şifa yönünün yanında mistik yönü ile de kişiyi aydınlatan ve zihinsel, fiziksel, ruhsal dengeye kavuşturan Reiki, yumuşak berrak, saf bir enerjidir çünkü kaynağı Rahman'dır. Hiçbir yan etkisi de bulunmamaktadır. Reiki hiçbir dine ya da tarikata ait olmamakla birlikte aksine insanı kendi itikadına yaklaştırmaktadır. Reiki ile insan, inancının derinliklerini daha iyi anlamakta ve daha iyi kavramaktadır.

Kişi, Reiki uyumlaması aldıktan sonra kendini keşfetmekte, dolayısı ile özüne daha yakın olmaktadır.

Hz. İsa'nın onunla ölüleri diriltti̇ği, Hz. Musa'nın asasını yılana çeviren, Hz. Muhammed'in avcundaki taşlara Kelime-i Tevhid'i söyleten nur işte bu nurdur. Hallac-ı Mansur'u coşturup "Enel Hakk", İbrahim Ethem'i taşırıp "Sizin taptığınız benim ayağımın altındadır", Beyazid-i Bestami'yi sarhoş edip "Sizin taptığınız benim cübbemin içindedir", "Ben her Allah dediğimde kendimi tespih ederim" ve Muhammed İkbal'i mecnun edip "Eğer Rabbim, sen benim amel defterimi sol elimden verirsen sana seni şikâyet ederim," dedirten nur işte bu nurdur. Hz. Mevlâna'yı, bir derya iken ummana çeviren nurdur bu nur.

Kuran-ı Kerim'in Nur suresinin 35. ayetinde kitabın başında da aktardığım gibi şöyle buyurulur; "Allah, göklerin ve yerin nurudur. Onun nurunun temsili, içinde ışık bulunan bir kandillik gibidir. Işık sırçanın içindedir. Sırça sanki incimsi bir yıldız gibidir ki, doğuya da, batıya da ait olmayan kutlu bir zeytin ağacından tutuşturulur. Bu öyle bir ağaç ki neredeyse ateş ona dokunmasa da yağ ışık verir. Nur üstüne nurdur. Allah, kimi dilerse onu kendi nuruna yöneltip iletir. Allah insanlar için örnekler verir. Allah, her şeyi bilendir."

Öyleyse İslamiyet ile Reiki'nin çatışmadığını ve tasavvufla uyumlu olduğunu görüyoruz. Şunu da belirtmemiz gerekiyor, kişinin inancı ne olursa olsun, o inançta ilahi hakikatler muhakkak vardır ve Reiki, bu hakikatlere erişmeyi ve ruhsal derinleşmeyi sağlayan bir araçtır. Kuşkusuz her ruhsal öğreti ile Reiki sentezlenebilmektedir.

Reiki ve Tasavvuf

Reiki'de olduğu gibi pek çok mistik felsefede elle şifaya kavuşma yöntemi vardır. Ancak bunlar öğretileri gereği birtakım çileler sonucu elde edilirler. Reiki'de ise buna inisiye sonucu hemen kavuşulmaktadır. "Mistisizm insanlığın ortak malıdır, değeridir," felsefesi ile çıktığımız bu yolda hayli zahmetler çektikten sonra Rabbimiz, bize tasavvufun kapısını aralayarak aradığımızın orada olduğunu göstermiştir. Reiki 1. aşamayı alıp kendimde birtakım değişiklikler yaşamaya başladıktan sonra Reiki masterıma bunları anlattığımda bana "Bunları yaşaman gerek," diyordu. Bu cevap daha da araştırmaya yöneltti. Çünkü bu cevabı yakınlarımdan da alıyordum. O halde Reiki masterımın beni aydınlatması, bana bir yol haritası çizmesi gerekmiyor muydu?

Dört yıl boyunca bende yaşanan bu değişikliklerin nedenini aramak üzere Avrupa'daki birçok Reiki master ile görüştüm. Onların cevapları da benim hocamın cevabından pek farklı değildi. O halde ne yapılmalıydı? Reiki uyumlaması alan her kişi benzeri değişiklikleri kendinde yaşıyordu. Reiki'nin bize sunduğu sevinçlerin, mutlulukların kalıcı olmasının bir yolu olmalıydı.

Sorgulamalarım nihayet beni tasavvuf ve Hz. Mevlâna ile buluşturdu. Reiki'nin etkisiyle zihnimde beliren sorular, tasavvufun derinliklerinden bana sunulan cevaplarla birer öğretmene dönüştüler. Tasavvufsuz geçen Reiki dönemimi nehre benzetirsek, tasavvuf ışığındaki sürecim artık tam bir keşif ve gelişim deniziydi. Tasavvufun bana açtığı pencere kalbin penceresiydi. Sevinçlerin, coşkuların, mutlulukların ancak kalbe inince kalıcı olabileceğini anladım. Artık taşlar yerine oturmuştu.

Biliyordum ki bunlar sadece bana ait egosal sorular değil, başkalarının da sorduğu varoluşsal soru(n)lardı. Ve bu cevapları duymaya herkesin ihtiyacı vardı, Bu nedenle Reiki ile kapısından girdiğim bu gelişim yoluna tasavvufun ışığı ile devam ediyorum. Reiki öğretisini tasavvufla sentezleyerek sunuyorum. Bu öğretiyle, artık kişiler "neden-niçin"de takılmak yerine, keşif sürecine giriyor, araçlarda kalmayıp amaca doğru yol alıyorlar. Çünkü tasavvuf bize kendimizi yenilemeyi öğretiyor, özümüze yaptığımız yolculukta bizi gerçek 'ben'imizle tanıştırıyor. Bu andan itibaren de başka kişilere ya da nesnelere bağ(ım)lı olmak yerine, her geçen gün aradığımızı kendimizde buluyor, 'öz'ümüzle bütünleşiyoruz. Kendini bulan Rabbini bulur, Rabbini bulansa kendini bulur.

Reiki ile Tasavvuf Arasında Neden Bir Sentez Kurulması Gerekiyordu?

Reiki'ye isminden dolayı uzak durmak isteyen ya da Uzakdoğu felsefesi veya Budizm'i andırıyor gibi düşüncelerle Reiki almak istemeyen kişileri benden daha iyi anlayacak kimse yoktur. Çünkü ben de aynı düşüncelerdeydim. 30'lu yaşlara kadar, kendimce yaptığım ibadetlerle tatmin olduğumu zanneden biriydim.

Reiki ile tanışma hikâyemde de belirttiğim gibi Reiki'den sonra içimde şüpheler birbirini kovaladı. Acaba almalı mıydım? Alırsam inancıma karşı bir şeyler mi işlemiş olacaktım? Bu neydi, ne için yapılıyordu? Bunu bilmiyordum çünkü. Bana sadece elle şifa yöntemi denildi ve bunun için gittim. Stres içinde yaşıyordum, Reiki'yi bunun için almak istedim. İlk neden buydu yani stresten kurtulmak, kendi huzurumu bulmak ve daha sakin bir insan olmaktı amacım.

Ama Reiki ile tanıştıktan daha doğrusu Reiki hocam Marga Bayer ile tanıştıktan sonra bunun böyle olmadığına karar verdim. Reiki'yi bana eksik anlatmışlardı. Reiki'nin sadece elle şifa yöntemi olduğunu anlatmışlardı ama Marga Bayer bana Reiki'nin aynı zamanda mistik yönünün olduğundan, içsel bir dinginliğe erişeceğimden, ruhani bir huzura kavuşacağımdan bahsetmişti. Bu kavramlar bana yabancı gelmiyordu. Bunun üzerine daha önceden vâkıf olduğum tasavvuf bilgilerimi kurcalamaya başladım. Reiki'yle tasavvufun benzerliklerini keşfetme sürecine girmem bu döneme rastlar.

Bu dönem, kendimi, ne olduğumu, nereden geldiğimi ve nereye gideceğimi yoğun olarak düşünüp araştırmaya koyulduğum bir süreç olmuştur. Bana anlatılan Allah benden uzakta olmamalıydı ama neredeydi o Allah? Bize öğretilen Allah ne sağda, ne solda, ne önde, ne arkada, ne altta, ne de üstteydi. Yani altı mekândan münezzeh olan bir Allah vardı. Altı mekânda da bulunmayan bu Yaratıcı neredeydi, işte onu arıyordum. Hocalarımızın da bizlere öğrettiği buydu. Ve "Allah nerede?" diye sorduğumuzda konuşturulmuyorduk bile. Yani bu soruyu sormamıza bile tahammül edilmiyordu ya da cevaplayamadıkları için bu sorunun sorulmasını günah, haram sayıyorlardı.

Ama şunu göz ardı ediyorlardı ki Kuran-ı Kerim'de Allah bize "Size şah damarınızdan daha yakınım," diyordu.

Ben de bunu düşünüp araştırıyordum. Şah damarımdan daha yakın olan Allah neden altı mekânda da yoktu? Arayış içindeydim, Onu arıyordum. Onu özümsemek, Onu benimsemek, Onu içselleştirmek... Yani tam tamına bilerek inanmak istiyordum Ona. Artık bana anlatılan ötedeki berideki tanrıyı değil Kuran-ı Kerim'in ifadesiyle bize şah damarımızdan yakın olan Allah'ı bulmak istiyordum.

Kutsal kitapta, Yaratıcı bize "Oku ve üzerinde düşün," diyor. Ben de okudum ve çokça düşündüm. Bu çok düşünme, tefekkür dediğim şey ise zaten tasavvufun ta kendisi. Kuran'ın özüdür çünkü tasavvuf, İslam'ın mistik kalbidir. İşte bu yüzden Reiki ile tasavvuf arasında sentez kurulmasının, benim gibi şüphe içinde olanlar açısından faydalı olduğunu ve Reiki'nin derinliğini ifade etmekte çok fazla yarar sağladığını kavradım. Bu Anadolu topraklarında yükselmiş mistik bir gelenek ile ilahi bir sistem olan Reiki'yi sentezlemek, insanlarımıza bunu daha rahat aktarmaya ve daha net anlatmaya vesile oldu.

Reiki ile Tasavvuf Felsefelerinin Ortak Yanları

Reiki sorular sordurur, cevaplar için kişiye çok yoğun bir içsel motivasyon sağlar. Reiki kapıları açar, ufku genişletir, insanın farkındalıklarını arttırır, sorgulama sürecini başlatır.

Fakat Reiki kişiye cevapları sunmaz. Cevapları bulması için bir açlık başlatır. İnsanda beliren hem zihnî hem fizikî hem de ruhani değişikliklerin bir açıklamaya kavuşması gerekir. Bu açlığın doyurulması için Reiki'nin bir başka felsefeyle desteklenmesi gerekiyordu. Reiki ilahi kaynaktan gelip bedene girdikten sonra insanın eğitim sürecini tek başına başlatabiliyor. Ama tek başına yeterli olamıyor.

Çünkü Reiki, Zen ve Şamanizm gibi benzeri felsefeler sadece zihnîdir. Bu felsefeler edinilen bilgileri bir üst noktaya yani kalbe indirmeye yetmiyor. Aslolan, kalıcı olan ise mutlulukların ve huzurun kalbe yerleşmesidir. Zihinden gelen mutluluklar, sevinçler, coşkular gelip geçicidir. Bu güzellikleri devamlı hale getirmek ise bunları kalbe indirmekle olur. İşte bunun için Reiki'nin tasavvuf gibi tamamen manevi bir yol ile harmanlanması gerekiyordu.

Reiki ile yapılan en temel şey inisiye ile kişinin aurasını temizlemek, aura kanallarını ve bedende bulunan çakraları açmak, dolayısıyla kişiyi 'ilahi ışık'la hemdem kılmaktır.

Tasavvufta yapılan ise zikirler, tesbihler ve çile odalarına kapanmalardır. "Nefsle mücahede" ve "riyazat"ların amacı da kişinin negatif unsurlarından temizlenmesi ve bedende bulunan yedi ana enerji noktasının[5] açılması ve nura gark olmaktır. Nitekim bunun sonucunda da elle şifa yöntemine kavuşulur.

Buradaki "negatif unsurlardan arınma"nın aura kanallarının temizlenmesinden, "yedi ana enerji noktasının açılması"nın çakraların açılmasından, "nura gark olma"-nın ise Reiki'de bahsedilen "ışıkla hemdem olmak"tan hiçbir farkı yoktur.

Reiki ve Tasavvufun Amacı

Tasavvufta şeyhler, mürşitler müritlerini eğitirken onlara fizikî çile çektirirler. Mesela Hüdai Hazretleri'nin zamanında şehrin kadısı olması ve kadılık elbisesiyle çarşıda ciğer satması gibi. Bu onun gururunu yenmesi, nefsini çö-

5 Hz. Şah-ı Nakşibend (1318-1389) insan vücudunda ruhun yedi manevi organının olduğundan söz etmiştir. Tasavvuf literatüründe bu yedi latif noktaya "nokta-i letâif" denir.

kertmesi için şeyhinin onda uyguladığı bir eğitimdir. Veya Geylani Hazretleri'nin günler, aylar süren oruçlara girmesi, kendini yıllarca insanlardan izole etmesi gibi. Bunların sonucunda zaten elde edilmek istenen tek bir şey vardır o da kişinin tüm negatiflerden arınmasıdır.

Oysa Reiki ile biz bu uzun çileli eğitime gerek duymadan, inisiye sonucunda elde edebiliyoruz bunu. Reiki bizim auramızı düzene sokuyor, aura kanallarımızı açıyor, kanallarımızı genişleterek çakralarımızı açıyor. Ve çakralar yoluyla biz bu muhteşem enerjiyi almaya başlıyoruz, yani çakralarımız nuru "solumaya" başlıyor. Yani Hazreti Mevlâna'nın yedi ana enerji noktası diye bahsettiği noktalardır bunlar.

Hz. Mevlâna bir beytinde mealen diyor ki "İnsanın enerjisini tepeden tamamen kesmek lazım, onu tertemiz enerjiyle doldurmak ve sonradan enerjiye açmak lazım." Aslında Hz. Mevlâna'nın bu söylemi bizim inisiyemizi andırıyor. Bizim yaptığımız inisiye de budur. Biz önce tepe çakradan enerjiyi kesiyoruz, daha sonra kişinin aurasını temizliyoruz, daha sonra tekrar tepe çakradan enerjiyi bırakıyoruz. Hz. Mevlâna'nın anlatımı bize o günden bugünlere Reiki inisiyasyonunu anlatıyor.

Reiki nurdur, içine girdiği zaman insanı araştırmaya zorlar. Reiki insanın bedenine girdi mi eğitimini kendi başına başlatır. Çünkü bilinçlidir. Çünkü Rahmanîdir, çünkü Mevla'dan gelmiştir o enerji. Adına enerji dediğimiz şey nurdan başka bir şey değildir. Yine de bir yere kadar gidilebilir onunla. Ama bir yerde benim gibi tıkanıp kalabilirsiniz. Çünkü Reiki masterlarında da bunu açıklayacak bir formül, bir ilaç yok. Çünkü Reiki'nin sistematik bir öğretisi yok. Bu nedenle Reiki'yi mutlaka destekleyici bir başka manevi felsefeyle birleştirmek gerekir ki gerçek manada hedef nedir, amaç nedir, bunu bilip bulalım. İşte bunun için biz de tasavvuf kapısını açtık. Reiki'nin bize arattığı şeyleri tasavvufun kapısını açar açmaz buluyoruz. Amaç nedir, hedef nedir, ben kimim, niçin yaratıldım, neden bu dünyaya geldim, bunların hepsinin cevapları tasavvufta bir bir açıklanıyor, buna da ledün ilmi yani gizli ilimler diyoruz.

Rabbimiz bize bunu nasip etti, bize bu kapıyı açtı ve o kapıdan girdik içeriye. Şimdi de öğrencilerimize bunu anlatmaya gayret ediyoruz.

Reiki ve Ledün İlmi

Ledün ilmi ile Reiki'nin bağlantısına geçmeden önce Reiki'nin ilahi nur olduğunu öncelikle idrak etmemiz gerekiyor. Önceden de bahsettiğimiz gibi Japoncada "rei" ilahi, "ki" ise nurdur. Ki'nin başka bir anlamı ise aydınlanmadır. Bizim Kuran ve sünnete uygun olan tasavvufumuzda da Reiki "nefes"e karşılık gelir. Reiki, el verme (inisiye) ile bir üstat tarafından öğrenciye uyumlanır. Öğrenci uyumlandıktan sonra hem hemen elle şifa yöntemine kavuşur, hem de ruhani olarak ötelerin ötesine yelken açar. Reiki ilminin ruhani açılımlar sağlamasına rağmen o insanın negatif yönlere meyletmesi kaçınılmaz bir gerçektir. Çünkü, Reiki ilmi sadece bir inisiyeden ibarettir. İnisiye olunduktan sonra öğrenciye ledün bilgileri mutlaka verilmelidir. Peki nedir bu ledün ilmi?

İlm-i ledün veya ledünnî ilim, Yaradan ile ilgili bilgi ve sırlara ait ilimdir. Gayb ve marifet ilmidir. Cenab-ı Allah, Kuran-ı Kerim'de mealen şöyle buyuruyor. "Orada, kendi indimizden bir rahmet (vahiy ve nübüvvet veya uzun ömür) verdiğimiz ve ona ledünnî ilmi öğrettiğimiz kullarımızdan birini (Hızır'ı) buldular."

İmam-ı Rabbânî'nin ifade ettiği gibi, Hızır aleyhisselam, güzel ahlak sahibi, cömert ve insanlara karşı çok şefkatliydi. Allah'ın izni ile keramet ehli olup, kimya-simya ilmini bilirdi. Hak Teâlâ'nın bildirmesiyle ona ledünnî ilim verilmişti. Ledün ilmine ulaşabilmek için, insanın egosunu terk etmesi, nefsinin ağzını bağlaması, aklın ve mantığın dahi üzerine basıp geçmesi gerekir. Buna vâkıf olabilmek, masivayı, dünyanın boş meşgalelerini terk etmekle fenâ ve beka makamlarına ermekle olur.

İlham, ledünnî ve ilahi ilmin en önemli kaynaklarındandır. Reiki ilmi sadece ve sadece inisiyeden ibarettir. İnisiye olan öğrencide ilahi açılımlar, ilhamlar olur. Bu açılımlarda ise şeytani kapıya kaymayıp, doğru kapıyı bulmak yani ilahi kapıyı bulmak çok önemlidir.

Burada önemli bir noktaya değinmemiz gerekir. Her "Ruhsal açılım yaşadım," diyenin deneyimlediği hakiki bir açılım olmayabilir, bir yanılsama içerisinde olabilir. Ruhani açılım iki çeşit olur. Birisi şeytanidir, diğeri ise ilahidir. Şeytani olan açılımlar insana benlik güttürür, ego savaşı yaptırır. İlahi açılımlar ise Yaradan'la kul arasındadır. Asla ve asla söylenmez, söylenemez. Ki, şu cismani varlığa ait olan dille, o açılımı anlatmak mümkün değildir. Dolayısıyla, "vizyon gördüm", "astral seyahat yaptım", "yeni kanal aldım" diye açıklamalarda bulunan insanların yaşadıkları şüpheye açıktır. Gördüğüm kadarıyla insanlar genelde Reiki'nin şifa yönü üzerinde duruyorlar; fakat bununla birlikte Reiki'nin mistik yönü de çok mühimdir ama bu yönün doğru öğretilerle doğru şekilde görülmesi çok önemlidir.

Tasavvufta Elle Şifa

Diğer mistik ilimlerde de ve bizim tasavvufumuzda da elle şifa verme vardır. Ancak mistik ilimlerde de tasavvufta da şifa yöntemine kavuşmak için yedi ana enerji noktasının açılması gerekir. Bu yedi ana enerji noktasının açılması için de aura kanallarının kilidinin kırılması gereklidir. Bunun açılması için de yıllarca zikirlerle, inzivalarla ruhsal çalışmalar yapılır. Ve birçok kişi bunu zaten sonuna kadar götüremez.

İşte Reiki, yani ilahi nur bize bu kolaylığı tanımaktadır. Reiki inisiyesi ile aura kanalları ve bedende bulunan yedi ana enerji noktası (çakralar) hemen açılmakta, dolayısıyla ilahi nur ile temas sağlanmaktadır. İlahi nurun amacı da zaten budur. Reiki'nin öğretisi sadece ve sadece inisiyedir. Başka bir öğretisi yoktur. Öğrenci ruhani açılımları sonra kendi içinde yaşar. Sonuç olarak burada şu çok önemlidir: Ruhani açılımlar yaşayan öğrenciye bu yolda kılavuzluk edecek biri lazımdır. İşte o kişinin ledün ilmine vâkıf biri olması gerekir.

Reiki ve Kuantum Düşünce

Kuantum fizik ilminin bir dalıdır. Reiki ise bir enerji sistemidir. İkisi arasında bir bağ olup olmadığı çok soruluyor. "Kuantum düşünce", kuantum fiziğinin üzerine temellendirilmiş bir düşünme metodudur. Ve Reiki ile arasında bir bağ vardır. Reiki felsefesi kuantumu ve kuantum düşüncesini destekler, kuantum düşünce ve fizik bulguları da Reiki'yi destekler. Her ne kadar ikisi farklı yollar gibi gözükseler de birbirlerini destekler niteliktedirler.

Kuantum fiziğiyle birlikte bazı önemli bilgiler ortaya çıktı. Yıllar önce mutasavvıfların söylediği şeyler kuantum ile kanıtlandı. Kuantum gösterdi ki, biz şimdide yaşıyoruz, geçmiş ve gelecek yok. Geçmiş ve gelecek zihnin düşüncelerinden ibaret, dolayısıyla kurgu ürünü ve gerçekliği yok. Tek gerçek olan sadece ve sadece şu an. Zihin ve bilinçaltı, gelecek ve geçmiş arasında fark gözetmeyip zamanı birbirine karıştırabiliyor. Bununla birlikte tüm olayların aslında beynimizde olduğu ve onun yaratımını yaşadığımız öne sürüldü. Bizi meydana getirenlerin beynimizdeki frekanslar olduğu, bu frekansların gözümüze yansıyarak bizi parça şeklinde gösterdiği ve gördüğümüz şu dünyanın gerçekte yok olmasına rağmen böyle bir varoluş yanılsamasında olduğumuz dahi iddia edildi. Kuantum düşünceye göre beynin bu handikaplarını olumlamalarla aşıp şimdiye odaklanabiliriz.

Reiki ile zaten çok öncelerden bunları yapıyorduk ama Reiki tamamen mistik yana ilişkindir. Olayın daha şifa ve enerji boyutundadır. Kuantum düşüncede ise bu tarz bir mistik yan yoktur, daha çok kişisel gelişimle alakalıdır. Kuantum düşünce, kuantum sıçrama ve benzeri metotlarda yüzde doksan egoya yönelik eğitim verirler, özellikle maddi isteklere yönelik yönlendirmeler çok görülür. Reiki ise daha çok özsel gelişimle ilgilenir. Elbette kuantum düşünce metodunu yargılamıyoruz, sadece burada öze temas etmenin temel ve başat bir önem taşıdığını vurguluyorum. Eğer kişi motive olmak için bu maddi şeyleri istiyorsa, özünü geliştirdiği takdirde zaten onlar kendiliğinden gelecektir. Reiki bu bakış açısına sahiptir.

Elbette kuantum düşüncenin doğrusunu yapanlar olduğu gibi yanlış yola sapanlar da var. Bu her branş ve meslek dalında böyledir. Diğerlerinde olduğu gibi elbette bunda da para kazanmak için insanlara pembe hayaller pazarlayanlar var. Yani taze elma sepetinin içinde çürük elmalar da bulunuyor. Önemli olan bu tarz eğitimler alırken, eğitimcinin yaşamını gözetlemek ve bunları hayatında uygulayıp uygulayamadığını görebilmektir.

Reiki ve Farkındalık

Reiki'ye inisiye olan kişinin özkaynaktan, tepe çakrasına doğru sezgisel olarak gelen aktarım bir farkındalık yaratır ve bu farkındalıkla birlikte kişiye sorgulama hissiyatı gelir. Kişinin beyninde oluşan bu sorgulamalar hem dünyevi hem de manevi olabilmektedir.

Dünyevi olarak kişi geçmişini, geçmişinde yaşadığı bazı şeyleri kabullenmek istemez. Uhrevi, yani manevi sorgulamalar ise yaratılışı merak etme, ben kimim, nereden geldim, niçin yaratıldım ve benzeri sorulardır. Manevi konularda kişinin eskiden bildikleri onu tatmin etmemeye başlar. Kişi artık gerçek kimliğini bulmak istemektedir. İçinde çok büyük bir merak duygusu ile psikolojiden parapsikolojiye, felsefelerden mitolojiye vb. her şeyi araştırmaya yönelir. Kişinin çakralarının açılması merak duygusunu da doruk noktaya tırmandırır. Reiki insana her şeyi sorgulatır ve cevaplar aratır. Burada doğru cevaplar bulunmalıdır. Reiki masterları bu konulara çok dikkat etmeli, öğrencilerini takip etmelidirler.

Yaratıcı'yı tanımak, Onun kendi özünde olduğunu idrak etmektir farkındalık. Konuşturanın, düşündürenin, gördürenin, duyduranın O olduğunu bilmektir farkındalık. Masterlar öğrencilerine doğru kılavuzluk ederlerse kişinin farkındalığı artar. Ben özümü bildim, ben farkındayım, demek yeterli değildir. Farkındalık sadece bilmek değildir. Aynı zamanda tatbik etmek gerekir ki o farkındalık içselleştirmeye evrilsin. Bilmek her ne kadar hoşsa da, olmak apayrıdır. Aralarında dağlar kadar fark vardır.

Bebekler ve Çocuklarda Reiki

Akla takılan bir diğer soru ise, çocuklara Reiki verilip verilemeyeceği veya çocukların Reiki alıp alamayacakları sorusudur. Bu konuda çok fazla soru işareti ve yorum var. Eskiden çocuklara Reiki vermenin gerekli olmadığı düşünülürdü, dokuz yaş sınırı vardı ama artık yeni bir bilinçteyiz, bebeklere ve çocuklara da Reiki inisiyesi yapılabildiğini fark ettik ve yapıyoruz. Dördüncü ay geçtikten sonra anne karnındaki bebeklere de, yeni doğmuş bebeklere de, çocuklara da Reiki inisiyesi verilebilir. İnisiye ettiğimiz bebekler çok daha huzurlu ve mutlu. Hiç anne babalarını rahatsız etmiyorlar, diş çıkarırken bile ateşlenmiyorlar, hasta olmuyorlar.

Yine en çok sorulan sorudur; "Bebeklerde çakralar tıkalı mı ki, neden Reiki inisiyesi veriyoruz, onlarda yaşam enerjisi yok mu?" Sonraki konularda buna çok daha detaylı değineceğiz ama yine de dipnot olarak düşelim: Yaşam enerjisi ve Reiki enerjisi birbirinden farklıdır. Yaşam enerjisi dediğimiz şey yerküreden kök çakra ile alınıp tepe çakraya doğru yükselen enerjidir. Çakralar tıkalı olmasa bile sadece yaşam enerjisini almaktadırlar ve Reiki'yle hemdem olamamaktadırlar. Çünkü Reiki enerjisi ayrıdır, ilahi kaynaktandır, Reiki enerjisine inisiyasyonla kanal olunur. İlahi enerjiye kanal yapmak adına onları inisiye edebilir veya inisiye olmalarını sağlayabilirsiniz. Bebekleri inisiye ettiğinizde, onlar Reiki sayesinde Allah'ın nuruyla bütünleşmiş olarak büyüyeceklerdir. Bu durumda onların Reiki'ye inisiye olmalarına çok sıcak bakıyorum. Çok daha zeki ve mükemmel bir hayat yaşamalarına olanak verecektir. Reiki'ye uyumlanmaları farkındalık dolu bir yaşam sürecekleri ve "indigo çocuklar" olacakları manasına gelir. Sadece çocuklarımızı değil, akrabalarımızı, eşimizi, dostumuzu da yönlendirelim ki sadece biz değil onların da yükselişine yardımcı olalım. Çünkü bu anlatılmalı ve aktarılmalıdır. Fakat inanmıyorlarsa elbette sadece önermeli, ısrar etmemeliyiz.

Reiki, Şifacılık ve "Bütünün Hayrı"

Elbette herkes Reiki öğrenebilir, öğrenmesi de uygulaması da çok kolaydır Reiki'nin. Fakat herkes Reiki şifacısı olamaz. Türkiye'de bir süredir şifacılar yetiştirmeye gayret ediyorum. Kişiler öncelikle kendi gelişimleri için alıyorlar bu eğitimi. Ben gelişeyim, ben öğreneyim, ben yapayım niyeti öncelik oluyor başlarda.

Reiki'de ilginç olan nokta, insanın kendisi için bir şey isterken "bütünün hayrına" diye niyet etmesidir. Bir başkası için çalışma yapılırken de böyle bir dilek içerisinde olunmalıdır. Ancak hem insanın kendisi için sadece iş, aş, para pul isteyip hem de bütünün hayrına niyet etmesi samimi ve doğru değildir. Çünkü bütünün hayrı, kişinin egosal isteklerini değil ruhsal gelişimini temel alır.

Bir öğrencim bana, "Hocam elinizde bunca sembol var, bir dua etseniz, bu sembolleri kullansanız da ben şu lotoyu tuttursam," diyordu. Bir de "Bunu ben fakirler, garipler için oynuyorum," diye de ekliyordu. Güya yine bütünün hayrı için olacakmış. Parayı kazanınca bilmem kaçta kaçını fakirlere dağıtacakmış. Ben de ona "Peki, Yaratıcı, 'bütün' bu fakirleri, garipleri senin kadar düşünmüyor mu sanıyorsun?" dediğimde söyleyecek söz bulamamıştı.

Daha fazlasını istemek egosal bir dürtüdür, önemli olan elimizdekiyle kime nasıl yardımcı olacağımıza bakmaktır. Eğer senin birilerine yardım etmen gerekiyorsa, yani "bütün" senin elinden bunu eylemek istiyorsa bu otomatik olarak gerçekleşir zaten. Benzerine Reiki'de de rastlanıyor. Kişi Reiki'ye inisiye olmuş ama ya hiç kullanmıyor ya da sadece kendi egosal menfaatleri için kullanıyor. Yani kimseye bir faydası dokunmuyor. Öyleyse bütünün hayrına diye yola çıkmanın bir mantığı kalmıyor. Eğer bütünün hayrını gözetmek istiyorsa kişi, öyleyse bu güzel enerjiyi bolca başkaları için de kullanmalı, onlara şifa aktarmalıdır.

Bana gelenlere önce soruyorum, "Neden buradasın?" Verilen cevaplar hemen hemen birbirinin aynı. Kişisel gelişim ya da içsel huzur için. Çoğu kişi şifacı olmaktan ya da bütünün hayrından söz etmiyor. Ekseriyetle insanlar kendilerini düşünüyor. Elbette ilk önce kendilerini düşünecekler, buna asla karşı değiliz. Buna karşı olmak zaten çok abes olurdu. Ama en azından burada, biraz olsun bütünün hayrı düşünülsün istiyoruz. "Bütünün hayrı"na lazım olan işte bu ince düşünceliliktir.

İlk inisiye olduğumda bolca başkalarına da şifa verdim. O zamanlar solaryumum vardı. Gelen giden müşterilere Reiki veriyordum. Dünyanın her yerinde Reiki şifacılık için öğretilir, öğrenilir. Biz bunu da maalesef magazinleştirmişiz gibi gözüküyor. Yabancı sitelere bakın, Reiki 1. dereceyi almış olanlar bile şifacılık üzerine çalışıyorlar. Kimisi bel fıtığını iyileştiriyor, kimisi boyun ağrısını gideriyor. Onlar bir şekilde şifacılık yönünde kendilerini geliştiriyorlar. Bizse durup dururken mucize bekliyoruz. Çoğu öğrencimiz 21 günlük çalışmasını bile yapmıyor. Sonra da gelip hemen Reiki'nin 2. aşamasını ne zaman alabileceğini soruyor. "Henüz çok erken, biraz daha pişmen gerek, en az üç ay beklemelisin," deyince de güceniyorlar.

Bireysel eğitimler veriyorum. Öğrencilerimi seçerek almaya çalışıyorum. Hepsi ile bireysel ilgileniyorum. Hem de tüm dertleri ile. Amacım sonunda onlardan çok iyi öğretmenler, şifacılar yetiştirmek. Bu nedenden dolayı önceden uygun bulmadığım kişileri üzmeden, kırmadan geri çeviriyorum. Seminerler şeklinde Reiki öğretenlere de karşı değilim. Herkesin bir tarzı olur, onlar da bu yolda ilerliyor, bütünün hayrı için çalışıyorlar. Ama önemli olan sağlam öğretmenlerle Reiki'yi şifacılık maksatlı da kullanılabilmektir.

Reiki'nin ne olduğunu, ne işe yaradığını araştırıp bilmeyenleri (aciliyet yoksa yani o kişinin çakraları düzgünse, Reiki inisiyesi o an kişi için elzem değilse) almıyorum. Günümüz internet çağında bu bilgileri önceden öğrenip gelmeleri gerekiyor. Eğer kişi herhangi bir şeyle ilgileniyorsa konu hakkında en azından ön bilgilere sahip olması gerekir diye düşünüyorum.

Tabiatıyla, Reiki eğitiminden önce Reiki'yi tam olarak idrak etmek, "Ben neden Reiki istiyorum?" sorusunu yöneltmek ve sadece kendi menfaati için değil bütünün hayrına bir işleyiş için bu yola girmek çok daha hayırlı ve faydalı olacaktır.

Reiki Seansı

Reiki'nin şifacılık boyutunda seanslar çok önemlidir. Özellikle ciddi hastalığı olan birine daha uzun süreli Reiki seansı yapmak gerekir. İşte şifacılık ve Reiki konusunda bu noktayı bilmek önem arz ediyor. Bunun için dört gün arka arkaya, aynı saatlerde, yarımşar saat Reiki vererek şifa uygulamak gayet uygundur. Uzaktan verilecekse, şifa verilecek kişinin de aynı anda internet üzerinden hazır olması önemlidir. Kişi yatmalı, niyet etmeli ve Reiki uygulanırken uzanarak beklemelidir. Eğer kişi isterse sonrasında bir dört seans daha yapılabilir.

Reiki'yi istediğiniz kadar yapabilirsiniz, bu seans süresini 21 güne dahi uzatabilirsiniz. Eğer kişi de farklı hastalıklar varsa her biri için ayrı seans yapmaya gerek yoktur. Kişinin hastalıklarını söyleyerek ("Şu hastalıkların şifası niyetine," diyerek) hepsine birden verebilirsiniz. Zaten Reiki bilinçli bir enerjidir neyi ve nereyi şifalandıracağını bilir.

Parazit Enerjiler Yalanı ve Reiki Şifacılığı

Reiki şifacılığına değinirken çokça bahsedilen parazit enerjilere de değinmekte fayda var. Bazı insanlar, auramız, enerji bedenlerimiz üzerinde parazit enerji olduğundan bahseder. Mesela geçmişte bizi üzen bir şeyi hatırladığımızda bu enerjilerin bizi sıkıntıya soktuğundan dem vururlar. Sözde bu sıkıntı veya vücuttaki kasılmalar parazit enerjileri örtüyormuş. Bunla ilgili ilginç testler de sunuluyor. Bunların doğruluğu çok şüphelidir.

Geçmişinde acı veren olay yaşamamış insan yoktur. Kim olursa olsun muhakkak bu acı dolu anları hatırladığında, hele ki bu ana konsantre olduğunda muhakkak tekrar sıkıntıyı hissedecek, bu da bedenin bazı bölgelerine kasılma, sıkışma olarak aksedecektir. Bu, her insanda parazit enerjiler var demek mi oluyor? Eğer bir insan doğru uyumlama almışsa o insanda parazit enerjilerin olması mümkün değildir. Yok, kişi hiç enerjilerle haşır neşir olmamışsa da parazit enerji iddiası doğru değildir. Çünkü önceden aura kanalları temizlenmemiş yani çakraları açılmamış kişilere başka herhangi bir enerji sisteminin parazit yapması da mümkün olmaz.

Bu şekilde testler sunulması, şöyle şöyle yaparsanız kendinizde parazit enerji olup olmadığını anlarsınız denilmesi sadece bir telkindir. Telkin doğru yapıldığında insanlara hizmet edilmiş, yanlış yapıldığında ise insanlara zulmedilmiş olur. Telkin çok etkili bir mekanizmadır. Beyne verilen bu gibi telkinler insanlara zararlı olmaktadır. Bu durum aynen, "Sana cin musallat olmuş," diyerek telkin yoluyla kişiyi önce korkutup panikleten, daha sonra da bu cini güya o kişiden çıkarıp kişiyi rahatlatan cinci hocaların hikâyelerine benziyor. Doğru veya yanlış telkinler beyne verilen komutlardır. Beyin bunu algılar, sinir sistemine yollar, o da immün sistemi aşıp diğer organlara ışınlar. Bu ise saniyenin onda biri kadar bir zaman ölçüsünde oluşur. Bu şekilde kişiye yapılan yanlış bir telkin o insana muhakkak zarar verecektir. Böylesi şeylerden kaçınılması, insan hayatının çok değerli olduğunun bilincinde olarak hareket edilmesi gerekir.

Cinlerden bahsetmişken, Reiki şifacılarını cincilere benzeten ve insanları bu yolla negatif telkinlere sevk etmeye çalışan insanlar da görüyoruz maalesef. Bu eleştiriyi getiren kişi ya da kişiler ya Reiki'nin ne olduğunu bilmiyorlar ya da kulaktan dolma bazı bilgilerle avutuluyorlar. Reiki zaten başlı başına bir şifa yöntemidir. Kaldı ki günümüzde, dünyada 150'yi geçkin hastanede Reiki şifacıları insanlara şifa dağıtmaktadır. Reiki'nin iki yönü vardır. Birincisi mistik yönü, diğeri ise şifa yönüdür. Mistik yönü ile kişiyi geliştirip, farkındalığını arttırırken, şifa yönü ile de hem kendini hem de başkalarını iyileştirme yeteneğini bahşeder. Dünyanın birçok ülkesinde Reiki klinikleri bulunmaktadır. Buralarda da şifa vermeden başka bir işlem yapılmamaktadır. Reiki modern tıbbın yerini tutmaz. Reiki tamamlayıcı, destekleyici ve alternatif bir tıp yöntemidir. Cincilikle Reiki şifacılığının uzaktan yakından alakası yoktur. Birisi telkin yolu ile insanlara zulmederken, diğeri sevgi yolu ile insanlara huzur vermektedir.

Usui Reiki ve Diğer Enerji Sistemleri

Bizim geleneksel Reiki sistemimiz genellikle Usui Reiki olarak bilinir ve Usui Reiki yani Reiki dışında başka Reiki ekollerinden ve birçok farklı enerji sistemlerinden bahsedilir. Öncelikle şu bilinmelidir ki, Reiki, Doktor Usui'nin ortaya çıkardığı bir sistem değil, "yeniden keşfettiği" bir enerji sistemidir ve tarihi de ilk insana dayanır. Usui Reiki binlerce yıl tarihi olan bir felsefedir. Usui Reiki Batı'ya 1980'lerde ancak ulaşabilmiştir. Bu da Japon toplumumun içine kapanık bir kültür yaşamasından kaynaklanmıştır. Burada bu ilmin, bu felsefenin bizlere kadar ulaşmasında öncülük yapan Bayan Takata'ya şükranlarımızı sunmak zorundayız.

Beşerî olmamız sebebi ile bizde doyumsuzluk ve yetinmezlik mevcuttur. Bir insanın bir arabası varken bir araba daha, bir evi varken bir ev daha istemesi gibi bir şeydir bu. 1980'lerde başka Reiki türleri yoktu, buna hiç gerek de duyulmadı zaten. O insanlara Usui Reiki yetiyordu. Ama 1980'lerden sonra önüne başka başka isimler eklenerek birçok Reiki türü ortaya çıktı. Reiki'yi sonradan keşfeden Doktor Usui kendi ismini asla Reiki'nin önünde kullanmamıştır. Bunca Reiki çeşidinin içinde bizler Usui Reiki olarak ifade etmek zorunda kalıyoruz. Batılıların "evrensel yaşam enerjisi" dedikleri, Japoncada ise "ilahi" manasındaki "rei" ile "aydınlanma" manasındaki "ki" kelimelerinin birleşmesiyle "ilahi aydınlanma"nın karşılığı olarak

Reiki diye tabir edilen, özkaynaktan insanlığa sunulmuş bu güzel hediye nasıl olur da "tüm" insanlara hitap etmez, "tüm" ihtiyaçları karşılayamayıp başka enerjilere ihtiyaç doğurur?

İnsanlığın var olmasından bu yana Reiki sistemi vardı fakat başka kelimelerle anılmaktaydı. Diğer enerji sistemlerinin ortaya çıkışı ise Usui Reiki'nin Amerika ve Avrupa'ya gelmesinden sonrasına denk gelmektedir. Diğer "enerji sistemleri"ni bulanlar Amerika ve Avrupalı masterlardır. Batı dünyasının mistisizme olan açlığı ve kültür olarak Doğu ve Uzakdoğu kültürlerine oranla mistisizmde olgunlaşmamış olmaları bu enerji sistemlerini ortaya çıkarmalarındaki en büyük etkendir. Mistisizm yolunda olan insanlara meditasyonlarında çeşitli semboller, vizyonlar gösterilir, kişiler çeşitli enerjilere bu haldeyken uyumlanabilirler. Kişi Reiki 1'de de olsa bu vizyonları, sembolleri görebilir, bu tür şeylere inisiye olabilir. Bunlar olağandışı şeyler değildir. Kişinin vizyon halinde bir enerjiye uyumlanması o enerjinin hakiki bir sisteme ait olduğu ve insanlığa sunulması gerektiği anlamına gelmez. Bunlar mistik yolda, gerçeği arayış yolunda kişiye yaşatılan imtihanlardır. Mistik kültürde olgunlaşan kişi deneyimlerinden şüphe duymayı bilir. Bir şey yaşadığında onun pozitif mi negatif mi olduğunu, bir başka deyişle şeytani mi Rahmani mi olduğunu sorgular, sorgulaması da gerekir. Çünkü ruhani gelişim yolunda birçok negatif varlık/enerji bizi yolumuzdan saptırmak için pozitif kılıklarda bize gelebilir. Sorgulamayan, egosuna yenik düşen kişi gördüğü bu vizyonun coşkusuyla uyumlandığı bu enerjiyi ya da sembolü gerçek zannedip "Ben bir enerji sistemine inisiye oldum ve bunu diğer insanlara da sunabilirim," diyerek yeni bir enerji sistemini ortaya çıkarabilir. Hal böyle olunca da her geçen gün bu enerji sistemlerine bir yenisi daha eklenir. "Doktor Mikao Usui'nin Kurama Dağı'na çıkıp orada 21 gün oruç tutması sonucu Reiki bir ışık topu şeklinde kendisine hediye edildi!" efsanesi Reiki'ye çok zarar vermiştir. Mademki Doktor Usui'ye bu şekilde gelmiş diye düşünerek, dağlarda meditasyon yaparken yaşadıkları vizyonlara kanan masterlar maalesef her geçen gün piyasaya yeni bir Reiki sunmaya devam etmektedirler.

Geçtiğimiz süreçlerde ülkemizde örneğin, "Çekim Yasası Reikisi", "Bereket Reikisi" vs. gibi ticari amaçlar güdülen sistemler ortaya çıkardılar. Ülkemizde henüz bu isimler onu bulmadı belki ama yabancı kaynaklara baktığımızda 200'ü geçkin Reiki sistemi ismi var. (İsa Reikisi, Cadı Reikisi, Yaprak Reiki, Peri Reikisi gibi isimlerle...) Zaten yeni enerjilerin bu kadar fazla olması ve her geçen gün artması üzerinde düşünmek bile bu enerji sistemlerinin doğruluğu hakkındaki şüphelerimizi çoğaltmaya yeter.

Diğer enerjileri kabul etmemenin enerjisel ve teknik boyutu da vardır. Kişinin aura ve çakra sistemini tam anlamıyla bilmesi de diğer enerji sistemlerine inanmaması için yeterlidir. Çünkü Usui Reiki'de kişinin tüm çakraları açılır, aura kanalları temizlenir ve kişi hem yukarıdan hem de yerden gelen enerji kanalına bağlanır. Böylelikle, hem manevi hem de dünyevi anlamda dengesi sağlanmış olur ve her iki yönde de gelişimi başlar. Fakat denge halindeki çakralara ve aura kanallarına farklı bir şekilde işleyen, başka bir enerjinin inisiye edilmesi kişinin Usui Reiki ile sağlanmış olan dengesini tamamen bozar. Bu konuda örnek olarak Kundalini Reiki'ye bakabiliriz. Kundalini Reiki'nin inisiye işleminde enerjinin kök çakradan tepe çakraya yollanması vardır. Enerjinin sadece kök çakradan yukarı yollanması, yani tek yönlü olması kişinin dengesini bozar. Usui Reiki inisiyesi, kişinin önceden kirli ya da tıkalı olan aura kanalının ve otomatik olarak tüm çakralarının açılması işlemidir. Aura kanalları açılınca kişinin çakralarından önceden sızıntı halinde akan enerji artık daha bol ve berrak şekilde akmaya başlar. Böylelikle kişi hem tepe çakradan hem de kök çakradan akan ilahi enerjiyle sürekli olarak birlikte olmuş olur. Açılmış olan aura kanallarına bir başka enerjiyi inisiye etmek hem kanalları kirletir hem de çakraların dengesini bozar. Bu da kişinin fiziksel, zihinsel ve ruhsal dengesini negatif yönde etkiler. Bu da gelişimini durdurur. Bu durumda, kişide daha önce var idiyse bile artık Usui Reiki diye bir şey kalmaz. Bir enerji sistemine inisiye olmak, daha önce inisiye olunan enerji sistemini devre dışı bırakır. Öğrenci isterse master olsun, en son hangi enerjiye uyumlanmışsa sadece o enerjiye sahiptir. Çünkü en son olarak aura kanalına o enerji yollanmış ve aktifleştirilmiştir. İnsan içine her şeyin koyulabileceği boş bir çuval değildir. Her türlü enerjiye negatif mi pozitif mi diye düşünmeden inisiye olmak hiçbir şekilde gelişim sağlamaz.

Bazı insanların en sık sunduğu gerekçe budur, "Gelişimime katkı olsun diye faydalanmak istedim." Eğer amaç gelişim ise Usui Reiki buna yeter de artar bile. Usui Reiki, kaldırabileceği hızda kişiyi eğitir ve geliştirir. Reiki kimseye zorlanacağı ve şoke olacağı bir bilgi vermez. Kişi hazır olduğunda üçüncü gözü de açılır, enerjisi frekanslara da ulaşır. üçüncü gözü açmak için ya da yüksek frekansta enerjiye sahip olmak için yeni bir sözde Reiki sistemine uyumlanmanın faydadan çok zararı vardır. Bir de bunların bazıları "sert bir enerji" diye iyi bir meziyetmiş gibi tanımlanıyor. Reiki'nin doğasında sertlik yoktur, insanı farkında olmadan geliştiren yumuşak, zarif, evrensel, ilahi bir enerjidir. Nasıl olur da sert bir enerji ilahi olur? Evrende negatif anlamda bir sürü enerji vardır ama ilahi enerji tektir. İnsan ise değerlidir, kutsaldır. Ve insan sağlığı maceraperestlerin deneme tahtası değildir. Farklı enerji sistemlerine inisiye olmayı isteyen insanlar da, bu enerji sistemlerini kişilere inisiye eden masterlar da bunun sorumluluğu içinde davranmalıdırlar.

Yaşam Enerjisi ve Reiki

Hayat yani yaşam enerjisi bizim yerküreden, topraktan aldığımız enerjidir. Bu bedenlerimiz bu dünyaya ait olduğuna göre yerküre bu hayat enerjisini sağlar. Ama yaşam enerjisi hep Reiki ile karıştırılagelmiştir. Avrupalılar kendilerini her şeye bir isim takmak durumunda hissettikleri için materyalist bir bakış açısıyla Reiki'nin adına evrensel yaşam enerjisi demişlerdir. Tam Türkçe çevirisi için "ilahi nur/ışık" diyebiliriz. Japonca kelime anlamı ilahi nur/aydınlanmadır. "Rei" yukarıda da birkaç kez ifade ettiğim gibi "ilahi", "ki" ise sadece enerji değil özellikle aydınlanma anlamındadır. O yüzden Reiki ile yaşam enerjisi farklıdır.

Yaşam enerjisi hepimizde olan, yaşamımızı devam ettiren, yerküreden aldığımız enerjidir ve kök çakra kanalıyla yerden alınıp tepe çakraya ulaşır. Bazı arkadaşlarımızda bu çakra tıkanıyor ve bizler de Reiki ilmi ve inisiyesiyle bunları açıyoruz. Böylelikle, kişiler hem hayat enerjisi almaya başlıyor hem de ilahi nurla hemdem oluyorlar. Kök çakra, zamanla korku, üzüntü ve travmalarla tıkanabiliyor ve hayat enerjisi alamaz hale gelebiliyor ya da kısıtlanabiliyor. Aura kirlendikçe çakralar da kirlenir ve bu hayat enerjisinin alımını azaltabilir. Bir çakra tıkandığında bu diğerlerine de yansır ve diğer çakralarda da sorunlar oluşmaya başlar. Böylece çoğu kişide bu durumda hastalıklar meydana gelir çünkü enerjiyi tam anlamıyla organlarına ulaştıramazlar.

Bir de bu konuda bir yanlış anlaşılma söz konusudur. Önceden de bahsettik ama yine değinmekte fayda var. "Çocuklar Reiki enerjisi ve yaşam enerjisi ile birlikte doğarlar," derler; yaşam enerjisinin doğuştan mevcut olduğu doğrudur lakin Reiki'nin doğuştan var olduğu söylenemez. Reiki başkadır, yaşam enerjisi bahsettiğimiz gibi başkadır. Bu yüzden biz çocuklara da ana rahmindeyken bile inisiye yapabiliriz ve yapıyoruz da. Bu, çocuklarda çok fark yaratıyor, ilahi nurla hemdem olarak zekâları parlıyor, daha uyanık, farkında bireyler oluyorlar, bu yüzden çocukların da inisiye olmasını tavsiye ediyorum.

Bazı kişilerin zamanla çakraları tıkanır, bu 15 veya 20 yaşlarında olabilir, tamamen kişilerin yaşadıkları durumlara bağlıdır. Mükemmel bir hayat yaşadıysa tabii ki bir tıkanma söz konusu olmaz ama acılar, üzüntüler, sarsıntılar, travmalar tıkanıklıklara sebebiyet verebiliyor. Reiki'ye inisiye olmanın bu yüzden iki tür faydası oluyor; çakralar arındığı için hem doğrudan yerden alınan ve organların ihtiyaç duyduğu yaşam enerjisi hem de tepeden Reiki akışı sağlanıyor. Aslında biz sadece Reiki'ye uyumluyor ve çakraları arındırıp açıyoruz ama faydası ve tesiri iki yönlü oluyor.

Bioenerji ve Reiki

Reiki ve bioenerji arasındaki fark da çok sorulan sorular arasında. Bioenerji yerküreden aldığımız enerjidir, kök çakra dolayısıyla bütün bedeni kaplar. Yani yaşam enerjisidir. Bioenerjist arkadaşlarımızda veya bazı kişilerde kök çakrası geniş olur, o yüzden de onlar enerjiyi daha fazla alırlar ve ellerinden enerji akar, bu vasıtayla enerji verebilirler.

Yerden gelen bu enerji bedene girdiğinde bioenerjiye dönüşür ve içeride organlara dağılır. Organların ihtiyacı olan enerjidir, işte bu yüzden yer enerjisine yaşam enerjisi de deriz. Tabii bu aynı zamanda bizleri şifalandırır. Bununla birlikte, hepsine enerji desek de Reiki ayrı şeydir yani Reiki farklı enerjidir ve inisiye yoluyla olur ve kaynağı Allah'tır. Kök çakrası daha güçlü olan kişiler, bioenerjiyi, yer enerjisini aktararak şifa verirler lakin birkaç kişiye şifa verdikten sonra yorgun düşerler. Ama Reiki'de böyle bir yorgunluk söz konusu değildir çünkü verdikçe devamlı akar. Hem kendiniz alır ve faydalanırsınız hem de karşıda verdiğiniz kişi. Burada asla bir kötüleme olarak anlaşılmasın, bioenerji ile Reiki nuru arasındaki ayrımı belirtmek önemlidir.

Bilinçaltı Kodlama Terapisi

Reiki'ye ilk inisiye olduğumda öğrenmiştim bu nurun şifa verdiğini. Aslına bakarsanız pek çoğunuzun düşündüğü gibi düşünmüştüm ilk zamanlar. Hatta masterımla dalga bile geçmiştim o zamanlar. "Ne, ellerimden enerji mi akacak? Kendi kendimi ve başkalarını da mı şifalandıracağım? Yok canım, bu saçma..."

Ama sonra şifanın gücünü fark ettim. Fark etmekle de kalmadım çok güzel şeyler olmaya başladı, yepyeni şeyler... Kendiliğinden yeni bir teknik gelişti: adına "bilinçaltı kodlama" dediğimiz terapi yöntemi. İnanın bazen beni bile şaşırtan şeyler oluyor bu teknikle. Önceleri bu yöntemi sadece psikolojik rahatsızlıklara uyguluyor ve çok büyük oranda başarı elde ediyorduk. Ama şimdilerde zihinsel, fiziksel ve ruhsal boyutta da başarılar gelmeye başladı.

Depresyon, panik atak, bunalım gibi rahatsızlıklarda çok müspet sonuçlar aldık. Öğrencilerimden biri dört buçuk yıldır depresyon hastası olduğunu ve bunca zamandır ilaç kullanmasına rağmen iyi olamadığını söylemişti. Hemen ardından dört seans bilinçaltı kodlama terapisi uyguladık. Eski durumundan eser kalmadı, her konuda karamsar olan kişi gitti yerine hayatı sevgi ile kucaklayan ve yaşamaya dört elle sarılan biri geldi. İlaç tedavisini de bıraktı, şimdi çok çok iyi. Başka bir öğrencim, kendisinde epilepsi (sara) başlangıcı olduğunu, bu durumun kendisini çok olumsuz etkilediğini, bu terapinin kendi için iyi gelip gelmeyeceğini sormuştu. "Bilmiyorum," dedim ona. "Eğer Allah isterse neden iyi olmayasın ki... Rabbin istemeseydi zaten senin içine bu isteği vermezdi. Rabbin vermeyeceği bir şeyi sana istetmeyeceğine göre bence yapalım bu terapiyi," demiştim. İyi ki de yapmışız. Şimdi doktorlar bile şaşırıyor bu duruma.

Biz sadece anahtarız bu işte. Şifa kapısı Allah'ın izniyle açılır. Oldukça ilginç bir işleyişi var bu terapinin. Terapi anında terliyorum, karşımdaki kişinin yaşadıklarını tekrar yaşıyorum adeta, fakat ben değil tabii ki Allah veriyor şifayı. Seans esnasında semboller kullandığımı biliyorum ama seans sonrasında hangi sembolü kullandığımı unutuyorum. Ellerimi kaldırıp şifa çalışması yapıyorum ama sonunda hangi bölgeye nasıl bir çalışma oldu, bilmiyorum. Bir zuhuratla (vizyon) bu tekniğin bana öğretildiğini biliyorum fakat yıllar boyunca kimseye bunu öğretemedim. Kimseye öğretememek benim için en zor olanıydı. En sonunda yetiştirdiğim masterlardan birine aktarabildim. İnşallah ileride bana bu öğretiyi isteyen herkese aktarma şansı verilir.

Modern tıbba göre hastalıkların %90'ı psikolojiktir. Bana sorarsanız bu durum %100'dür. Çünkü bedeni idare eden beyindir. Beyne ne verirseniz onu alır. Beyin tüm bedenin kontrol mekanizmasıdır ama beynin tüm kontrolü sizin elinizdedir. Tüm hastalıkların çaresi de öncelikle sizde ve beyninizdedir. Bilinç düzeyinde hafıza bile bazen unutur ama bilinçaltı hiçbir şeyi silmez kayıtlardan. Önceden yaşanan olumsuzlukların bilinçaltında kodlanmış etkileri temizlenmezse ve kişi bunları mental olarak makul ve bilgece bir çözüme kavuşturamazsa Reiki enerjisine uyumlanılsa bile bu kalıntılar su yüzüne çıkıp aura ve çakraları tekrar kirletebilir. Reiki, bir negatif varoluştan pozitif varoluşa geçen kişiyi arındırırken bu sancılar kaçınılmazdır. 2000'lerin sonundan beri bu duruma bilinçaltı kodlama ile müdahale edebiliyoruz.

Suçluluk duyguları, öfke, korku gibi duygular zihinden temizlendiğinde, rahatsızlıklar da kişiye veda eder. Her türlü fobik durumlar (sosyal fobi, araç fobisi vb.), depresyon, kekemelik, anoreksiya, bulimia, obsesyon gibi psikolojik rahatsızlıklar, zorlantı (kompulsif) eylemleri ve kısıtlamaları dolayısıyla hayatı sürekli erteleyerek yaşam kalitesini düşürür.

Duygusal ve psikolojik rahatsızlıkların hatta fiziksel rahatsızlıkların kaynağının, kişinin zihinsel kodları ve olayları yorumlama biçimi olduğu bilinmektedir. Zihin bir negatife programlanmış ise, kişinin hayatında negatif yaşantılar zincirleme olarak gelişmeye başlar. Örneğin korku... Kişinin geçmişte yaşamış olduğu yüksek frekanslı korku deneyimi, o günden itibaren hayatına kekemelik sürecini sokabilir. Ya da suçluluk duygusu... Yoğun bir şekilde yaşanan suçluluk duygusu kişide yıllar süren ve kronikleşen depresyon yaratabilir. Bu durumlardan (kekemelik, depresyon vb.) kişiyi kurtarmak için önce bu olguyu başlatan duyguyu (suçluluk duygusu, korku vb.) ortadan kaldırmak gerekir.

İşte bilinçaltı kodlama terapisi bu prensiple hareket eder. Bu terapide kişi geçmişte yaşadığı tüm olumsuzlukları meditasyon halinde zihninden geçirir, bu sırada "ışık" aşamasındaki Reiki öğretmeni *(grandmaster teacher)* sahip olduğu çok güçlü sembolleri kişinin bilinçaltına gönderir. Bu meditasyon sonrasında kişi negatif durumların yarattığı duyguların kendisini bir bir terk ettiğinin farkındalığına ulaşır. Seansın geri kalan süresinde kişi için olumlu telkinler hazırlanır ve anı yaşama becerisinin öğretimine yoğunlaşılır.

Bana gelen öğrencilerimin hiçbir şeyi olmasa dahi bu yöntemi öneriyorum. Kişinin hayatına tesir edegelmiş majör negatif yaşanmışlıkları yoksa o güne kadar yaşadığı tüm olumsuz olayların etkilerini bilinçaltından bir seansta silebiliyoruz. Hem de 20-30 dakika gibi kısa bir sürede. "Bende hiçbir şey yok!" diyenler dahi seans esnasında geçmişte ne kadar tatsız şeyler yaşadıklarının farkına varıyorlar. Hiç kimse "Benim geçmişimde bir şey yok," iddiasında bulunamaz. İnişli çıkışlıdır yaşam. Zıtlıklar âleminde önce negatifi yaşıyoruz, daha sonra pozitifi öğreniyoruz. Negatifin ne olduğunu bilmeden pozitifi tanımlayabilmemiz olanaksız olurdu. Soğuk olmasaydı sıcak diye bir kavram hiç olmazdı. Evet, güzel şeyler oluyor. Bakalım, varoluş bize daha ne hediyeler sunacak!

Bütüncül Tıp

Yurtdışı ve yurtiçi çalışmalarımızda doktorların, hemşirelerin ve sağlık alanında çalışan herkesin eğitimlerine çok önem veriyoruz. Avrupa'da Reiki ve şifacılık eğitimi verdiğimiz yüzlerce sağlık çalışanı varken, ülkemizde bu durum henüz onlarla ifade ediliyor. Tüm dünya Reiki'yi tamamlayıcı tıp olarak kabul edip kullanırken, ülkemizde tıp alanında Reiki henüz hak ettiği ilgiden uzak.

Batı'da tamamlayıcı ve destekleyici alternatif tedaviler doktordan hasta bakıcıya bütün tıp mensuplarının ilgi konusudur. Reiki eğitimi alan doktorlar hastalarına Reiki uyguluyorlar. Ülkemizde ise bu tarz "soyut" yöntemler büyücülük ya da cincilikle karıştırılıyor. Ben, Reiki'yi en başta doktorların öğrenip hastaları üzerinde kullanmaları taraftarıyım. Çünkü onlar hep hastalarıyla beraber. Her bir hastaya dokunduklarında bu şifa akacak ve o kişileri sakinleştirecek, onlara huzur verecektir. İnsan anatomisine vâkıf olan doktorların hangi organın ne gibi görevlerinin olduğunu bilmeleri ve buna göre bu çalışmayı yapmaları elbette çok daha verimli olacaktır. Umarım dünyanın modern tıpla alternatif tıbbı birleştirip "bütüncül" (holistik) tıbba ulaştığı bir aşamada biz de şifa için bütün imkânlardan istifade eder hale geleceğiz. Işık dolu yarınlara...

Reiki Masterları Arasındaki Bilgi, Fikir ve Yöntem Farklılıkları

Bu konuya değinmeden önce küçük bir not paylaşmakta fayda var. Buradaki sevgili master kardeşlerimize karşı bir art niyetimizin olması asla söz konusu değildir. 13-14 yıldır gerçekten emek verip, bu ekolü Türkiye'ye tanıtanlara tepkili olmak şöyle dursun, saygı duyar ve önlerinde eğiliriz. Onlar ki daha henüz ülkemizde Usui Reiki hiç tanınmazken öncü olmuşlar, büyük çabalar sarf etmişler, yabancı kaynaklardan birçok bilgiyi dilimize çevirerek ülkemizin insanlarına tanıtmışlardır. Her şey bir kenara sadece bunun için bile onlara saygı duymamak mümkün değildir. Bizim söylemlerimizden, anlattıklarımızdan onların da rahatsız olacağını zannetmiyorum. Ama Türkiye'de Reiki masterları arasındaki yöntem farklılıklarına değinmenin, Reiki'yi merak eden ve öğrenmekler isteyenler için çok önemli olduğunu düşünüyorum.

Usui Reiki bir felsefedir. Her masterın öğretme yöntemi farklı olabilir. Felsefe düşünmedir, hatta düşünmeyi bile düşünmedir. İşte bu yüzden olduğumuz yerde saymamalı, elimizde bulunan bu felsefeleri geliştirerek devam ettirmeliyiz. Bu yüzden Reiki öğretmenleri arasında bilgi, fikir ve yöntem farklılığı olduğu doğrudur ve olmalıdır da. Ama Reiki aktarımı ciddiyetle ve Reiki'nin geleneksel inisiyasyon prosedürüne uygun olmalıdır.

Bu noktada yeni master olmuş kişilere de değinmekte fayda var. Masterlık, öğrenci eğitmek, öğrenciyi inisiye etmek büyük sorumluluk ister. Öğrenci yetiştirmek, inisiyasyon sanıldığı kadar kolay bir iş değildir. Öğrenciyi doğru inisiye edemez, ona doğru kılavuzluk edemezseniz öğrenciyi bir çıkmazın içine sokarsınız. Usui Reiki sadece elle şifaya kavuşmak ve insanın kendisine ve başkasına şifa vermesi değildir. Usui Reiki gerçekte mistik bir felsefedir. İnisiye yapılan kişilerin tepe çakralarından manevi bilgiler akar. Bir öğretmen olarak siz öğrencinizi doğru yönlendiremez, doğruyu anlatamazsanız öğrenci psikolojik olarak denge kaybına uğrar. O yüzden master sertifikasını alır almaz öğrenci inisiye etmeye, öğrenci yetiştirmeye kalkışmamalıdır. Bilindiği gibi Reiki eğitimi bir süreçtir. Nasıl ki Reiki 1'den Reiki 2'ye, oradan Reiki 3A'ya, 3A'dan 3B'ye yani Reiki öğretmeni *(master teacher)* aşamasına uyumlanmak için süreçler bekleniyorsa Reiki 3B aşamasını aldıktan sonra da bir süreç vardır, bu beklenmeli ve yaşanmalıdır. Bu süreçte yeni Reiki öğretmeni *(master teacher)* olmuş kişi diğer aşamalarda olduğu gibi yine bir değişim, farkındalık ve gelişim evresi yaşar. Bu süreçte öğretmenlik aldığı hocasından inisiye ve öğrenci yetiştirme gibi eğitimlerini sürdürmeli ve bu işin inceliklerini doğru öğrenmelidir.

Astral Seyahat

Bu konu çok sorulmasına rağmen, çok fazla derine inemeyiz çünkü astral seyahat sırdır ve kendiliğinden gerçekleşmelidir. Astral seyahat gizli tutulur.

Bir zihinle yapılan astral seyahat bir de kalbî olarak yapılan vardır. Biz kalbî olarak yapılan astral seyahatin taraftarıyız, kalbî olan önemlidir, kalbî olan gerçektir. Astral seyahatte üçüncü gözün açılması, zihnin kalbin kontrolüne geçmesiyle gerçekleşir. Başka türlü olmaz mı, elbette olur, zihnin kontrolünde de üçüncü göz açılabilir ve astral seyahat gerçekleşebilir ama bu tehlikelidir. Çünkü zihin çocukluktan beri sahip olduğumuz korkularımız ve düşüncelerimizi içerir. Bize öyle şeyler gösterebilir ki biz onları gerçek zannedebiliriz ve bunlar korkutucu, ürkütücü olabilir; o zaman zihnin kontrolü sağlıklı değil demektir. Bu tehlikelidir, insanı şizofreni vb. hastalıklara kadar götürebilir. O yüzden astral seyahatte üçüncü gözün açılması, zihin kalbin kontrolüne geçtikten sonra gerçekleşmelidir. Fakat kalbin kontrolü ele alabilmesi için bazı şeyler yapmak gerekiyor tabii ki. Reiki çalışmalarıyla, ibadetle, tefekkürle, meditasyonla zihin boşalır, mutmain ve terbiye olur. Böylelikle zihin kalbin kontrolüne geçer. Ancak o zaman gerçek bir astral seyahat olabilir. Zihnin astral seyahati hakiki değildir.

Bazı yerlerde üçüncü göz açma eğitimi gibi süreçler olabiliyor ama zorlamayla açılan üçüncü göz muhakkak zihin kontrolündedir. Bazıları ise bilmeden üçüncü göz açılsın diye gayret gösteriyor ama gayrete, zorlamaya gerek yok aslında. Bunlar kendiliğinden olur. Zamanla, Reiki görevleri yerine getirilir, ibadetler yapılır, Allah'a bağlanılır, Ona teslim olunursa bu bir şekilde mutlaka gerçekleşecektir. Bunlar Allah'ın kuluna verdiği bir hediyedir, bu hediyelerse sağda solda paylaşılacak şeyler değildir, bunlar Allah ile kul arasında yaşanan sırlardır, ifşa edildiğinde de bir daha vuku bulmaz zaten.

Meditasyon

Meditasyon, zihnin ötesine geçmektir, zihni aradan çıkarmaktır. Zihni susturmaktan çok zihnin ötesine geçmek demek daha doğrudur. Zihnin ötesine geçtiğimizde arınırız. Meditasyon insanı temizleyendir, arındırandır ve berrak hale getirendir. Ama unutmamalıyız ki meditasyonda yaşanan her şey gerçek değildir. Meditasyon sırasında negatif ya da pozitif, gelen her şeyi atın gitsin, ta ki zihniniz boşalıp zihnin ötesine geçene kadar. Meditasyonda uyumamaya gayret edin. Düzenli meditasyon yapmak sizi arındıracağı için kesinlikle tavsiye ediyoruz. İleride değineceğimiz sembol meditasyonları ayrıdır. Reiki süreci boyunca meditasyon yapmak, derin bir bilinç haline girmenize yardımcı olacaktır.

REİKİ SEVİYELERİ, ÇAKRA VE AURA SİSTEMİ

Reiki Seviyeleri

Reiki 1 Seviyesi

Reiki'nin en önemli aşaması birinci aşamadır. Bu aşama muhteşem ışık yolculuğunun ilk adımıdır. Kişi negatif bir varoluştan pozitif bir varoluşa geçer.

Kişi bu seviyede hayatında kendi yaşamış olduğu birçok şeyi sorgular, bunlara çözüm arar. Sonunda her çözümün anahtarının kendi özünde gizli olduğunun bilincine ulaşır. "Reiki'den önce ben" ve "Reiki'den sonra ben" diyecek kadar gelişir, tüm bu güzellikleri kendinde fark eder.

Öğrenci Reiki 1. seviyeyi iyice hazmetmeden hemen Reiki 2. seviye verilmemelidir. Öğrenci bu aşamanın tüm güzelliklerini yaşamalı, farkındalıkları artmalı, kendini, evreni, Yaradan'ını, inancını ve tüm yaşamını sorgulamalı ve cevabını kendi bulmalıdır. Reiki (ilahi nur) bu gücü ona sağlayacaktır.

Reiki birinci seviye, dört inisiyasyon gerektirmektedir. İnisiyasyon işlemi, dört gün arka arkaya birer seans halinde yapılır. İlk üç seansta aura ve çakralar tamamen negatif enerjilerden arındırılır ve dirençleri kırılır. Son seansta ise Reiki inisiyesi verilerek çakralar tamamen açılmış ve dengelenmiş olur. Böylelikle Reiki 1 uyumlaması tamamlanmış olur.

Not: 12. ve üstü ışık aşamasındaki Reiki öğretmenleri *(grandmaster teacher)* Reiki 1 uyumlamasını 1 seansta tamamlayabilirler.

Etkileri

Reiki 1 uyumlaması ile kişinin aura kanalları temizlenir, dolayısıyla tüm çakraları açılır. Reiki uyumlaması alan kişi, böylelikle "ışık" kapısına adımını atmış olur. Ayrıca en önemlisi de elle şifa yöntemine kavuşmuş olur. Kendisine, başkalarına, hayvanlara, bitkilere, hatta cansız olan tüm nesnelere de Reiki verebilir.

Öğrenci, ilk 21 gün sadece kendine Reiki vermelidir. 21 günlük arınma sürecinden sonra, elleriyle başkalarına da Reiki uygulaması yapabilir.

Reiki 1. seviyede birtakım psikolojik, fizyolojik ve ruhsal temizlikler yaşanır. 21 gün boyunca üstat, öğrencisini manevi olarak yoğun kontrolü altına alır. Ve zaman zaman gerekirse ekstra seanslarla öğrencisine bu yolu kolaylaştırır. Reiki'nin zaman ve mekân problemi yoktur. Üstat binlerce kilometreden öğrencisini uyumlayabilir ve kontrol altına alabilir.

Reiki 2 Seviyesi

Reiki 2. aşamanın inisiyasyonu arka arkaya iki gün sürer. bir gün arındırma yapılır, ikinci günse Reiki 2 seviyesinin üç sembolü inisiye edilir. İkinci seviye, kişiye uyumlanan üç sembolle birlikte astral boyuta atılmış ilk adımdır. Kişi artık elle çalışmayı bırakıp mental olarak çalışmaya başlar. Verilen sembollerin gücü ölçüsünde çalışmaları ve enerjisi, Reiki 1 seviyesine nazaran 200 hatta 300 kat daha artar. Bu kişi astral seyahat yapabilecek anlamına gelmez. Ama o düzeye ulaşması için gereken adımların en önemlisini mental boyutta çalışmaya başlayarak atmış olur. İkinci aşamayla birlikte enerjinin gücü fazlalaşır. Şifa ve huzur yönünde kişinin iç dünyası çok rahatlar. Dünyevi ve manevi olarak iletişim gücü oldukça fazlalaşır. Sembollere uyumlanan kişi adeta onların anlamları ile bütünleşir ve kendisinde sembollerin temsil ettiği özelliklerin gelişmeye başladığını gözlemler.

Reiki 2 Sembollerinin Anlamları ve Kişideki Etkileri

1. Sembol: Güç ve koruma sembolüdür. Kişinin enerji bakımından gücü hem dünyevi hem de manevi olarak arttığı gibi, dünyevi ve manevi konularda da başarılı olmaya başlar. Ayrıca kişi fiziksel ve duygusal bakımdan eskisine nazaran çok daha güçlenir.

2. Sembol: Şifa ve huzur sembolüdür. Kişi kendinde şifa ve huzuru bulduğu gibi, başkalarına da bunu yaymaya başlar. Konuşmasıyla, bakmasıyla bile etrafına şifa ve huzur enerjisini yaymaya başladığını fark edecektir. Bu sembolün gücüyle kişinin yaptığı şifa çalışmaları çok daha yoğun etki gösterir. Ayrıca kişi öncesine nazaran, sevgi, hoşgörü ve merhamet gibi duygularının daha yoğun farkında olur.

3. Sembol: İletişim ve köprü sembolüdür. Bu sembol ile kişi uzağa ve istediği her yere, her şeye, her zamana Reiki verebilir. Bunun yanında kişinin iletişim yeteneği artar, böylelikle, kendini ifade etme, empati kurma, insan ilişkileri gibi konularda çok daha fazla gelişim gösterir. Ayrıca kişinin uzakla olan iletişim özelliği güçlendiğinden hem kendisinden çok uzakta gelişen olayları kavrama, hem de kendisine çok uzak bulduğu kişileri anlama ve onların davranışlarına anlam verebilme gibi özellikler kendisinde hâsıl olur.

Reiki 2. seviyede sembollerin şekilleri doğru çizilmeli ve mantraları doğru telaffuz edilmelidir. Çünkü ancak doğru anahtar kapıyı açabilir.

Not: 12. ve üstü ışık aşamasındaki Reiki öğretmenleri *(grandmaster teacher)* Reiki 2 uyumlamasını bir seansta tamamlayabilirler.

Reiki 3A Seviyesi (Master Seviyesi)

Reiki 3A, master seviyesidir. Kişi bu aşamada kendi kendinin masterı olur. Bu aşama Reiki öğretmenliği aşamasına hazırlık aşamasıdır. Reiki 2'den sonra direkt Reiki öğretmenliğine hazır olmayan kişiler için bir nevi alıştırma aşamasıdır.

Kişi bu seviyede öğretmenlik yolunda ihtiyaç duyacağı gelişimleri sağlar. Master seviyesinde Reiki'nin bir başka sembolü, tabiri caizse altın anahtarı verilir. Ve mantra ile birlikte öğrenciye öğretilir.

Master artık astral boyutta çalışmaya başlar. Kendi kendini eğiteceği gibi astral boyutta da büyük mesafeler kaydeder. Reiki 3A seviyesini alan kişi öğrenci inisiyesi yapamaz. Bunun için Reiki 3B seviyesine uyumlanması gerekir. 3A ve 3B aşamalarının arasında en az bir sene gibi bir süre zarfı olması gerekir. İstisnai bir durumda, eğer Reiki 2 süreci tamamlandığında üstat onay verirse kişi Reiki 3A ve Reiki 3B aşamalarına aynı zamanda arka arkaya uyumlanabilir.

Reiki 3B (4) Seviyesi (Reiki Öğretmenliği – *Master Teacher* Seviyesi)

Bu seviyede kişi inisiyasyon yapabilir, öğrenci yetiştirebilir. Bir üstat için öğrencisine bildiklerini aktarıp onu öğretmen seviyesine ulaştırmak, hem onur verici hem de en zor olanıdır. Aylarca beraber çalışılır. Üstat, diğer seviyelerde olduğu gibi öğretmenlik aşamasına gelen öğrencisini hiçbir zaman yalnız başına bırakmaz.

Reiki 3B (Reiki 4) süresiz bir gelişimdir. Üstat öğrencisine öğretmenliği, öğrenci eğitimini ve astral seviyede bazı öğretileri öğretir. Ta ki o öğrenci üstadından tüm incelikleri öğrenene kadar...

Reiki öğretmenliği aşamasına inisiye olduktan sonra kişi bu aşamanın kendisini geliştirmesini sabırla beklemelidir. Ve öğrendiği bilgileri tamamen içselleştirmeden asla bir başkasını inisiye etmemelidir. Çünkü inisiye doğru yapıldığında kişinin hayatına güzellikler getireceği gibi yanlış yapıldığında da çok büyük negatifler getirecektir. Bu nedenle de öğretmenlik aşamasını alan kişi bu sorumluluğun bilincinde olmalıdır.

Usui Reiki ve Bilinmeyen Işık Aşamaları

Usui Reiki, 5-6 yıl öncesine kadar dört geleneksel aşamadan ibaretti. Ta ki bir grup master arkadaşımızın Japonya'ya gidip araştırmalar sonunda Usui Reiki ekolünün sadece dört aşamadan ibaret olmadığını tespit etmesine kadar. Bu araştırmalardan sonra dört "ışık" aşaması daha ortaya çıkmıştır. Dr. Usui'nin ise sekizinci ışık aşamasında olduğu tahmin edilmektedir.

Dört geleneksel, dört de ışık aşamaları olmak üzere toplam sekiz aşamadan oluşan Usui ekolü Japon toplumunun içine kapanık kültürü nedeni ile şimdiye kadar gizlenmiş ve açığa çıkmamıştır. Hatta Avrupalı master dostlarımız bununla da kalmayıp Usui ekolüne dokuz aşama daha ilave ederek sistemi 17 aşamaya çıkarmışlardır. Bu aşamarın neler olduğunu ve kimler tarafından ilave edildiğini de anlatmak istiyorum...

5-6. Aşama (Büyük Üstat – *Grandmaster*)

Gerçek Usui ekolüne ait olan 5-6 aşaması "büyük üstat aşaması" *(grandmaster)* diye anılır. 7-8 aşaması ise "büyük üstat öğretmen aşaması" (*grandmaster teacher*) olarak bilinir. Bu aşamalara "ışık aşamaları" denir. 5-6 ve 7-8. aşamalar beraberce uyumlanır. Bunlar Ying ve Yang gibidir birbirinden ayrı uyumlanamazlar. Beşinci aşama "büyük armoni", altıncı aşama ise "büyük paylaşım" olarak da anılır.

Grandmaster olunca şu ayrıcalıklara sahip olursunuz:

Karma Terapi Tekniği: Kişinin bu yaşamına gelene kadar geçirmiş olduğu tüm karmalarını temizleyebilme yeteneğini edinmesi ve bunu başkalarına da uygulayabilmesidir.

Reiki Lazer Tekniği: 5-6 aşamasında edinilen *Dai Sho Wa* ve *Dai Fa Shu* sembolleri ile enerjinin bir noktada yoğunlaştırılıp istenen kişiye/yere bir anda gönderilmesidir. Bu teknik ile Reiki öğretmenliği (*master teacher*) aşamasında 30 dakika süren enerji gönderme işlemi 2-3 saniyeye inmektedir.

Şifacılıkta Yüksek Frekans: *Grandmaster* aşaması ile enerji seviyeniz katbekat yükselir. Şifacılık yönünüz kuvvetle artar.

Astral Seyahat: Astral seyahatin doruk noktası olan sonsuz enerjiyle buluşmak *grandmaster* aşamasının *Dai Sho Wa* ve *Dai Fa Shu* sembolleri ile daha kolay gerçekleşmektedir.

İlahi Çember: *Grandmaster*, altıncı aşamanın *Dai Fa Shu* sembolü ile ilahi bir koruma çemberine sahip olur. Bu koruma çemberinde istediği herkesi ve her şeyi tüm negatif enerji, olgu ve olaylardan koruyabilir.

İnisiyasyon: Vereceğiniz inisiyeler esnasında *Dai Sho Wa* ve *Dai Fa Shu* sembollerinin kullanımı ile inisiye olan kişiye büyük huzur ve armoni hissi verebilirsiniz. İnisiye olan kişinin 21 günlük arınma sürecini daha kolay ve sıkıntısız atlatmasını sağlayabilirsiniz.

Beşinci ve altıncı aşama için kişinin şu özelliklere sahip olması gereklidir:

- Usui Reiki 3B (*master teacher*) aşamasında olması ve bunu bir sertifika ile kanıtlaması
- Usui Reiki 3B inisiyesi üzerinden en az bir yıl geçmiş olması
- Kendisini Usui Reiki ekolüne adayarak, öğrenci eğitimi ve/ya şifacılık yolunda ilerlemeyi istemesi
- Usui Reiki ekolüne sadık kalması, diğer enerji sistemlerine uyumlanmamış olması (daha önce uyumlanmışsa da temizlenmesine rıza göstermesi)
- Reiki öğretmenliği (inisiye) ve/ya şifacılık deneyimi olması
- 30 yaş üzeri olması

7-8. Aşama
(Büyük Üstat Öğretmen – *Grandmaster Teacher*)

7-8 aşamalarında yine iki *Dai* sembolü daha bulunmaktadır. Enerjiniz çok ama çok yoğun bir hal alır. Yedinci aşamaya "büyük özgürlük" sekizinci aşamaya ise "büyük barış" adları da verilir. Büyük üstat öğretmenin ne bu dünyanın verdiklerine ihtiyacı vardır, ne de herhangi bir şey için üzüntü duyar. O kişi artık huzuru yakalamış, huzurun kendi içinde olduğunu tamamen keşfedip idrak etmiş biridir. Bu aşamayı bitirmiş ve *grandmaster teacher* olmuş kişi, *grandmaster* ve *grandmaster teacher* yetiştirebilir.

Usui Reiki'ye sonradan eklenen dokuz aşamaya gecelim... Yıllarca süren araştırmalarının sonrasında, 9'dan 12'ye kadar olan aşamaları Severina da Silva, 13'ten 15'e kadar olan aşamaları Roberta Rianard, 16 ve 17. aşamaları ise Shiana Ho Cha Üstatlar Usui Reiki'ye eklemişlerdir.

Usui Reiki Ekolü ve Işık Aşamaları Gerçeği

Işık aşamaları konusunda çok az şey söylendi fakat çok tartışıldı. Az söylenmeliydi çünkü bunlar ("*geheim grade*") gizli aşamalardı. Merak ediliyordu bunun için de tartışılması kaçınılmazdı. Biz de bazı gerçekleri gizli tutma adına bu konuda çok şey yazamadık, anlatamadık. Defalarca bu konuda bir kitap yazalım, açıklayalım diye niyet etmemize rağmen bir türlü buna vakit olmadı ya da Yaradan bizim tarafımızdan bunun açıklanmasını istemedi. Bize göre artık bu durum açıklanmalıydı çünkü, internet üzerinden yalan yanlış sembollerle insanlar *grandmaster* inisiyesi vermeye başlamışlar, ortalık darmaduman olmuştu. Bu sistem internet üzerinden bir hafta içinde verilebilecek bir sistem değildi. Bu aşamaların inisiyeleri hazmı zor olan, zaman isteyen süreçlerdi.

Dünyada bu ekolde bulunan *grandmaster teacher*'dan biri olan Dieter Glogowski'nin bu konuda bir kitap yazdığını (*Das REIKI-SYSTEM der 8 Grade – nach Barbara Ray*) duyunca önce çok şaşırdım, fakat telefon görüşmemizden sonra kendisini cesaretinden dolayı kutladım. Evet, artık zamanı gelmişti açıklanmalıydı ve açıklandı. Gerçi bunu Bayan Barbara Weber Ray yıllar önce açıklamıştı ama kimseye sesini duyuramamış, duyurdukları da kendisini reddetmişti.

Dr. Usui bu tekniği gerek gördüğü öğrencilerine sekiz aşamalı olarak öğretmişti. Chujiro Hayashi de Dr. Usui'den böyle öğrenmişti. Chujiro Hayashi de öğrencileri arasından seçtiği Bayan Takata'yı 7B aşamasına kadar uyumlamıştı.

Bilindiği üzere Bayan Takata kendi döneminde 22 master yetiştirmişti. (21 olduğu söylenmekteydi fakat bu yanlıştır.) 22 öğrenciden biri, Bayan Takata'nın çok değer verdiği ve çok sevdiği Barbara Weber Ray'di. Yetiştirdiği masterlardan bir diğeri de Bayan Takata'nın torunu Phyllis Furumoto'ydu. Bayan Takata 7B aşamasını sadece ayrı bir samimiyet duyduğu Barbara Weber Ray'e uyumlamıştı. Yaşama veda etmeden birkaç ay önce 1980 Ağustosunda Bayan Weber Ray'in evinde, 200 kişilik topluluğun önünde kendisinin halefinin Bayan Ray olduğunu açıklamıştı. Takata'nın 1980 Aralığında yaşama veda etmesinden sonra Bayan Ray, kendisinin Bayan Takata'nın halefi olduğunu ve kendisinin *grandmaster teacher* olduğunu açıklamış fakat Bayan Takata'nın diğer 21 masterı tarafından kabul görmemiş, reddedilmişti.

Diğer yandan Phyllis Furumoto diğer 20 kişiyi yanına alarak Reiki Alliance'ı kurdu ve kendi sistemini (Reiki 3B) dünyaya ilan etti. Hatta bu grup Bayan Ray'i gizlemek için Bayan Takata'nın sadece 21 master yetiştirdiğini söylediler. Bayan Ray yalnız kalmış, sesini kimseye duyuramamış bizzat Bayan Takata'nın torunu Furumoto tarafından engellenmişti.

Bir başka bilinmesi gereken konu ise, Phyllis Furumoto'ya kadar olan Usui Reiki eğitim sisteminde, her masterın ayrı bir masterlık sembolü olduğu idi. Bu da o masterın gelişimi ve meşrebine göre belirlenirdi. Bayan Takata bunu böyle sürdürmüştü. Onun ölümünden sonra Bayan Ray kendini halef ilan etmişti ama kimse ona inanmıyordu. Bunun yanında ortada başka bir halef de yoktu. Bu boşlukta Bayan Takata'nın yetiştirdiği masterlar yeni öğrenci eğitirken Phyllis Furumoto, Reiki eğitimine yeni bir standardizasyon getirmeyi istedi. Bayan Takata'nın torunu olduğu için ve başka da bir lider olmadığı için herkes onu dinlemeyi kabul etti. Furumoto, bir sembol seçti ve artık her mastera aynı sembolü uyguladı. Ve Reiki sistemini bölerek 3B aşamasına kadar öğretti. Reiki Alliance'ı da kurduktan sonra eğitimin ana hatları da belirlendi. Ve böylelikle kendiliğinden gelişen bu süreçte Furumoto kendisini Usui Reiki'nin lideri ilan etmiş oldu.

Bu konuda daha net bilgi için Furumoto'nun Reiki Alliance'ı kurmadan önce yetiştirdiği masterı olan Carol Ann Farmer'ın mektubunu okuyabilirsiniz. Bu mektupta Furumoto'nun "Para için yapacağım," *(She said, "I will go for the money")*[6] ifadesi de yer alır.

Reiki Alliance'ı kuran Pylliss Furumoto cephesini dinlediğiniz zaman Dr. Barbara Weber Ray hakkında hâlâ şaibeli haberler duyabilirsiniz. Tüm söylediklerinin bir yalan olduğunu, Bayan Takata'nın kimseye haleflik vermediğini söylerler. Fakat Almanya'dan telefonla konuştuğum Barbara Ray'in 7B aşamasındaki öğrencisi olan Brigitte Maria Strobel, Furumoto'nun bir itirafta bulunduğunu

6 Kaynak: http://www.healingenergies-at-londonwest.com/reiki_grandmaster.htm

söyledi. Strobel'in beyanına göre Furumoto, büyükannesi Bayan Takata'nın ruhunun onu çok incittiğini ve artık itiraf etmesi gerektiğini düşünerek Barbara Ray'in sisteminin doğru olduğunu açıklamıştır. Elbette ki bu bir duyumdur sorgusuz sualsiz itimat edilecek bir şey değildir çünkü bunu söyleyen Barbara Ray'in bir öğrencisidir.

Bu sistem böylece sürüp giderken internetin de sayesinde Reiki ile ilgilenenler hem Barbara Ray'in anlattıklarını ve reddettiklerini hem de Furumoto'nun şimdiye kadar sürdürdüğü sistemin ayrıntılarını öğrenme şansına sahip oldu. Fakat iki tarafı da dinlemek kafaları karıştırmıştı. Bir yandan çoğunluğa öğretilmiş, 3B aşamasına kadar olan Usui sistemi, diğer yanda da haklılık payı gözden kaçamayacak kadar yüksek olan Bayan Ray'in 7B aşamasına kadar olan Usui sistemi...

İki taraftan da emin olamayan masterlar, Dr. Usui'nin Hayashi'den başka öğrencisine de 7B aşamasını vermiş olma ihtimalini araştırmak üzere Japonya'ya gittiler. Eğer 7B aşamasına uyumlanmış kişiler varsa Bayan Barbara Weber Ray'in şimdiye kadar kendini ve doğruları anlatma çabası yerinde olacaktı. Eğer böyle bir aşama yoksa Furumoto'nun sistemine sadık kalınacaktı ve Ray'in söylediklerine itimat edilmeyecekti.

Japonya'daki araştırmalar uzun sürdü çünkü Japon toplumu gizliliğe önem veren bir toplumdu. Ki 7B aşaması çok nadir ve ehil insanlara verildiği için bu bilgiyi herkese sunmuyorlardı. Sadece yetişen, ehil olan, zamanı gelen masterlara verilen bir bilgiydi bu. Hatta Japonya'daki birçok Reiki öğrencisi bile bundan habersizdir. Fakat bir şekilde bu bilgiye ulaşıldı ve Dr. Usui'nin Reiki'yi 7B aşamalı bir sistemde uyguladığı böylece anlaşılmış oldu.

Ulaşılan bu bilgiden sonra Dr. Barbara Weber Ray güven kazanmış oldu. Ve Furumoto'nun silsilesinden gelen bazı masterlar yön değiştirerek Dr. Ray'in sistemine geçmeye başladılar. Sekizinci aşamayı alan masterlar yavaş yavaş çoğalmaya başladı. Fakat silsile geleneğini bozmadılar, böylelikle de Furumoto bir şekilde silsilelerde ismini korudu.

Çakra ve Aura Sistemi

Reiki'yi algılarken çakra ve auraları bilmek çok önemlidir. Enerjinin nasıl işlediğini bize açıklayan sistemlerdir. Bu yüzden çakra ve aura sistemlerini iyi bilmeliyiz.

Çakralar, aura ile fiziksel beden arasında bulunurlar. Aura dediğimiz şey gökkuşağı gibi bedenimizi çevreleyen, hâleleyen enerji katmanlarıdır. Kişinin sevgi dolu oluşuyla, kendisini sevmesiyle, hoşgörülü olmasıyla birlikte artar büyür. Tabii ki inisiye olmayanlarda siyah noktalar (auradaki travma ve kirlilikler) çoktur. Geçmişte yaşanan eziyetler, korkular, endişeler ve kaygıların hepsi auraya yansır. İnisiye olurken temizlenir ve Reiki sürecinde temizlenmeye devam eder. Çakralarınızı temizlediğinizde aura da temizlenecektir.

Aura ne tarz enerji ile doluysa çakralara da onu gönderir. Çakralar da bu enerjiyi fiziksel bedene ulaştırırlar. Bu nedenle bazen nedensizce mutlu olduğumuzu ya da içimizin nedensiz sıkıldığını fark edebiliriz. Auranın hem itici gücü vardır hem de çekim gücü. Kişi, herhangi bir arkadaşını dünyanın herhangi bir yerinde düşlediğinde aura o mesajı iletir ve o kişiye etki eder. O kişiyi iyi düşünürseniz, iyi mesaj iletirsiniz. Kötü düşünürseniz kötü etkilersiniz. Geri dönüşümü de aynı şekilde olur.

Aura ve fizikî beden birbirini karşılıklı olarak etkileyen iki unsurdur. Auranın dış etkilerden kendine çektiği negatif enerjileri çakralar yoluyla fizikî bedene yollamasıyla, fizikî beden negatif olarak etkilenebilir. Örneğin konuşmasa da içinden negatif duygular besleyen, karamsar bir kişinin aurası bizim auramızı kirletebilir. Ve içimiz nedensiz olarak sıkılır, takatsiz düşeriz. Bu, auranın fizikî bedeni olumsuz etkilemesidir. Aynı şekilde fizikî beden de aurayı kirletebilir. İçinde sürekli kin duygusunu canlı tutan ya da yaşama çok karamsar bakan bir insanın düşünce ve duyguları da aurasını kirletir. Yaşama karşı karamsar olan kişi kendi aurasını kirlettiği gibi, tüm etrafındaki canlıların ve nesnelerin de aurasının kirlenmesine sebep olur.

Aynı şekilde güzel düşünen, olumlu bakış açısına sahip kişiler de hem kendi auralarını temiz tuttukları gibi hem de etrafındaki kişilerin auralarını pozitif olarak etkilerler. Bu nedenledir ki pozitif duygu ve düşüncelere sahip olan bir kişi tüm evreni pozitif olarak etkilediği gibi, negatif duygu ve düşüncelere sahip olan bir kişi de tüm evreni negatif olarak etkilemektedir. 'Öz'de bir bütün olduğumuzun farkında olana kadar da bu böyle devam edecektir.

İnisiye ile çakraları açılan bir insan, hâlâ negatif duygu ve düşünceleri kendinden uzaklaştıramamışsa, aurası kirlenebilir. Kirlenen auradan çıkan negatif enerjiler çakralara yansır. Bu durum da çakraların tıkanmasına değil ama kirlenmesine, dolayısıyla da işlevlerini eksik görmesine neden olur.

Aura ve çakra düzeni çok hassas bir sistemdir. Her an değişkenlik gösterebileceği gibi kişinin pozitif düşünce tarzına sahip olmasıyla tamamen düzelebilir.

Reiki inisiyesi ile kişi negatif varoluştan pozitif bir varoluşa geçer. Kişiye temas eden Reiki enerjisi o kişide fiziksel, zihinsel ve ruhsal olarak negatif hiçbir şeyi barındırmak istemez. Zaten arınma süreci denilen süreç de bu sayede oluşur. Reiki inisiyesinden sonra eğer kişi negatif düşünce kalıplarından kurtulabileceği bir terapi yaptırırsa, yani negatif izlerinden bilinçli olarak birkaç seansta kurtulursa, Reiki o kişi ile "arınma" için değil daha da ötesinde "gelişim" için çalışmaya başlar.

Bilinçaltı Kodlama Terapisi, Aura ve Çakralar

Şimdi başımdan geçen bir şeyi sizlerle paylaşmak istiyorum. Hollandalı bir öğrencimin yedi yıldır çocuğu olmuyormuş. Bir ümitle bize geldiler. Hem kendisinin hem de eşinin gitmedikleri, başvurmadıkları yer kalmamış. Doktorlar mümkün olan bütün prosedürleri uygulamışlar. Fakat fiziksel olarak hiçbir rahatsızlıklarının olmadığı, bu durumun sadece stres kaynaklı olduğu tespit edilmiş. Gelen bu iki kişinin de göbek altı çakralarının tıkalı olduğu anlaşıldı. İkisine de Reiki 1 uyumlaması yaptık, tüm çakraları açıldı. Ve ikisine de dörder seans "bilinçaltı kodlama terapisi" ve farkındalık terapileri uyguladık. Bir ay sonra onlardan telefon aldığımda, bebek beklediklerini söylediler.

Eğer biz bu kişilere bilinçaltı kodlama terapisi uygulamadan yalnızca Reiki 1 uyumlaması yapsaydık, onların kalıplaşmış duygu ve düşünceleri, inisiye sonucu açılmış olan çakralarını yine kirletecekti. Burada tek önemli olan, uyumlama ile auranın temizlenmesi ve aura kanalı dolayısıyla da çakraların açılması değildir. Reiki 1 uyumlamasının çok büyük katkısı olmasına rağmen zihinde plak gibi dönüp duran kalıplaşmış negatif düşünce ve duygularla o çakralar tekrar tıkanmaz ama kirlenebilir. Önemli olan o kişilerin bilinçaltında katmanlaşmış olan acabaları, şüpheleri, takıntıları, engelleri, kaygıları, korkuları kaldırmaktır ve "bilinçaltı kodlama terapisi" bu fonksiyonu üstlenmektedir.

Çakra Sistemi, Yerleri, Renkleri ve İşlevleri

Birçok kişi maalesef çakraların yerini bile doğru düzgün bilmemekte. Halbuki çakralar ruhsal açıdan çok büyük önem arz eder. Bu yüzden Reiki öğrenme sürecinde çakralara önem vermek gerekir. Özellikle şifacılıkla ilgilenenler için bu bilgiler çok önemlidir. Çünkü bir kişinin sorununu ve ne durumda olduğunu çakraları inceleyerek tanımlayabiliriz.

Çakra, Sanskritçe "tekerlek" anlamına gelir. Sanskritçe olan bu sözlüğün manası dönen tekerlekler demektir. Hz. Mevlâna'nın deyimiyle enerji noktalardır veya Kuran'ın ifadesiyle yedi yoldur:

"And olsun, biz sizin üstünüzde yedi yol yarattık. Ve biz yaratılıştan da yaratılmışlardan da gafil değiliz." (Müminun/17)

Çakralar, yedi katmanlı bedende bulunan yedi ana enerji noktalarıdır. Elbette nokta derken ufak bir nokta akla gelmesin, yuvarlaktırlar, dönen tekerlek formundadırlar ve dönerek enerjiyi yukarı çıkarırlar, tersine dönerek de enerjiyi aşağı indirirler.

Hz. Mevlâna yine bu yedi enerji alanını neydeki yedi deliğe benzetir. Neyde de yedi delik olduğunu söyler ve "Bastığın zaman yedisi ayrı ses çıkarır," der. Çakralar da bu yedi farklı delikten çıkan nefesin sesi gibi, ayrı ayrı görevlere sahiptir ve bedenimizin yedi bölgesinde bulunurlar. Çakraların sayımı genelde aşağıdan yukarı doğru yapılır. Ama çalışmalar yukarıdan aşağı yapılır. Çakralar her daim paraleldir, en alttaki kök çakra ile en tepedeki taç çakra ve diğerleri birbirine paraleldir. Çakralar hem vücudumuzun önünde hem arkasında vardırlar. Yani sadece ön tarafımızda yoktur çakralar. Örneğin, alın çakrası da arkalı önlüdür, bir tarafı alın bölgesinde, diğeri kafamızın arkasındadır, boğaz çakrası da, diğerleri de...

1- Kök Çakra

İlki kök çakra adıyla anılan noktadır.

Bacak aramızda bulunan enerji noktasıdır. Kadın ve erkeklerde yeri değişmez, taç çakranın tam paralelinde kalır. Oturduğumuz zaman, ayakta durduğumuz zaman kök çakrayla, taç çakra her zaman birbirine paraleldir.

Rengi kırmızıdır.

Görevleri, iş, aşk, cinsellik, para, pul, makam, şan, şöhret kısacası dünyayla alakalı konulardır ve dünyevi konuların neredeyse hepsi kök çakraya bağlıdır. Kök çakrası tıkalı olanların bütün işleri de tıkalı olur ve işler yolunda gitmez. Kök çakrası problemli kişilerin işleri bir yere kadar rayında gider ama sonra bir noktada işleri hep tıkanır ve doğru düzgün başarı elde edemezler.

Kök çakra ana çakralardan biridir. Tepe (taç) çakra ile birlikte denge noktalarıdır. Tepe ve kök çakra, iki ana enerji çakrasıdır; kök çakra dünya ile alakalıyken, taç çakra maneviyat ile alakalı çakradır. Kök çakra bizi dünyaya, tepe çakra bizi ilahi âleme bağlar. Kök çakramızla enerjiyi yerküreden, aşağıdan alır ve yukarıya taşırız. Tepe çakradan ise enerjiyi yukarıdan alır, yere indiririz.

Kök çakra ile yerküreden aldığımız enerji, bedenimizin ve organlarımızın ihtiyacı olan yaşam enerjisidir. Yukarıdan gelen enerji ise Allah'tan gelen ilahi enerjidir ve ruhumuzun gıdası olan enerji budur. Reiki'ye yaşam enerjisi denmekte, halbuki yaşam enerjisi dediğimiz, yerden aldığımız enerjidir. Yukarıdan alınan ise ilahi veya Batı'nın tabiriyle evrensel (kozmik) enerjidir. Elbette ilahi enerji akışı, çakraların açılmasıyla gerçekleştiği için tek başına yaşam enerjisi denmiştir ama sadece yaşam enerjisi değildir. Doğrudan Allah'tan aldığımız ve kanal olduğumuz, ilahi nur, ilahi aydınlanma enerjisi diyebiliriz biz buna.

Kundalini

Bazı arkadaşlarımız kök çakrayı kuyruk sokumunda tarif etmektedir. Ama bu tam doğru değildir. Kuyruk sokumunda kundalini vardır ve kundalini sıçraması burada olur. Yılan formunda olan kundalini uyanır, oradan çıkar ve büyük bir hoşnutlukla, enerji artışı yaşatır. Ama kundalini tetiklenmemeli ve kendiliğinden olmalıdır.

Kundalini bir Reiki kavramı değildir ama önemli bir kavramdır. Tüm mistik ilimlerde bu kundalini sıçraması yaşanır. Bir zamanı vardır yani olgunlaşma zamanı... Kişi olgunlaştıkça böylesi sıçramalar yaşar. Arka taraftan sırttan yani kuyruk sokumundan kıvrıla kıvrıla yukarıya, tepe çakraya bir şey yükselir. Bu yükselme esnasında kişi çok mutlu ve çok huzurlu olur. Buna kundalini sıçraması denir. Akabinde çok insan bunu artık devamlı deneyimlemek ister, arzu eder, çünkü insanı çok hoşnut ve had safhada coşkun kılan bir şeydir. İnsan bunu bir kere yaşadığında onu kontrolü altına almış olur ve istediği zaman bunu yineleyebilir.

Son zamanlarda Kundalini Reiki diye bir şey çıkarıldı, geleneksel sistemin dışında bu adla başka çalışmalar yapılmakta, bunun için eğitimler verilmekte... Geleneksel sistemde Kundalini Reiki diye bir kavram yoktur. Kişi olgunlaşınca, artık egosunun olumsuz özelliklerini yavaş yavaş dizginlemeye ve yok etmeye başlayınca kundalini sıçraması zaten yaşanır. 1980'li yıllarda Kundali Reiki'yi çıkaran Ole Gabrielsen dahi bunu para için yaptığını bizzat söyleyip itiraf etti.

Usui Reiki'nin içinde her şey barınıyor zaten. 250-300 çeşit Reiki var şimdilerde, neredeyse her önüne gelen bir Reiki çıkarıyor. Aldanmamalı ve bunlardan sakınmalıyız. Birçok vaatler var, şöyle oluyor, böyle oluyor diye ama çakraların bulandırılmasından başka sonuç elde edilmiyor ne yazık ki!

2- Göbek Altı (Hara, Cinsel, Sakral) Çakrası

İkinci çakramız göbek altı (hara çakra) çakramızdır.

Herkesin göbek deliğinin iki parmak kadar altında bulunur.

Rengi turuncudur.

Hara çakrası olarak da adlandırdığımız bu çakra, başta cinsellik, yaratıcılık, ilham ve duygusallıkla alakalı çakramızdır. Biz genel anlamda cinsel çakra deriz Avrupa'da. Bu çakra, genelde en sorunlu çakralardan biri olduğu için daha fazla durmak istiyorum üzerinde. Bu çakranın tıkalı olması, cinsel işlev bozukluklarına, ikili ilişkilerde problemlere, yaratıcılıkta ve üretkenlikte kısırlığa ve başarısızlığa yol açar.

Mecazi anlamda bu çakrada küçük bir çocuk var diyebiliriz. Tüm üzüntü, keder ve yaşadığımız olumsuzluklar, travmalar, negatif olarak bu çakraya gider ve burada birikir, bu yüzden hara çakra çabuk kirlenir, onu sürekli temiz tutmamız gerekir. Birilerine kinlendiğimizde, öfkelendiğimizde, derin üzüntüler hissettiğimizde hep bu negatif duygular hara çakrada birikir.

Çok kirlense de şifalandırmak oldukça kolaydır, çünkü ellerimizde Reiki'nin şifası mevcuttur. Günlük dokuz Reiki hareketiyle bu çakra şifalandırılabilir.

Özellikle kadınlarda daha çabuk tıkanır ve daha çabuk kirlenir niteliktedir çünkü onlar çok daha naif ve hassaslardır. Meseleleri çok irdelerler ve kafaya takalar, bu yüzden çok kirlenir. Özellikle bazı kadınlarda inanılmaz derecede tıkalı olur, o denli derine işlemiştir ki kirler, tüm iç organlara bulaşmıştır ve inisiyasyonda dahi temizlemekte ve açmakta zorlanırız. Erkekler yaratılış bakımından daha savaşçı, dayanıklı ve daha az hassas oldukları için fazla kafaya takmazlar meseleleri ve daha az kirlenirler.

Bu çakranın kirlenmesi kişiyi duygusal olarak dengesizleştirir. Gülmesi gereken yerde ağlar, ağlaması gereken yerde güler ve hatta duygusallık tamamen bitebilir. Vaktizamanında bize gelen biri tamamen duygusuz ve donuktu. Bir konuda ruhsal eğitim almış ve eğitimden sonra bütün duyguları kaybolmuştu bu kardeşimizin. Ve onun tıkalı çakrasını arındırarak duyguları yeniden yavaş yavaş tatmasını sağladık, Allah'ın izniyle şifalandı. Yine, 94 yaşındaki annesiyle gelen kırklı yaşlardaki bir kızkardeşimiz vardı. Bu kardeşimiz 21 yaşındaki oğlunu trafik kazasında kaybetmişti. 94 yaşındaki annesi, kendi torununun kazasını anlatırken hüngür hüngür ağlıyordu, vefat eden oğlanın annesinde ise hiçbir duygu belirtisi yoktu. Gözünün önünde çocuğu mezara gitmiş, defnedilmiş ama hiçbir duygusallık belirtisi yok. Ne ağlama, ne üzülme... Bu hanımefendi Reiki 1 almıştı birilerinden ve alalı 2-3 yıl olmuştu ama hâlâ göbek altı çakrası tıkalıydı. Hemen o gün inisiye yaptık. İnisiyasyonun başında, yani sağ el tepe çakrada, sol el ise medullada, enerjiyi bir aşağı bir yukarı üç defa akıtırken bir baktım, hüngür hüngür ağlamaya başladı. Gözleri kapalıydı. Tabii ki inisiyeyi tamamladık. Ondan sonra artık devamlı ağladı. Ağlarken de hiç konuşamadı. Yarım saatlik ağlamadan sonra teşekkür etti rahatladığı için. İşte o anda göbek altı çakrası arınınca travma sonrasında bastırılmış duygular açığa çıkıyor. Bu tür bir katarsis, insanlar için çok elzem bir süreçtir.

Göbek altı çakrası için duygusallık dışında bir diğer önemli nokta yaratıcılıktır. Nedir yaratıcılık? Tüm dünya işlerimizde ve hayatımızda bazı şeyleri yoktan var ederiz, baştan oluştururuz; bu, Allah'ın yaratıcılık sıfatını bize vermiş olmasından dolayıdır. Yoktan var etme, bir şeyler yaratma, bulma, keşfetme, ilham; bunların hepsi bizim için çok önemli olgulardır. Herkesin bir yeteneği vardır ama bazıları harikuladeler yaratır, işte bu yaratıcılığın canlı ve bereketli olmasıyla ilgilidir. Göbek altı çakrası tıkanırsa yaratıcılığımız da zayıflar, tıkanır ve ölür.

Cinsellik ve Göbek Altı Çakrası

Bu çakra için bir diğer önemli nokta cinselliktir. Hem erkekler hem kadınlarda bu çakra cinselliği temsil ettiği için cinselliğin bitmesi dahi söz konusu olabilir. Ülkemizde maalesef kültürümüzün, ananelerimizin, gelenek göreneklerimizin kadınlarımız üzerinde büyük baskısı var. Daha küçük yaşta kız çocuklarımıza baskı kurmaya başlarız, "Aman kızım üstünü kapa", "Aman kızım dikkat et!" diye telkinde bulunuruz halbuki daha 3-5 yaşındadır. Daha o dönemde bir baskılama başlar. Bir de anneler ile kız çocukları arasında mesafe olduğu için, anneler uygun bir dille açıkça anlatmazlar. Halbuki cinsellik eğitimi dünyanın her yerinde okullarda var ve olmalı da zaten. Bu öcü veya yasak, günah bir şey değil ki. Kadınlara da, erkeklere de Allah bunu bahşetmiş, yaşansın diye... Ve hatta daha işin derinine inersek, Allah'a kavuşunca, yani özümüzdeki tanrısallığa ulaşınca yaşanan coşku, aşkınlık ve mutluluk, kadınla erkeğin birleşmesinde, son noktada yaşadıkları duygu ile benzerdir. Evet, bu cinsellikte yaşanan duygu, Allah ile kavuşmanın hissettirdiği duygunun yanında sadece denizdeki küçük bir damla da olsa, Allah bu duyguyu bahşetmiştir. Yani Allah ile hemdem olunca, buluşunca, bu yaşanan duygunun milyonlarca, milyarlarca kat fazlasını yaşıyoruz. İşte Allah, bir dişiyle, bir erkeğin buluşmasındaki zevki bize bu nedenle tattırıyor.

Elbette bunun en önemli hikmetlerinden biri üremektir. Zaten öyle güzel ve önemli olmasaydı üreme olmazdı. Toplumlar cinselliği günah, ayıp, haram, yasak, çirkin, çok kötü bir şey diye etiketliyorlar ve bu topluma ciddi anlamda ruhsal zarar veriyor. Tabii ahlak kurallarına aykırı davranışlardan bahsetmiyoruz, onlar hâşâ olmamalıdır. Ama cinsellik toplumlarda kötü, çirkin ve ayıp gözükmemeli. Eşler arasında, bu suçluluk duygusundan arınarak, özgür bir ruhla yaşansın. Bu algıya erkeklerin de, kadınların da ihtiyacı var. İslam dininin cinselliği, eşler arasındaki duyguları engellediği gibi fikirler ise asılsızdır, dinin ruhuna ve uygulamalarına aykırıdır.

Elbette bu ilişkide iki taraf da istemeli her iki tarafın da gönlü olmalı. Bir tarafın gönlü yoksa olmamalı. Doğada bile böyledir. Erkek flamingo dişiyi cezbetmeye çalışıyor. Ona kendisini sevdirmeye çalışıyor ve en sonunda gagasıyla çiçek getirip veriyor ve öyle birlikte oluyorlar. İki taraf arasında romantik bir gönül bağı olmalı. Buradan erkek kardeşlerimize de sesleniyoruz, eğer kadınların rızası yoksa böyle bir şeye kalkışmayın. Onlara nazik olun. Kadınlarımıza da uyanık olmaları gerektiğini öğütlüyorum. Çünkü rıza olmadan birliktelik yaşandığında göbek altı çakrası kirleniyor. Her iki taraf da birbirine nazik olmalıdır. Çünkü bu cinsellikten dolayı göbek altı çakralar çok ama çok fazla yaralar alıyor.

Panik ataklar, depresyon ve bunalımlar da bu çakrayı kirletir ve zaten bu çakra kirlenince ona çok yakın olan kök çakra da kirlenir ve hatta solar pleksus çakrası da etkilenir. Çakralar bu şekilde birbirini her daim etkiler, birindeki dengesizlik veya kirlilik diğerine tesir eder ve böylece çakralarımız tamamen dengesizleşebilir. Bu yüzden çakraların bazıları hem çabuk kirlendiğinden hem de dengesizleştiğinden haftada en az bir kere mutlaka çakra temizliği ve dengelemesi yapmak çok önem arz ediyor.

3- Solar Pleksus Çakrası

Göbek altı çakrasının üstünde solar pleksus çakrası bulunur. Mide çakrası da denir.

Göbek deliğinin hemen üstünde bulunur, kaburga kemiklerinin altında yer alır.

Rengini güneşten alır, *altın rengidir.*

Güneş enerjisi ile simgelenir. Ateş çakrasıdır, asabiyet, öfke, sinir, kin nefret gibi ateş ihtiva eden duygular tamamen buraya bağlıdır. Aynı zamanda güç, özgüven, başarı ve liderlik ile alakalıdır. Eğer burası problemli olursa çok münakaşacı, öfkeli biri oluruz, tamamen tıkanırsa depresyon, panik atak, bunalım, asosyallik ve benzeri hastalıklar baş gösterir. Doğru nefes alma, özde mutluluğu yakalama, başkalarının güzel enerjisini hissedebilme gibi işlevlere sahiptir. Bu çakranın tıkalı olması kişilerde, nefes darlığı, astım, asabiyet, tahammülsüzlük, adrenalin yetersizliği, sabırsızlık, kavga eğilimi olarak kendini gösterir

Solar pleksus çakrayı temiz tutmak sakinlikten, sabırdan geçer. Huzurlu olduğumuzda zaten çabuk temizlenir, göbek altı çakrası kadar zor değildir temizlenmesi. Reiki inisiyasyonlarında kolay açılır veya Reiki'yle kolay dengelenir, bu yüzden kişi hemen huzurlu, dingin ve sakin biri oluverir. Öfke anlarında buraya Reiki vermeniz sizi sakinleştirecektir.

Bu üç çakra çok önemlidir, bunlar dünyevi çakralardır.

4- Kalp Çakrası

Dördüncü çakra kalp çakrasıdır.

İki göğsümüzün tam ortasında yer alır.

Rengi yeşildir.

Manevidir. Rahmet, şefkat, sevgi, merhamet ile alakalı çakramızdır. İlahi aşk deneyimini ve sevgiyle bağlılığı içerir. Eğer karşımızdaki insan sürekli size "Hiç kimseyi sevemiyorum, kimse beni sevmiyor," diye şikâyet ediyorsa kalp çakrasında problem var demektir, sevgiyi doyasıya yaşayamaz.

Bunlar dışında fedakârlık, bağışlayıcılık, paylaşımcılık gibi işlevleri vardır. Bu çakranın tıkalı olması halinde, kişi, sürekli sevgisizlikten, sevilmediğinden şikâyetçidir ama kendisi de sevmeyi bilmez. Merhamet duygusundan uzaktır. Fedakârlık etmeyi, yardım etmeyi deyim yerindeyse kendisini kullandırtmak olarak algılar. Kin ve nefret gibi duygulardan kendisini alıkoyamaz.

Eğer kalp çakrası çok fazla kirliyse, o halde kişi şüpheler içinde yaşar. "Acaba şu kişi beni sevmiyor mu, annem babam beni sevmiyor mu?" gibi acabalarla yaşar. İnisiyasyondan sonra kalp çakra hemencecik temizlenir. Daha önce de söylediğimiz gibi göbek altı çakrası dışındaki diğer çakralar çok kolay temizlenir. Temizlenince kişi olgunlaşmaya başlar, yavaş yavaş farkındalığı, bilgeliği artar.

Eskiden bilim insanları sadece beynin düşündüğünü, algıladığını ve bedeni idare ettiğini düşünüyordu ama son zamanlarda artık keşiflerde kalbin de etkisi olduğu açıklandı. Yani kalbin, duyguları olduğu gibi düşüncelerinin de olduğu kanıtlandı. Zaten kalbin de aklettiğini, tefekkür ettiğini yüzyıllardır bizim atalarımız ve İslam filozofları söylüyorlardı ama hamd olsun bilim insanları bunu kanıtladılar. Evet, kalbimiz de düşünür ve Yüce Allah kalp için "Hiçbir yere sığmam da insan kalbine sığarım," demiştir. Kalp, Allah'ın ve dolayısıyla ilahi ilhamın evidir.

5- Boğaz Çakrası

Beşinci çakra boğaz çakrasıdır.

Âdem elmasının bitiminde yer alır, zaten buraya biraz bastırırsanız sesiniz değişir.

Rengi indigo mavisidir. Mavi renk temizlik ve şifa rengidir.

Boğaz çakrası hitabet gücü, iletişim ve ikili diyaloglarla alakalıdır. Toplum içinde konuşma, etkili hitabet yeteneği, kendini ifade edebilme gücü, özgüven sahibi olma, ikna edebilme ve detaylı anlatım gücü gibi özelliklerimiz boğaz çakramızın sağlıklı çalışmasından kaynaklanır. Boğaz çakrasının tıkalı olması halinde, kişide kendini ifade edememe, özgüven eksikliği, yaratıcılıkta problem yaşaması, erteleme sorunu gibi durumlar gözlenir.

Burası tıkalı olanların iletişim sıkıntısı yaşamalarının, kendilerini anlatamamalarının, savunamamalarının, duygu ve düşüncelerini tanımlayamamalarının dolayısıyla özgüvenlerinin eksik oluşunun sebebi şudur: Ömürleri boyunca söylemek istedikleri şeyleri çok kez yutmuşlardır. Bu tür kişiler, kendilerine her söylenen kötü şeyi yer, hürmetsizlik etmeyeyim, saygılı olayım ve karşıdakini üzmeyeyim diye söylemek istediklerini söyleyemez yutarlar. Söyleyeceklerini bastırdıkça boğaz çakraları tıkanır. Tıkanma da özgüvensizliği ve sosyal ortamlarda başarısızlığı getirir. Bu şekilde yutmamalı, söylemek istediklerimizi karşıdakini kırmadan uygun dille söylememiz gerekir.

Kim ne derse desin, isterse bağırsınlar, küfretsinler ama biz onların tarzlarıyla ve meşrepleriyle hareket etmemeliyiz, yani şiddetle bağıranlar gibi olmamalıyız. Karşıdaki küfrediyor ve bağırıyor diye on katını yapmamalıyız, o bizden nefret ediyor diye biz de ondan tiksinmemeliyiz. Biz düşünerek konuşmalıyız ve sakince anlatmalıyız. Öyle dingin anlatmalıyız ki, karşımızdaki kardeşimiz teskin olsun. Anne babamız bile olsa, hakkını aramayacağını anladığı zaman, dişini geçirebileceğini fark ettiği anda insan karşısındakinin üstüne üstüne gider, onu ezdikçe ezer. Ezilmek makbul bir davranış değildir, ezilmemeliyiz. Allah, hür kullarını sever, aynı Şems ve Mevlâna gibi hür kurallarını... Onlar hürdü, özgürdü, Hz. Muhammed hürdü, özgürdü. Ne olursa olsun, tepkiler ne kadar sert gelirse gelsin hep hakkı söylerlerdi. O yüzden kimsenin dediğini yutmamalı ama kavga da etmemeliyiz, susmadan, üslubunca cevaplamalı ve hür olmalıyız. Boğaz çakrasının bilgeliği bunu öğretir ve öğütler.

Göbek altı çakrası kadar olmasa da boğaz çakrası içimize hapsedip söyleyemediklerimiz yüzünden ciddi oranda kirlenebilir. Örneğin, birinin sizi suçlaması ve sizin kendinizi ifade edememeniz gibi olaylar... O anda söylemek ve hakkı aramak gerekir. Bu kişi babamız bile olsa söylememiz gerekir. Edebe aykırı durmamak için susulduğundan dem vurulur, ama bunun altında yatan sebep korkudur aslında çünkü saygıyla da ifade edilebilir hak arayışı. Aksi takdirde tıkanıklıklar, guatr gibi hastalıklara yol açar, akciğere, boğaza etki eder ve aşağı doğru da inmeye başlayabilir.

6- Alın Çakrası

Altıncı çakra alın (zihin) çakrasıdır.

İki kaşımızın arasında, biraz yukarıda (iki üç santim üzerinde) bulunur.

Rengi lacivert veya mordur.

İki yönlüdür, hem maneviyat hem de dünyevi yönüyle çok önemlidir.

Manevi yönüyle üçüncü göz diye de halk arasında adlandırılır. Dünyevi açıdan ise önemli düşünceler ortaya koyma, yaratıcılık, ilham ve bunları pratiğe dökmek açısından çok önemlidir. Eğer zihin çakra problemli olursa 5-6, belki 10 hatta daha fazla olayı, kısır döngü halinde sürekli düşünür dururuz ama bir türlü faaliyete geçemeyiz.

İleri görüşlü olma, gelecekteki olayları sezebilme, hayal gücünün kuvvetli olması, üst aşamalarda da durugörü yeteneğine sahip olma üçüncü göz çakrasıyla ilgilidir. Üçüncü göz çakrasının tıkalı olması halinde kişi, arka arkaya kararlar alır fakat hiçbirini hayata geçiremez. Verdiği kararların arkasında duramaz. Yaptığı davranışın ilerde nelere mal olacağını kestiremez.

Zihin çakrasına manevi yönüyle üçüncü göz çakrası dendiğinden bahsettik. Üçüncü göz çakramız kendiliğinden gelişmelidir, yani üçüncü göz zorlama olmaksızın kendiliğinden açılmalıdır. Bazı arkadaşlar üçüncü göz aktivasyonu ve eğitimleri gibi kurslar veriyorlar ama bunlara dikkat etmemiz gerekir çünkü zorlamayla açıldığında bu sorun yaratabilir. Astral seyahat için de bunun geçerli olduğunu belirtmiştim, zorlamayla değil, kendiliğinden olmalıdır. Kendiliğinden olmaz, zorlamayla açılırsa, zihnin kontrolünde bir açılım gerçekleşir ki bu da tehlikelidir. Bize empoze edilen cinler, periler, bilinçaltı korkuları ve diğer korkutucu fikirler açığa çıkar, var olurlar ve zihinde figürlere bürünürler. Zihin, size o korkunç varlıkları var gibi gösterir çünkü zihnin kontrolünde bir açılım olmuştur. Kişi büyük korkular, yanılsamalar yaşayabilir ve hatta şizofreniye kadar gidebilir.

O yüzden alın çakrasının açılımına dikkat etmeliyiz, tefekkürle, ibadetle, meditasyonla ve ileride bahsedeceğim renk imgeleme uygulamalarıyla kendiliğinden, akış içerisinde olmasını sağlamalıyız. Dediğimiz gibi bu çakra tıkandığında çok fazla düşüncelerde boğuluruz ama daha ileri tıkanmalarda zihinsel hastalıklar ortaya çıkabilir. Unutkanlık, alzheimer tarzı hastalıklara sebep olabilir. Tıkanıklıklar açıldığında ve burası temizlendiğinde sayısız bilgi, olay ve olguyu çakramız algılamaya başlar. Farkındalık gelişir.

7- Tepe Çakra

Yedinci çakra tepe (taç) çakradır:

Rengi ışığın beyazlığı yani pembemsi beyazdır veya mordur.

Başımızın tepesinde bulunur.

Manevi enerjiyi bu çakramızdan alırız. Allah her kulunun tepe çakrasını açık olarak yaratmıştır, hiç kimsede bu çakra kapalı, tıkalı olmaz zaten, onunla yaşamımızı devam ettiririz. İlahi enerjinin alındığı yerdir. Yukarıdan aşağı inen ilahi enerji, ruhumuzun gıdasıdır.

Tamamen metafizik olaylarla alakalı olan bu çakramız bizi 'bütün'e bağlar. Bu çakranın açık ve geniş olması ilahi frekansların yavaş yavaş açılarak boyutlar üstü bilgilere de sahip olmamızı sağlar. Tepe çakranın tıkalı olması halinde ilahi kaynaktan sağlıklı enerji alınamaz, dolayısıyla da 'özkaynak'la bağlantımızı gerçekleştiren frekanslarımız açılmaz.

Not: Yukarıda anlatılan yedi ana enerji noktasının (çakraların) herhangi birindeki tıkanıklık ya da tıkanmaya yüz tutma kişinin hem fiziksel hem zihinsel hem de ruhsal olarak problemler yaşamasına sebep olur. Yine yukarıda anlatılan çakra renklerinin belirip açığa çıkması; ancak aura temizliği, ardından çakraların açılması ve nihayet bütün sistemin dengeye kavuşturulması sonucu mümkün olabilmektedir. Örneğin, sadece açık olan bir kök çakra, kırmızı renkte olabilir. Bu da Reiki uyumlaması sonucu elde edilir. Kişinin tüm aurası temizlenir, aura kanalları ve çakraları açılır ve sonunda çakraları ideal rengine kavuşur. Akabinde hem zihinsel hem fiziksel hem de ruhsal denge de sağlanır.

Çakra Renkleriyle Örnekli İmgeleme Çalışmaları

Kök Çakra

Kırmızı (kök çakra rengi): Dünyevi arzu ve istekler için, kırmızı nefesi burnumuzdan diyaframa alıp, ağzımızdan simsiyah nefesi veriyoruz. Ellerimizi yıkadıktan sonra başlayacağımız diyaframdan derin nefes alıp verme işlemini yedi defa yapıyoruz.

Örnek: İbadet, yoğunlaşma veya meditasyonların (ileride değineceğimiz simge meditasyonu değil) sonunda, oturma pozisyonunda dua etmeden önce kırmızı renk uygulamasını yapabiliriz.

Göbek Altı (Hara) Çakrası

Turuncu (göbek altı çakrası rengi): Cinsellik veya yaratıcılıkla ilgili tıkanıklıklarda, turuncu nefesi burnumuzdan diyaframa alıp, ağzımızdan simsiyah nefesi veriyoruz. Diyaframdan nefes alıp verme işlemini yedi defa yapıyoruz.

Örnek: Ders çalışmak istiyorum fakat başına bir türlü oturamıyorum ve zihnimi toparlayıp başlayamıyorum. Çalışma masama oturdum. Ders çalışmaya başlamadan hemen önce turuncu renk uygulamasını yapıyorum ve çalışmaya başlıyorum. Örnekler çoğaltılabilir.

Solar Pleksus Çakrası (Mide Çakrası)

Sarı (solar pleksus-mide çakrası rengi): Öfkeyi, siniri, asabiyeti yok etmek için, sarı nefesi burnumuzdan diyaframa alıp, ağzımızdan simsiyah nefesi veriyoruz. Diyaframdan nefes alıp verme işlemini yedi defa yapıyoruz. Sarı renk uygulamasıyla her türlü öfke, sinir ve asabiyet anlarıyla daha kolay baş edip rahatlamış ve sakinleşmiş olacağız.

Kalp Çakrası

Yeşil (kalp çakrası rengi): Sevgi, merhamet, af, yardımseverlik, huzur temennilerimiz veya yürekten isteklerimizin gerçekleşmesi için, yeşil nefesi burnumuzdan diyaframa alıp, ağzımızdan simsiyah nefesi veriyoruz. Diyaframdan nefes alıp verme işlemini yedi defa yapıyoruz.

Örnek: Dua etmeye veya meditasyona başlamadan önce yeşil renk uygulamasını gerçekleştirebiliriz. Birinin size olan sevgisinin artması ve birine sevgi duyabilmeniz için de bu uygulamayı yapabilirsiniz.

Boğaz Çakrası

İndigo mavisi (boğaz çakrası rengi): Kendimizi iyi ifade edebilmek ve iletişimimizin artması için, indigo mavisi nefesi burnumuzdan diyaframa alıp, ağzımızdan simsiyah nefesi veriyoruz. Diyaframdan nefes alıp verme işlemini yedi defa yapıyoruz.

Örnek: Diyelim ki, iş görüşmesine geldik ve bekleme salonunda bekliyoruz. Birazdan bizi içeri davet edecekler. Çok heyecanlıyız ve nasıl davranmamız gerektiğini bilmiyoruz. Hemen o anda gözlerimizi kapatıp nefes uygulamasını gerçekleştiriyoruz. İçeri girdiğimizde, hiç planlamadığımız konuları bile bir anda dudaklarımızdan dökülürken bulabiliriz.

Alın Çakrası

Mor (üçüncü göz-alın çakrası rengi): Meditasyon yapmaya başlamadan önce, mor nefesi burnumuzdan diyaframa alıp ağzımızdan simsiyah nefesi veriyoruz. Diyaframdan nefes alıp verme işlemini yedi defa yapıyoruz.

Örnek: Meditasyon (daha sonra bahsedeceğimiz sembol meditasyonları değil) bittikten sonra zihnin susması ve durulması için bu uygulama yapılabilir. Mor renk uygulaması, bu çakrayla ilgili, ileri görüşlü olma, gelecekteki olayları sezebilme, hayal gücünün kuvvetli olması ve üst aşamalarda da durugörü yeteneğine sahip olma gibi özelliklerde gelişim sağlayacaktır.

Notlar: İmgelediğimiz renkleri nefesle alırken ilgili çakra noktalarını da imgelemiyoruz. Nefesi burnumuzdan diyaframa alıp veriyoruz yalnızca.

Çalışmaları yapmadan önce ellerimizi yıkamalıyız.

Örnekler kendi istek veya durumlarımıza göre sonsuz sayıda değişebilir.

Yapılan tariflere bire bir uygulandığında sonuçlar bizi çok şaşırtacak ve mutlu edecektir.

Reiki'yle Çakra Dengeleme

Çakra dengeleme tüm Reiki aşamalarında yapılması gereken bir işlemdir. Reiki 2 ve üst aşamalarda bulunanlar bu işlemi iki haftada bir yaparlarsa farkındalıkları artar ve enerji akışları dengeli olur. Özellikle Reiki 1. seviyede olanların çakra dengelemeyi 2-3 günde bir yapmaları gerekir. Reiki 1. seviyede bulunanların aura kanalları Reiki 2, 3A ya da 3B ve daha üst aşamada olanlarınki gibi geniş değildir.

Bu çalışma, belli bir zaman koşuluna bağlı kalmaksızın insanın manevi hayatını kötü etkileyecek kötü bir haber almak, birileriyle münakaşa, kavga etmek, duygusal travma yaşamak, halsizlik, sağlık problemi yaşamak gibi olumsuz durumlarla karşılaşılınca yapılmalıdır.

Önce ve sonrasında mutlaka eller yıkanacaktır.

Tüm hareketler asgari üç dakika boyunca yapılmalıdır. Toplamda üç hareket asgari dokuz dakika sürecektir.

Çalışma yaparken izole bir ortamda olmaya ihtiyaç yoktur. İnsanların arasında da yapılabilir.

Uygulama üç aşamadan oluşur:

Ayakta durulur, oturulur veya sırt üstü yatılır.

Sol el alın (üçüncü göz/zihin) çakrasına, sağ el kök çakraya konur.

Sol el boğaz çakrasına, sağ el göbek altı çakrasına konur.

Sol el kalp çakrasına, sağ el solar pleksus çakrasına konur.

Her aşama asgari üçer dakikada tamamlandığında bu işlem toplamda sadece dokuz dakika sürer. Böylece tüm çakralar dengelenmiş olur.

1-6
Kök-Alın

2-5
Sakral-Boğaz

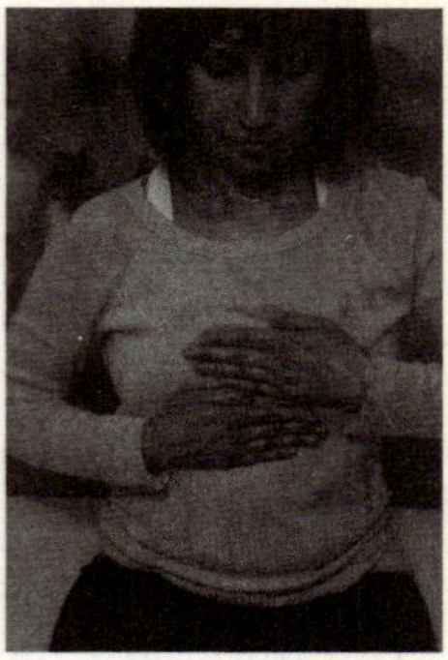

3-4
Solar P.-Kalp

Reiki'yle Çakra Temizliği

Çakra temizliği uygulamasını, Reiki 1. seviyedekiler haftada bir, ileri aşamadakiler ise iki haftada bir yaparlarsa çakralar temiz kalır. Çakra temizliği aura kanallarının temizliği ile karıştırılmamalıdır. Aura kanalları temizliğini ancak 3B aşamasından itibaren Reiki öğretmenleri yapabilir.

Tavsiye olarak her hafta bir kere yapılmalıdır.

Reiki'nin her aşama öğrencisi tarafından yapılır.

Önce ve sonrasında mutlaka eller yıkanacaktır.

Tüm hareketler asgari üç dakika boyunca yapılmalıdır. Toplamda altı hareket asgari 18 dakika sürecektir.

Çalışma yaparken izole bir ortamda olmaya ihtiyaç yoktur. İnsanların arasında da yapılabilir.

1 Kök

2 Sakral

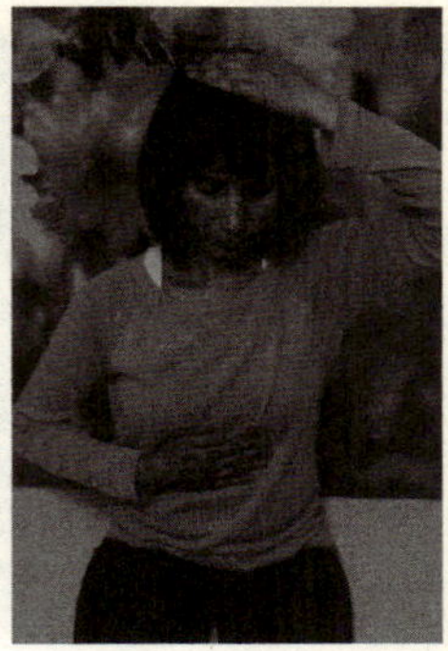

3 Solar pleksus

4 Kalp

5 Boğaz

6 Alın

Uygulama altı aşamadan oluşur:

Ayakta durulur, oturulur veya sırt üstü uzanılır. Sol el tepe çakraya konur. (İşlem bitene kadar sol el devamlı tepe çakrada kalmalıdır.)

Sol el tepe çakradayken sağ el kök çakraya konur.

Sol el tepe çakradayken sağ el göbek altı çakrasına konur.

Sol el tepe çakradayken sağ el solar pleksus çakrasına konur.

Sol el tepe çakradayken sağ el kalp çakrasına konur.

Sol el tepe çakradayken sağ el boğaz çakrasına konur.

Sol el tepe çakradayken sağ el alın (zihin/üçüncü göz) çakrasına konur.

Her aşama 3-5 dakika sürer. Sol el sürekli tepe çakradayken sağ el devamlı pozisyon değiştirir. İşlem toplamda en az 18 en fazla 30 dakika sürer.

Yanlış Uyumlamalar ve Çakralar

İnsanlarda çakralar dar olabilir, geniş olabilir ama mutlaka açık olmalıdır. Başka masterlardan bize gelen kardeşlerimizin çoğunlukla tepe çakraları geniş oluyor, fakat diğer çakraları tıkanık olduğundan bollaşan enerji artık akacak kanal bulamıyor. Bu tarz çakra dengesizlikleri, master kardeşlerimizin inisiyede yeterli zaman harcamamasından kaynaklanıyor. Yalnızca tepe çakralarına üflüyorlar ya da ellerini koyuyorlar, "Tamam şimdi, artık oldu," deyip öğrenciyi gönderiyorlar. Hatta "Çakralarını kendin açacaksın," diyenler de var. Gerçek inisiyede bütün çakralar açılmalıdır zaten. "Sonradan sen açacaksın," veya "Bak sen bunu tıkamışsın," gibi şeyler söz konusu değildir, zaten gerçek inisiyede açılan çakralar bir daha kapanmaz ve tıkanmaz, sadece kirlenme oluşabilir. Bunlar bilinçsizce yapılan uyumlamalar ve zincirleme olarak bu hatalı yordamlar yıllardır devam ediyor. Ama inşallah bunlar da yavaş yavaş düzelecek.

REİKİ İNİSİYASYONLARI

VE TEKNİKLERİ

Yakın-Uzak İnisiyeler Nasıl Yapılmalıdır?

Öğrenci rahat bir sandalyeye, ayakları omuzlarına paralel, terliksiz, yere basar şekilde; elleri yukarı bakacak şekilde açık ve diz üstünde; bel, omuz ve boynu dik bir şekilde oturtulur. Enerjinin doğru akması için bu pozisyon gereklidir. Öğrenci adını, soyadını, doğum tarihini ve inisiye yapacak hocanın ismini ve onun kendisini Usui Reiki 1/2/3A ya da 3B'ye uyumlamasına müsaade ettiğini üç defa söyler. Bu arada öğretmen, öğrencinin iki metre arkasında ellerini yukarı kaldırıp öğretmenlik enerjisini ister. Öğretmenlik enerjisi tüm vücudunu kaplar. O tüm vücudunu kaplayan enerjiyi öğretmen, göbek altı çakrasına toplar ve sol elini göbek altı çakrasına koyar. Öğrencisini ve kendisini içine alacak şekilde bir çember imgeler, sağ eliyle havaya gerekli sembolü çizip içini beyaz ve mavi nur ile doldurur. Bu işlem, öğrenci ve öğretmenin inisiye anında huzur bulması açısından önemlidir.

Daha sonra öğretmen, öğrencisine yaklaşıp onun ismini içinden söyleyerek yine içinden "Ben geliyorum," der. Arkasından, başının önüne, başının soluna ve başının sağına gerekli sembolü çizer. Arkasından sadece üç kere mantrayı söyler. Ve tepe çakrasından üfler. Bu arada öğretmenin sol eli hâlâ göbek altı çakrasındadır. Öğrencinin sağ tarafına geçer boşta olan sağ eli ile gerekli sembolü çizer ve üç kere mantrasını söyleyerek sağ elini öğrencinin tepe çakrasına, sol elini ise öğrencinin başının arkasına koyar. Bu andan itibaren öğrencinin aura kanalı temizliğine başlanır. Eller bu pozisyonda iken imgeleyerek gerekli sembol çizilir, üç kere mantrası söylenir. Arkasından yine gerekli sembol çizilir ve üç kere mantrası söylenir ve daha sonra dört nefes işlemi başlar. Nefes burundan karna alınır ve ağızdan dışarıya üflenir. Birinci nefes normal, ikinci nefes normalden biraz daha güçlüdür; üçüncü nefeste ise öğrencinin aura kanallarına girilir. Dördüncü nefeste enerji tazyikle, tepe çakradan göbek altı çakrasına gönderilir. Bu işlem imgeleyerek aşağıdan yukarıya doğru iki veya üç kere tekrarlanır. Bu bembeyaz nurdur. Bu nur ile öğrencinin aura kanalları temizlenir. Nur, tepe (taç) çakradan omuzlara, ellere, avuç içi ve parmak ucu çakralarına ve buralardan yine tepe çakraya gönderilir, tepe çakradan da göbek altı çakrasına indirilir ve bu bembeyaz nur ile öğrencinin aura kanalları tertemiz olur. Eğer öğrencinin aura kanallarının herhangi bir yerinde bir tıkanıklık var ise bunu öğretmen sezgisel olarak anlar. Gerekirse defalarca öğretmen bu tıkanıklığı açmak için uğraşmalıdır. Ta ki sezgisel olarak açıldığını anlasın, bilsin.

Daha sonra öğretmen öğrenciden teması kesmeden, sol eli ile öğrencinin sol el parmak uçlarını da alır, öğrencinin sağ omzundan başlayarak öğrencinin ayağına kadar sürükleyerek aşağıya iner. Ve öğrencinin sağ ve sol ayak bileklerinden elleri ile tutar. Ellerini ayaklarının üzerine koyar. Burada da aynı işlem devam etmektedir. Önce gerekli sembolü imgeleyerek çizer, üç defa mantrasını söyler, sonra yine gereken sembolü imgeleyerek çizer, üç kere mantrasını söyler. Ve daha sonra dört nefes işlemi yine başlar. Bu işlem de aşağıdan yukarıya doğru iki veya üç kere imgeleyerek tekrarlanır.

Sonra öğrenciden temas kesilmeden, sağ elin parmak uçlarıyla öğrencinin ayaklarından, dizlerinden itibaren yukarı doğru dokunarak ayağa kalkılır.[7] Daha sonra eller birleştirilir, gerekli sembol çizilir ve parmak uçlarına üflenir. Bu sembol öğrencinin tüm bedenini kaplar. Sonra öğrencinin birleşen iki başparmağını öğretmen sol avcunun içine alır. Bu noktada, öğretmenin başparmağına öğrencinin başparmak uçları temas etmelidir. Öğretmen, sağ eline de öğrencinin birleşmiş olan parmaklarını alır. Daha sonra yine önce gereken sembolü zihinde imgeleyerek çizip üç kez mantrasını söyler, sonra yine gereken sembolü imgeleyerek çizip üç kere mantrasını söyler. Ve yine dört nefes işlemi başlar. Dördüncü nefes, imgeleyerek tazyikle öğrencinin vücudunun sağ ve sol kısmına üflenerek yollanır. Bu sırada öğretmenin sol eli hâlâ öğrencinin başparmaklarını tutmaktadır. Böylece inisiyede fiziksel, duygusal ve ruhsal denge sağlanmış olur.

Daha sonra öğrencinin elleri birleşikken başparmakları alna değecek şekilde alın çakrasına götürülür. Bu arada dirsekler iyice yanlara açılır ve öğrenci Reiki 1'e inisiye ediliyorsa sadece gereken sembol çizilip öğrencinin kalp çakrasına yollanır. Öğretmen kendi kalp çakrasındaki aynı sembolü imgeleyip çıkararak, öğrencinin sembolü ile birleştirir. Bu aynı zamanda öğretmenin öğrenci ile bir gümüş bağıdır. Yani öğrencinin öğretmene gümüş rengi bir bağ ile bağlanması böylelikle gerçekleşir. Öğrenci Reiki 2'ye inisiye ediliyorsa, gerekli semboller çizilir, üçer kez mantra söylenir, yine öğretmenin kendi sembolleri ile birleştirilir.

---

7 Reiki 2, 3A veya 3B uyumlaması ise bu aşamada Reiki 1 inisiyesinden farklı olarak öğretmen öğrencinin ellerini birleştirmez. Öğrencinin sağ elini sol avcunun içine alır. O aşamaya ait sembolleri çizip üç defa da mantralarını söyleyerek öğrencinin avcunun içine tıklar ve enerjiyi tüm bedene yollar.

Eğer öğrenci 3A'ya inisiye ediliyor ise diğer semboller ve yine gerekli sembol çizilir; 3B'ye inisiye ediliyorsa diğer semboller ile birlikte gerekli sembol çift çizilir ve öğretmeninki ile birleştirilir.

Daha sonra öğrencinin elleri dizlerinin üzerine koydurulur. Artık avuç içleri yukarı doğru açık değil de dizlerinin üstünde kapalıdır. Öğretmen öğrencinin tepe çakrasına üç kere üfler. Daha sonra da kalp çakrasına üç kere üfler. Ve daha sonra tepe çakradan kalp çakraya, kalp çakradan tepe çakraya ve yine tepe çakradan kalp çakraya üfler. Bunun anlamı tepe çakradan gelen ilahi bilgilerin sadece bilinç düzeyinde kalmaması ve kalbe inmesidir.

Ve sonra öğretmen öğrencinin önünden iki metre kadar geriye ayrılır, iki elini havaya kaldırarak teşekkür eder ve yine sol elini göbek altı çakrasına koyar. Bulunduğu yerden öğrencisinin boyunca gerekli sembolü çizer, sol elini de göbek altı çakrasından kaldırıp sağ elinin hizasına getirir ve çizdiği sembolü üç defa mantrasını söyleyip iki eliyle iterek öğrenciye gönderir. Ve o sembol öğrenciyi içine alır. Daha sonra ellerini çırpar ve üç defa avcunun içinden üfler. İnisiye işlemi bitmiştir. Öğrenciye dokunarak onu tebrik edip hayırlı olmasını diler.

Tüm dünya Usui Reiki otoritelerinin uyguladığı, geçerli olan inisiye şekli budur.

Maalesef ülkemizde en çok yapılan hata ayak çakralarını ve kök çakrayı açmamaktır. Ayak bileklerine inilmesi ve ayak bileklerinin tutulması, gerekli sembollerin imgeleyerek çizilip üçer defa mantralarının söylenmesi, nefes işlemi ile yerden pozitif enerji alınarak ayakların altından kök çakraya yollanması ve kök çakradan da göbek altı çakrası ile birleştirilmesi atlanmaması gereken çok önemli aşamalardır. Bu şekilde yapılmazsa kök çakra açılmaz. Kök çakra ise bizi dünyaya bağlayan, iş, aşk, para, başarı gibi dünyevi kavramların tümüyle ilişkimizi ifade eden çakradır.

Reiki Uyumlaması Sonrası

Reiki, insanı farkındalıklara ulaştıran saf ve berrak enerjidir. Bu yüzden uyumlama sonrasında arınma çalışması önemlidir. Uyumlama sonrasında 21 günlük bir arınma süreci olacaktır. Bu arınma sürecinde artık kişi yavaş yavaş huzur bulmaya başlar. Yine de bu süreçte geçmişte yaşadığı travmalar ağırsa, o kişiyle arınma ile birlikte konuşma terapisi de uygulanabilir.

Arınma süreci sonunda kişi huzur hissetmiyorsa, inisiyede bir problem veya eksiklik olduğu düşünülebilir. Burada öğretmenin dört gün uyumlama yapması önem arz eder. Dünyanın neresinde olursa olsun 3B aşamasındaki öğretmenler öğrencilerini Reiki'ye dört gün uyumlamalıdırlar. Bu dört günün üç gününde aura kanalları ve çakralar negatif enerjilerden arındırılmalı ve dördüncü günde ise inisiye ile birlikte çakralar tamamen açılmış ve dengelenmiş olmalıdır. Eğer bu uyumlama tamsa sonrası oldukça rahat bir şekilde geçer.

21 günlük arınma sürecinin sonunda akşamları dokuz Reiki hareketini her gün yapmak, vücudu negatiflikten arındırır ve temizler. Ayrıca çakraların dengede kalmasını sağlar. Ayrıca, yukarıda bahsettiğim çakra temizleme çalışması haftada bir kez, çakra dengeleme çalışması ise her ihtiyaç duyulduğunda yapılmalıdır. Ben kendim ışık aşamalarında olduğum halde dokuz Reiki hareketini hemen hemen her gün yapmaya çalışırım. Çünkü gün boyunca

insan türlü olumsuzluklara ve negatif enerjilere maruz kalabilir ve auraların, çakraların dolayısıyla tüm bünyenin dengede kalması için bu çalışmanın her gün yapılması önemlidir.

Reiki 1 kapıdır, yani hazırlık aşamasıdır. Bu süreçte olgunlaşma olur. Olgunlaşma tamamlanınca master bunu anlar, Reiki uygulayan kişi de anlayabilir. O zaman hocanın gözetiminde ikinci aşamaya geçilir. Ama üst aşamaya geçmek için acele etmemek ve sabretmek çok önemlidir. Eğer üst aşamaya geçmeyi düşünmezseniz, daha hızlı olgunlaşırsınız. Sürekli üst aşamaya ne zaman geçeceğinize odaklanmanız, gelişiminizi yavaşlatır ve geçişiniz için engel teşkil edebilir çünkü sabrı öğrenmek oldukça önemlidir.

21 Gün Kuralı

Kötü alışkanlıklardan kurtulmak da iyi şeylere alışmak da 21 gündür. Yeni bir alışkanlığı edinmek için 21 gün boyunca hiç ara vermeden tekrar etmek gerekir çünkü yeni alışkanlığın zihinde ve hücresel bellekte kalıcı olarak yer edinmesi için 21 gün kritik bir süreçtir, bu beyin nöronlarının önemli döngüsünden kaynaklanır. Mesela kişi devamlı sigara içiyor ve o sigaradan kurtulmak istiyor, fakat sigara maddesi insanda 21 günlük bir döngünün sonunda alışkanlık haline gelmiştir. Nöronların biri o işlevi yerine getirmiştir ve o alışkanlığı sürdürme görevi artık o nöronundur. Alarm 21 gün sonrasına kurulup çaldığında alışkanlık yerleşmiştir artık. Beynimizde milyarlarca nöron vardır ve her bir iş için bir nöron faaliyete geçer. Bir nöronun bir şeyi algılayıp benimsemesi 21 gündür. Onun için kötü şeyleri bırakmak için de iyi şeylere başlamak için de 21 gün sabredin.

Bir şeyi bırakırken senden nefret ediyorum, seni bırakacağım gibi negatif cümleler yerine, "Seni bırakma hakkımı kullanıyorum, içmeme hakkımı kullanıyorum," diyerek o nöronu faaliyete geçirebilirsiniz. Bunu yapmak 21 günlük sürecin daha kolay atlatılmasını sağlar. Her şeyimizi bu şekilde düzeltebiliriz. İbrahim Hakkı Hazretleri *Marifetname*'sinde, "21 gün boyunca az yiyip, az konuşup, çokça ibadet edip, az da uyursanız Allah kendini size gösterir," der. İşte bu halvettir. Yani özdeki o ışığı ortaya çıkarır. Geleneksel halvet tatbikatında, hayvansal gıdaların da tüketilmediği ve süreç içerisinde asgari gıdayla idare edildiği ve bu yordamın öze inmede etkin olduğu söylenegelir.

Yanlış Usui Reiki İnisiyasyonları ve Verdiği Zararlar

Günümüzde her isteyen *"teacher"* (öğretmen) unvanına kavuşabilir. Ama bu o kişinin doğru inisiye yaptığı anlamına gelmez. Eğer böyle olsaydı bu şikâyetler bize gelmez, insanlar zihinsel, fiziksel, ruhsal gelişimler sağlarlardı. Hele hele telefondan beş dakikada, seminerlerde 10 dakikada yapılan inisiyeler sakıncalı olduğu kadar çok da zararlıdır. Çünkü kişinin aura kanallarını açmadan yapılacak herhangi bir inisiyenin geçerliliği olmadığı kadar inisiye yapılan kişiyi de denge kaybına uğratır. Beş dakika, on dakika gibi bir sürede de ne o kişinin aura kanalları açılır ne de o kişiye inisiye yapılabilir. Aura kanallarını açma ve temizleme işlemi, bizim ışık aşamaya ait çok güçlü semboller kullanmamıza rağmen minimum 20 dakikamızı almaktadır.

İşte böylesi yapılan sözde inisiyeler insanı fiziksel ve duygusal denge kaybına uğrattığı gibi ruhsal olarak da çok tehlikeli boyutlara düşürür. İnisiye yapmak üzüm bağında çubuğa çekirdeksiz üzüm aşılamaya benzer. Eğer bu yapılan aşı tutmazsa çekirdeksiz üzüm elde etmek de mümkün olmaz. Bu somut bir şeydir, onun için bu örneği veriyorum. Yapılan Usui Reiki inisiyesi ise soyut bir kavram olduğu için gözle görülmez, bununla birlikte insan bunu kendi içinde yaşar. Çubuğa yapılan aşı misali inisiye yarım yamalak yapılırsa, kişinin aura kanallarına zarar verdiği gibi çakraları da zarar görür. Ya da ana çakraların bazıları açılır, bazıları tıkanık kalır. Bu da insanı fiziksel, duygusal, ruhsal denge kaybına götürür.

İnsanın, ayakta dururken dengeyi sağlayamaması, yürürken ruhunu kendisinden bir adım önce gidiyormuş gibi hissetmesi ve sağ elinden ya da sol elinden enerji akmadığını hissetmesi, zaman zaman başını çok ağırlaşmış gibi hissetmesi gibi durumlar insanın fiziksel dengesinin kaybolduğunun işaretleridir.

Duygusal olarak denge kaybının göstergeleri ise, birden ağlayıp hemen ardından gülmek veya ağlarken gülmeye başlamak; coşkulu, neşeli iken birden bunalıma sürüklenmek; sinir, asabiyet gibi olumsuz duyguların kişide yoğun olarak yaşanmasıdır.

Bunlardan en önemlisi ise kişide yanlış inisiye sonucu oluşan ruhsal denge kaybıdır. Ruhsal denge kaybının göstergeleri ise, kişinin çeşitli negatif varlıklar ya da enerjilerin etkilerine maruz kaldığını düşünüp korkular yaşaması, gördüğü vizyonların kendisine çeşitli misyonlar verdiğine inanması; kin, nefret, haset, fesat, kıskançlık duygularının artması; yalan, dedikodu gibi olumsuz negatif olgulardan zevk alması, ego, benlik, bencillik savaşına girmesi gibi durumlardır.

Peki, "Nasıl olabiliyor bu yanlış uyumlamalar ve nerden kaynaklanıyor?" diye sorabilirsiniz. Günümüzde başka başka isimler altında, arkasına Reiki ibaresi eklenerek birçok enerji türü ortaya çıkmıştır. Tabii bunlarla birlikte birtakım semboller de uydurulmuştur. Bazı sözde masterlar uyumlamaları yanlış sembollerle yaptıkları gibi mantralarını da yanlış telaffuz etmektedirler. Nerdeyse her şey birbirine karışmış, deyim yerinde ise çorba halini almıştır.

Usui Reiki geleneksel aşamalarına ait sadece dört sembol mevcut iken, hiç adını duymadığımız, ne olduğunu bilmediğimiz sembollerle Usui Reiki sembolleri gibi uyumlama yapan masterlar, önceden de bahsettiğimiz gibi insanın dengesini bozup o insana bilmeyerek zarar vermektedirler.

Usui Reiki yalın ve yumuşak bir enerjidir. Sembolleri doğru çizildiğinde, mantraları yanlış telaffuz edilmediğinde aşının çubuğa tuttuğu gibi tutacak ve mutlaka sonuç elde edilecektir. Maalesef şimdiye kadar Türkiye'de tanıdığım bazı masterların öğrencileri ne sembolleri doğru çizebiliyor ne de mantraları doğru telaffuz edebiliyor. Bu durum da gösteriyor ki ne masterları doğru biliyor ne de öğrencilerine doğru bir şekilde aktarabilmişler. Şunu üzülerek söylüyorum ki bu hata zincirleme devam edip gidiyor.

Usui Reiki'ye ait semboller bir kapının kilidi gibidirler. Bu sembollere ait mantralar ise kapıyı açacak anahtar görevi yaparlar. Eğer siz kilidi kapıya yanlış monte eder, yanlış anahtarla o kapıyı açmaya uğraşırsanız o kapı size asla açılmayacaktır.

Bazı çevrelerde sembollerin ve mantraların farklı çizilip söylenmesinin önemli olmadığı, önemli olanın niyet olduğu söyleniyor. Bu söylemler asla doğru değildir. Kaldı ki Reiki bir din veya bir inanç sistemi değil sadece bir felsefedir. Her felsefenin de kendine ait öğretileri olur. Niyet ise inanç ve dinlerdedir. Dolayısı ile Reiki'nin de kendine ait teknikleri vardır. Bu teknikler doğru uygulanmadıkça ondan bir sonuç almak da mümkün değildir.

Uyumlama ve çizimlerdeki hatalar bir yana, yanlış bilgiler de dolanıyor. Örneğin yanlış bilgilerden biri de birinci aşamada uzağa Reiki gönderilebileceği iddiasıdır. Elbette bu da doğru değildir. Reiki 1. aşamada bilindiği gibi sembol yoktur. Reiki 2'ye geçen öğrenci sembollere sahip olur. Bu sembollerden biri ise köprü ve iletişim sembolüdür. Bu sembol olmaksızın uzağa, geçmişe, geleceğe Reiki yollanamaz. Bu da bize sembollerin gücünü ve önemini gösteriyor. Hal böyleyken uyumlamada buna önem verilmemesi büyük bir bilgi eksikliğidir.

Aynı anda toplu inisiyasyona sıcak bakmadığıma, bireysel seansların çok önemli olduğuna zaten değinmiştim. Günümüz internet çağıdır. Dünyanın bu kadar yakınlaştığı, istenen her bilginin insana bir tık kadar uzak olduğu bu zamanda uzun uzun Reiki'nin tarihçesini, yararlarını anlatmaya bence hiç gerek yoktur. Kişi bunları internete girip çeşitli Reiki sitelerinden hemen öğrenebilir. Keşke buna ayrılan zamanı inisiyasyonda harcasalar da beş değil 20 dakikada yapsalar ve insanlar doğru inisiye olmuş olsalar. Ki bundan bile şüphem yok değildir, bence önce kendileri doğru inisiye olmalıdırlar. Beşer dakika gibi kısa sürede inisiye yaptığını zannedenler benim nazarımda asla master olamazlar. Ben ışık aşamasından önce geleneksel aşama *master teacher* iken Reiki 1 inisiyesine 45'er dakikadan dört ayrı günde dört ayrı seans düzenliyordum.

Tabii bizler de seminer şeklinde yapabiliyoruz ama burada her bir öğrenciye zaman ayırmak çok önemlidir. Biz Reiki 1, Reiki 2 ve Reiki 3A için ikişer tam gün seminer yapıyoruz. Ve bu seminerleri 20'şer kişi ile sınırlıyoruz. Bu seminerlerde tüm öğrenciler bireysel olarak inisiye edilmekte ve öğrencilere en az yarımşar saat uyumlama süresi ayrılmaktadır. Eğer seminer yapılacaksa bile her öğrenciye en az 30 dakikalık bir uyumlama işlemi yapılmalıdır.

Usui Reiki Işık Aşama İnisiyeleri Hakkında Yanlış Bilinenler

Her aşamanın kendine öz bir farkındalık süreci vardır. Reiki 3B aşamasından sonra ışık aşamalarına, yani beşinci ve altıncı *grandmaster* aşamasına geçiş, sanıldığı kadar kolay değildir. Hatta hiç kolay değildir. Reiki 3B'den sonra, pek çok kişiyi uyumlama şartı vardır. Bu da şunun içindir; geleneksel aşamadaki 3B *master teacher* olgunlaşmalıdır. Eğer bir geleneksel 3B *master teacher*, çok fazla öğrenciyi uyumlamış olursa zaten olgunlaşmış sayılır. Bu kadarla da bitmez. Kişi, ışık aşamalarına geçmek için yedi *grandmaster teacher*'dan oluşan heyet tarafından sözlü ve yazılı bir sınava tâbi tutulur. Bu sınavı da geçtikten sonra beş ve altıncı daha sonrasında ise yedi ve sekizinci aşamaları almaya yani *grandmaster teacher* olmaya hak kazanmış olur. Sonrasında bir sözlü sınavdan daha geçer, bu sınavda da başarı gösterdiği takdirde, 9'dan 17'ye kadar olan ekstra ışık aşamalarını almaya hak kazanır.

Her ne kadar günümüzde ekstra ışık aşamalarını 24'e kadar çıkaranlar olsa da 17. ışık aşama son ışık aşamasıdır. 18'den 24'e kadar aşamaları bulduğunu iddia eden kişi benim de yakinen tanıdığım bir Alman masterdır. Kendisi dünyada 17. ışık aşamasındaki sekiz kişiden biriyken Usui Reiki ekolüne sadık kalmayarak birçok enerjiye uyumlanmış ve sonucunda da böylesi bir muammayı ortaya sürmüştür. Geriye kalan, bizim de dâhil olduğumuz yedi *grandmaster teacher* bu durumu asla kabul etmemiş, buna şiddetle tepki göstermiştir. Durum böyle olunca, bu kişi internet üzerinden hatta e-bay'den[8] 1'den 24'e kadar olan aşamaları 50 dakika içinde verebileceğini iddia etmiş ve böylece çok zor elde edilebilen ışık aşamalarını hiçe sayarak bu aşamaları ticari bir nemaya dönüştürmüştür.

Yukarıda da bahsettiğim gibi gerekli süreçler beklenmeksizin verilen aşamalar kişiye sadece zarar verir. Eğer bu aşamaları bir kişi kısa sürede almışsa maalesef sadece aldanmıştır. Sembollere sahip olmuş olur ama inisiyeleri almış olmaz. Biz bu aşamaların ağırlığını yaşamış ve bilen kişileriz. Kısa sürede bunların olamayacağını kendimizden biliyoruz. Işık aşamaları çok ağır ve yüksek aşamalardır. Kişinin olgunlaşmadan bu süreçlere geçmesi de mümkün değildir.

Bir diğer yanlış aktarım ise, büyük üstat *(grandmaster)* ve büyük üstat aşamalarının inisiyasyonla değil, tecrübeyle elde edildiğinin iddia edilmesidir. Bunlar Reiki 3B'den sonra tecrübeler sonucu değil, inisiye olunarak alınan, çok güçlü sembolleri olan aşamalardır. Daha önce de bahsettiğim gibi bu sistemi olan bir felsefedir, öğretidir ve belirli aşamaları vardır. Dördüncü aşamaya kadar olan aşamalar geleneksel aşamalardır. Dörtten sonra beş ve altıncı aşamalar *grandmaster*, yedi ve sekizinci aşamalar ise *grandmaster teacher* aşamalarıdır. Avrupa'da benim tanıdığım, 20 yıldır master seviyesinde olan birçok kişi var. Onların hiçbiri böyle bir iddiada bulunmadıkları gibi bu aşamaların olduğunu da zaten bilirler. Maalesef ülkemizde bilinmeyeni öğrenmek yerine yok saymak, bileni ise karalamak âdet haline gelmiştir. Bu aşamaları almak kolay değildir.

8 www.e-bay.com - Alışveriş sitesi

Çok fazla öğrenciyi uyumlama şartı olan, bunun sonunda da bir sınavdan geçerek elde edilen bu seviye nasıl olur da küçümsenir anlamakta zorluk çekiyoruz.

Burada şunu özellikle vurgulamak istiyorum, bu söylemlerimizle maksadımız birilerini üzmek incitmek ya da tenkit etmek değildir. Açıklamalarımız kişisel olarak algılanmamalıdır. Reiki'ye dair bu tarz yanlış anlamalara yol açan bilgileri yayan kişileri Türkiye'ye Reiki'yi tanıtan Avrupalı üstatlar da eleştirmektedir. Yukarıda da söylediğimiz gibi biz Usui Reiki topluluğunun bir üyesi olarak, bu ekolün doğrularını savunmak zorundayız.

Reiki İlk 21 Gün Teknikleri

İnisiyasyon Sonrası İlk 21 Gün Kendine Reiki Verme Uygulaması

Reiki El Pozisyonları:

1

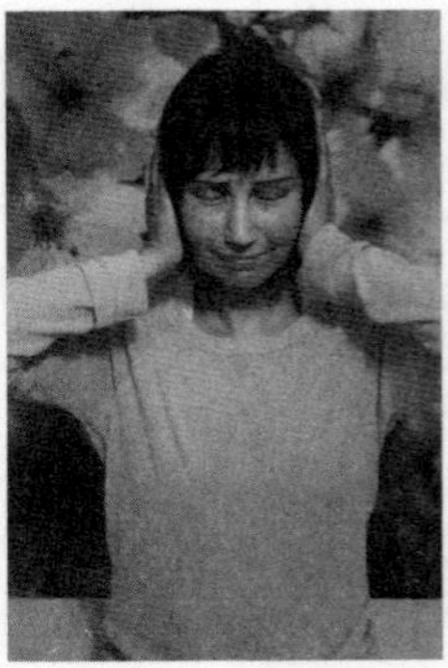

2

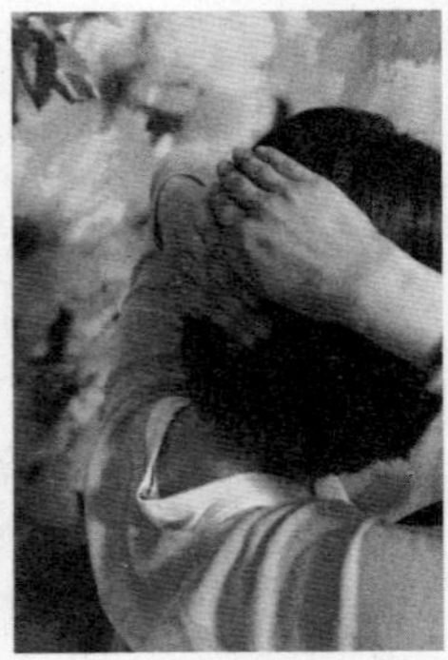

3

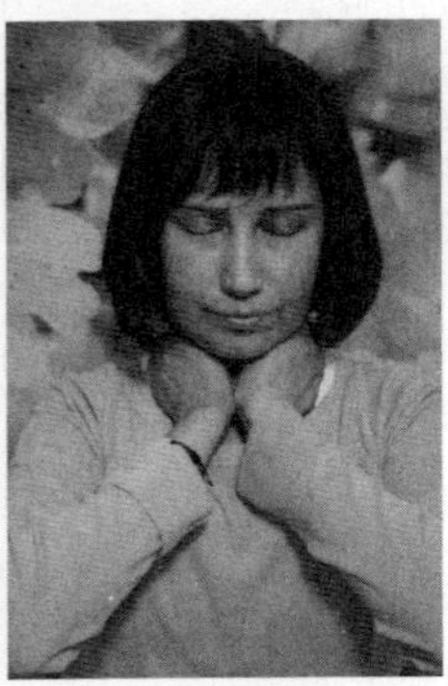

4

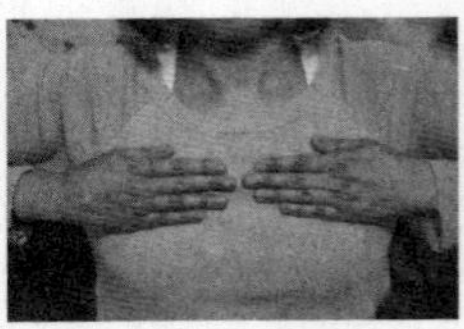

5

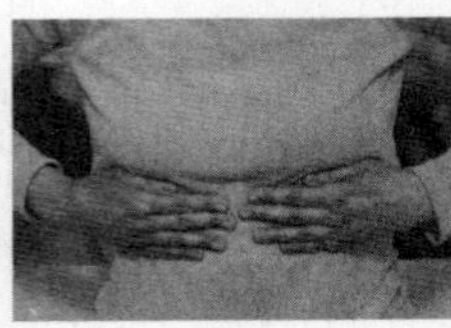

6

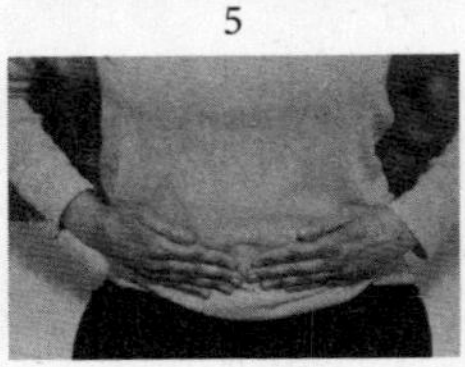

7

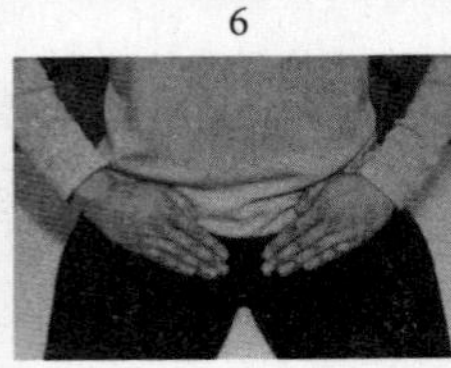

8

14 TEMEL HAREKET

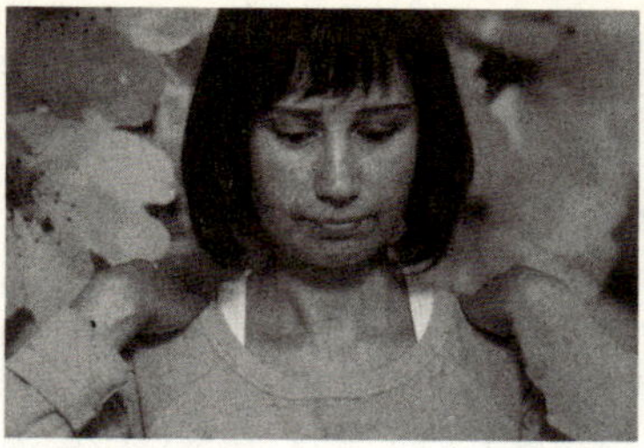

9

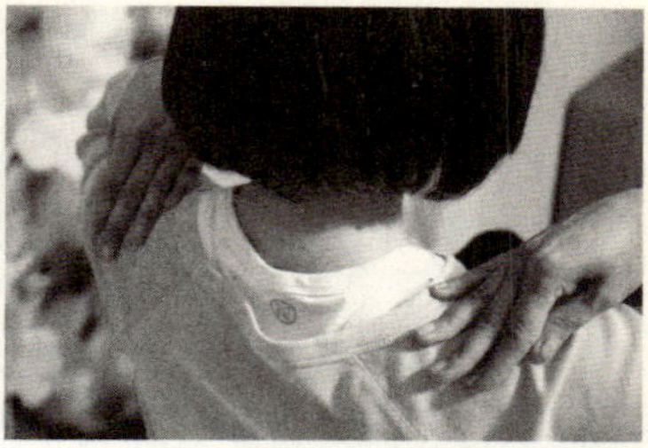

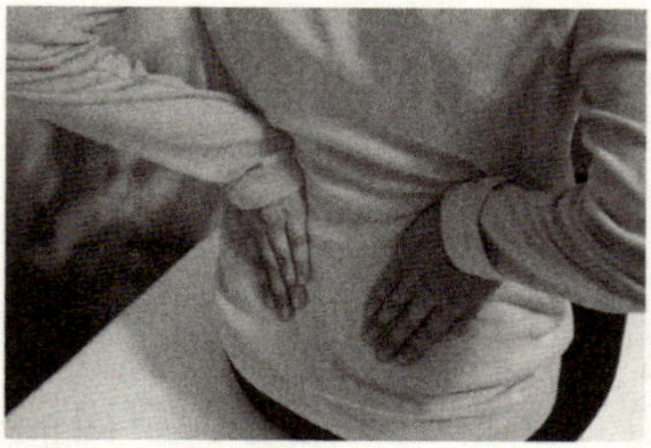

10

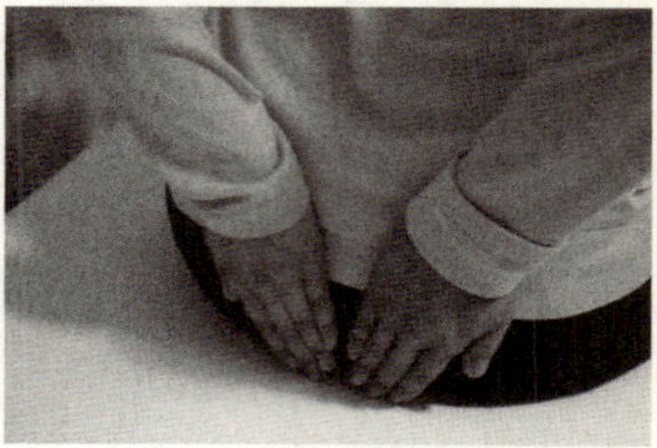

11

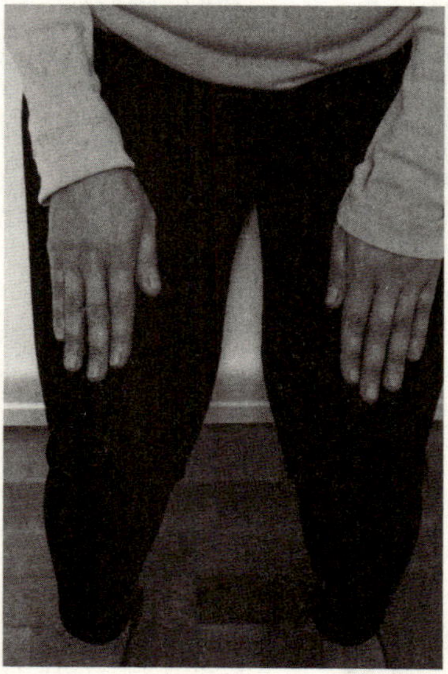

12

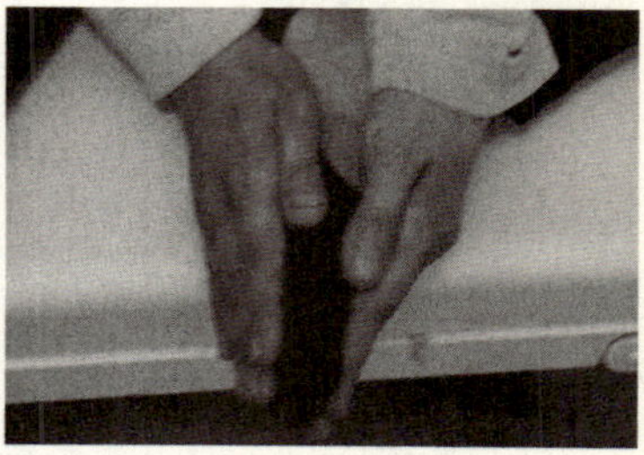

13 (Sol Ayak)

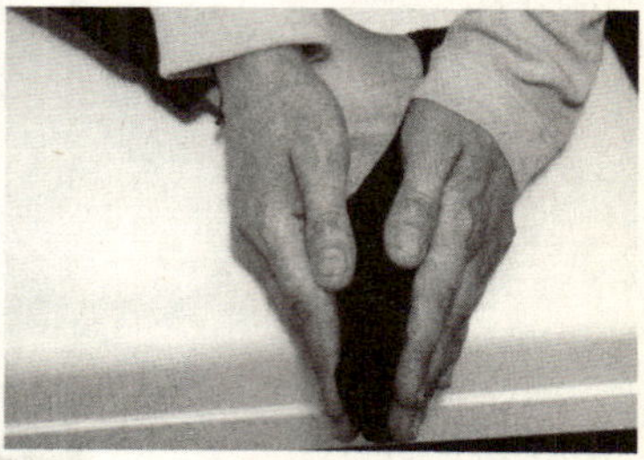

14 (Sağ Ayak)

Unutmayalım, Reiki uygulanırken parmaklar birleşik olmalıdır.

Reiki 1. Seviye Teknikleri

Dokuz Reiki Hareketi

Her gün yapılması şart değildir ancak düzenli yapıldığı takdirde fevkalade sonuç elde edilir.

- Önce ve sonrasında mutlaka eller yıkanacaktır.
- Tüm hareketler asgari üç dakika boyunca yapılmalıdır.
- Beş, altı ve yedinci hareketlerde eller birbirinin altında yatay olarak duracak ve birbirine paralel olarak konarak ilerlenecektir.
- Toplamda dokuz hareket asgari 27 dakika sürecektir.
- Çalışma yaparken izole bir ortamda olmaya ihtiyaç yoktur. İnsanların arasında da yapılabilir.

Reiki uygulaması aşağıdaki dokuz bölgeye her iki elimizin asgari üçer dakika dokunmasıyla yapılır.

1- Taç çakra (baş üstü)
2- Baş arkası
3- Yüzün tamamı
4- Boğaz çakrası
5- Göğüs kafesi
6- Kalp ve mide (solar pleksus) çakraları
7- Karın ve göbek altı çakrası
8- Kasıklar (V şeklinde)
9- Kök çakra

Mental olarak avcumuzun içine kendimizi koyup şifalandırdığımızı düşünebiliriz. Meditasyon halinde yapılması gerekir. Yaparken müzik de koyulabilir, örneğin ney sesi, relaxation müzikleri...

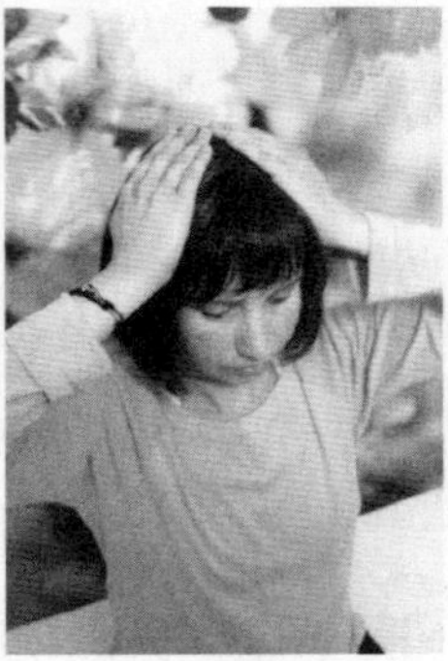
1

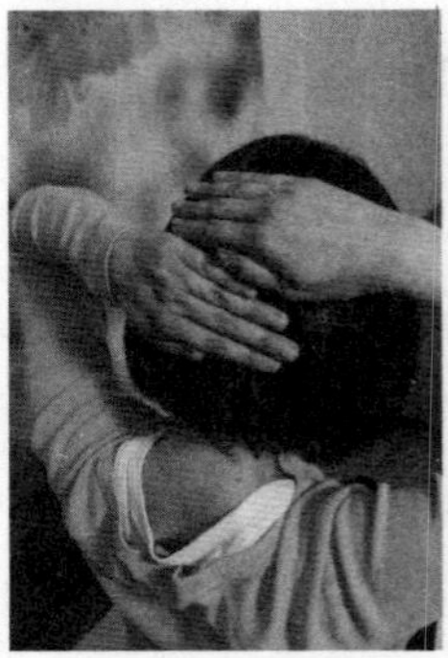
2

3

4

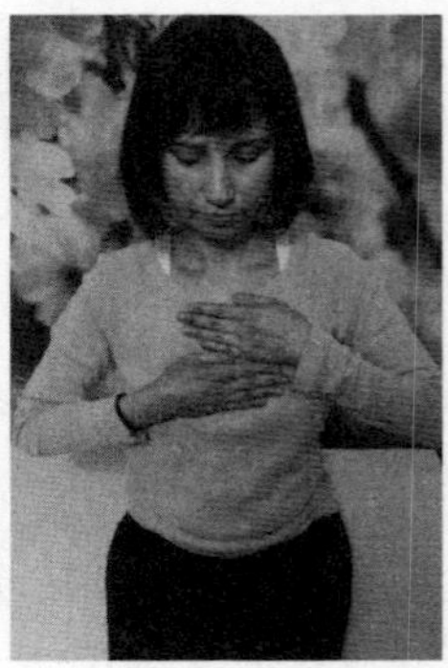
5

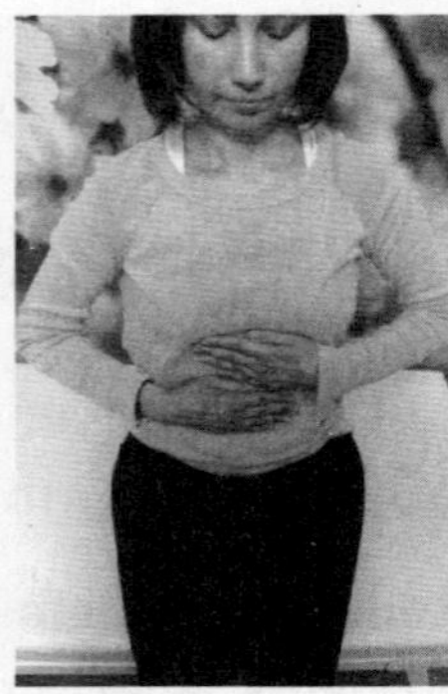
6

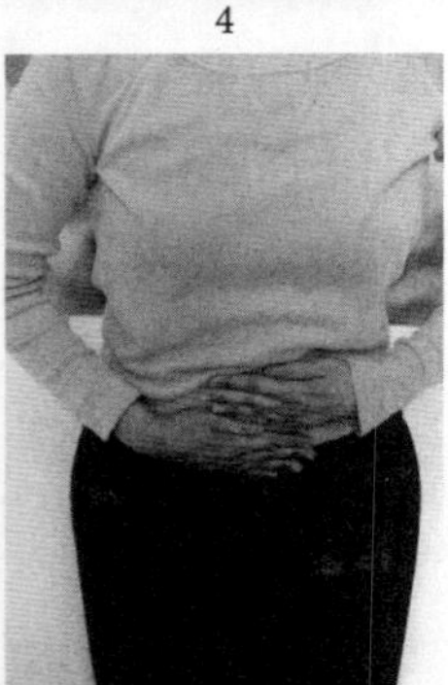
7

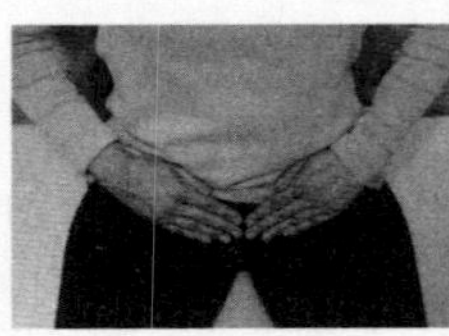
8

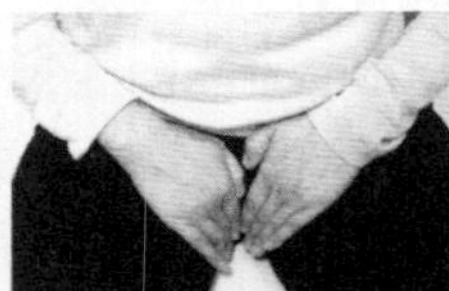
9

Başkalarına Reiki Verme

- Önce ve sonrasında mutlaka eller yıkanacaktır.

Çocuk ve Hayvanlar İçin: Auralarında karmaşıklık yerine netlik olduğu için elimizi eğer dokundurabiliyorsak dokundurarak yoksa mesela uykularında üzerlerine asgari üç dakika ellerimizi tutarak Reiki verebiliriz. Ayrıca sarıldığımızda veya her dokunuşumuzda da "Enerji aksın" niyetiyle temas ederek Reiki verebiliriz.

Yetişkin İnsanlar İçin: Karşı tarafın sizden Reiki istemesi esastır.

1- Eğer sorun yeni ortaya çıkmışsa (akut problem) ellerimizi sorunun olduğu yere asgari üç dakika koyarak Reiki verebiliriz.

2- Eğer sorun sürekli tekrarlıyorsa (kronik problem) "Başkalarına Reiki Verme" başlığındaki 14 hareketi asgari üçer dakikadan toplam 42 dakika boyunca aralıksız dört gün üst üste çalışmanız gerekir.

3- Eğer sorun psikolojik kaynaklı bir sorunsa sizin vereceğiniz Reiki o kişide işe yaramayacaktır. Bilinçaltı temizliğine ihtiyaç vardır.

Başkalarına Reiki Verme Uygulaması:

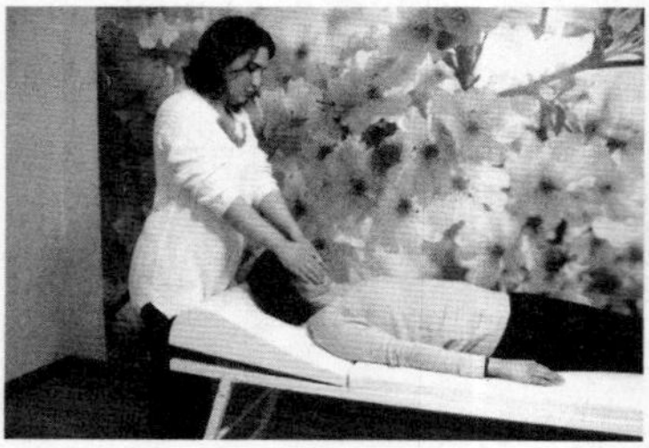

1

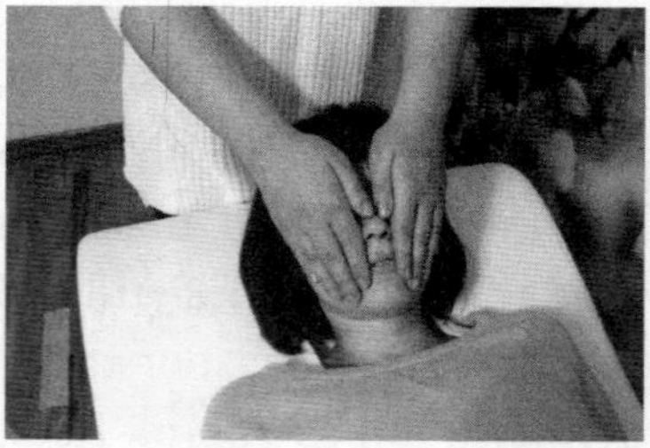

2

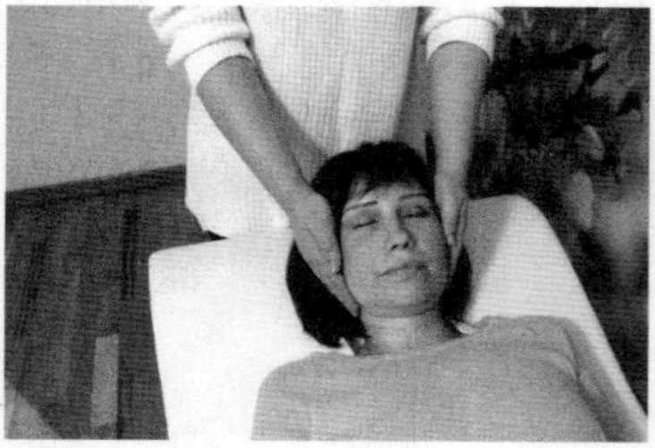

3

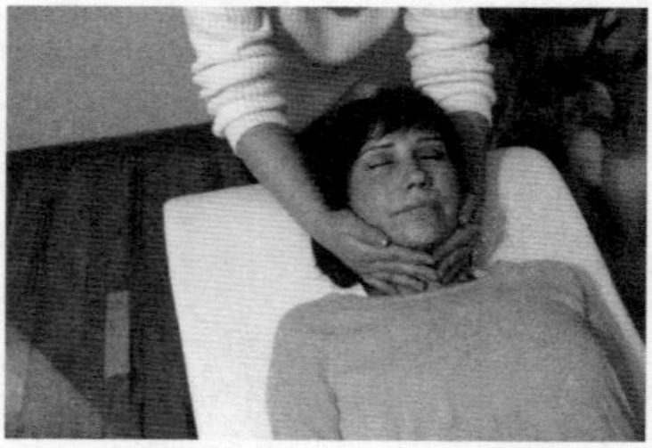

4

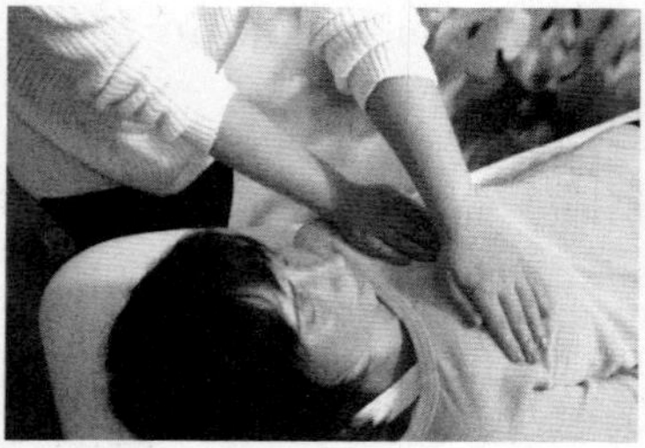

5

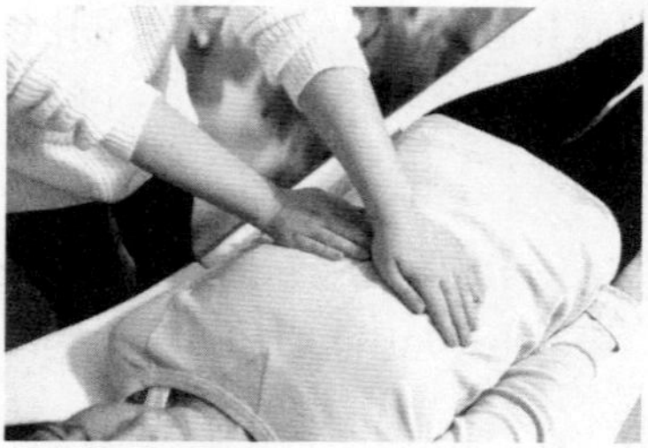

6

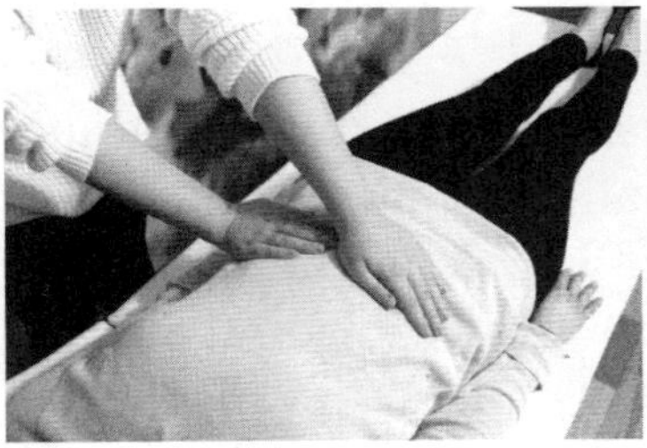

7

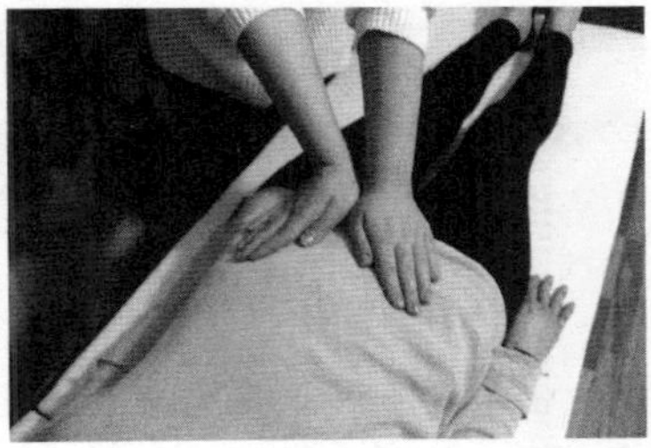

8

9

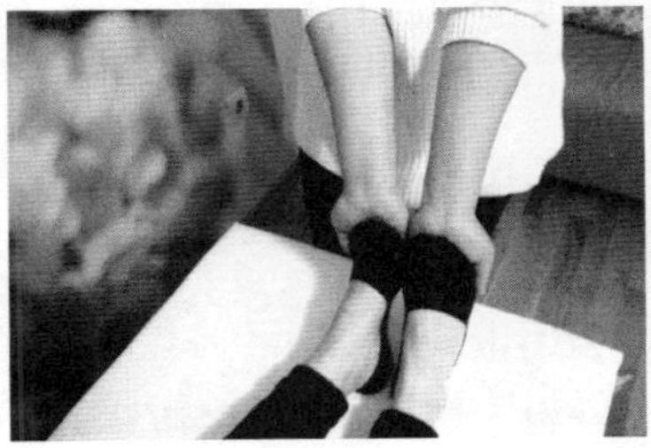

10

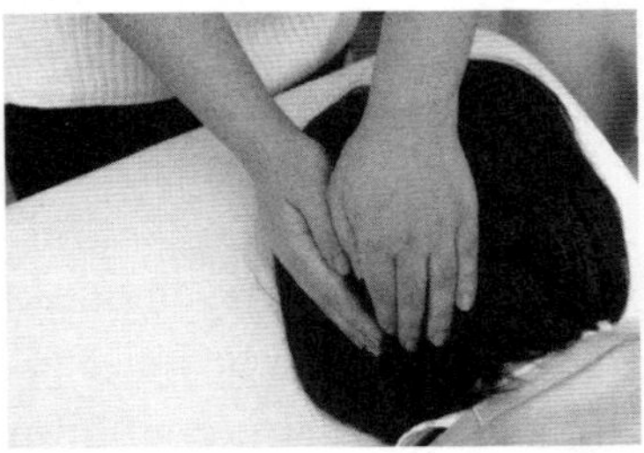

11

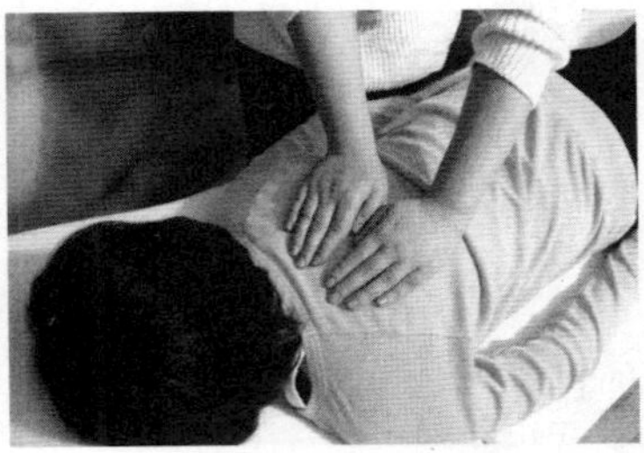

12

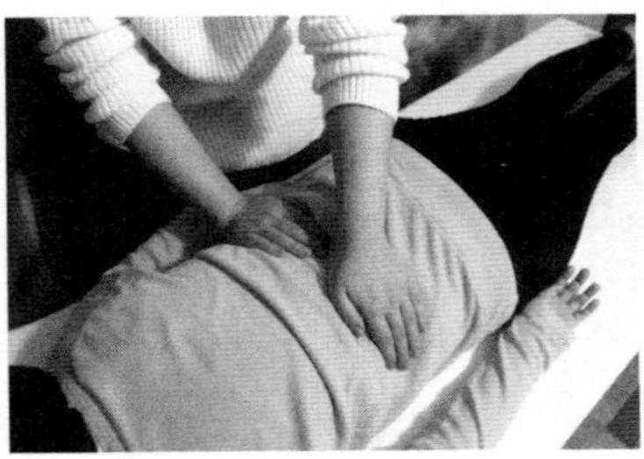

13

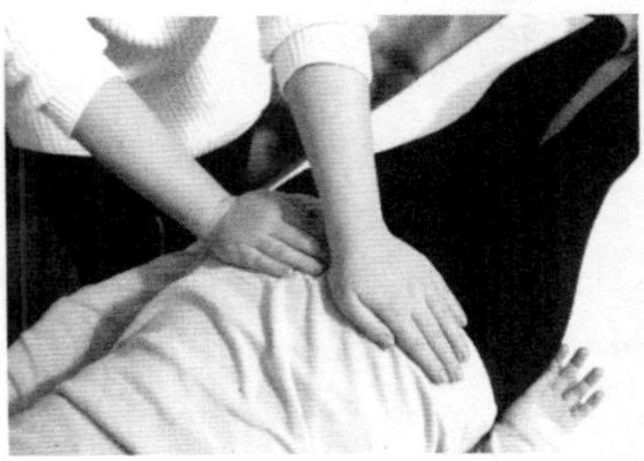

14

Gıdalara Reiki Verme Çalışması

Evimizde damacana suyu içiyorsak ellerimizi damacananın etrafına tutup Reiki verebiliriz. Tam dokundurmak şart değildir. Suyun pozitif enerji yüklendiğini düşünerek bir dakika boyunca Reiki verebiliriz. İlaç içiyorsak ilaç kutusunu elimizin içine alıp temizlendiğini düşünerek Reiki verebiliriz. Yine aynı şekilde, dışarıda önümüze yemek geldiğinde ellerimizi çok kısa süre yemeğin üzerinde tutup temizlendiğini düşünerek Reiki verebiliriz.

11 Gün Tekniği

- Bu teknik, 11 gün negatif liste çalışması, yedi gün dinlenme arası ve 11 gün pozitif liste çalışması şeklinde 29 günlük kesintisiz bir çalışma gerektirir. Bu 29 gün zarfında bir gün bile aksatıldığı takdirde müsait başka bir zamanda baştan çalışma yapmak gerekir.

- Çalışma yaparken izole bir ortamda olmak zorundayız.

- Negatif ve pozitif listesi oluştururken isteyeceğiniz şeyler sadece siz odaklı olmalıdır. Etrafınızla ilgili olmamalıdır. Örneğin "Eşimin hastalığı geçsin, çocuğum sınavını kazansın," denmemelidir.

- Ayrıca istenen şeyler için kesin bir süre verilmeli ve net ifadeler kullanılmalıdır. Kişiye göre değişken, göreceli ifadeler kullanılmamalıdır. Örneğin, "Zengin olmak istiyorum," denmemeli, "Şu zamana kadar 10.000 TL param olsun," ya da "Yedi gün içinde sağlığıma kavuşayım," denmelidir.

- Pozitif liste yaparken negatif kavram kullanılmamalıdır. Örneğin, "Beş gün içinde hastalığım geçsin," yerine "Beş gün içinde sağlıklı olacağım," denmelidir.

Uygulama

1- Hayatınızdan çıkarmak istediğiniz maddi-manevi her şeyi (listede adet limiti yoktur) negatif listenize yazınız.

2- Bu listeyi 11 adet olacak şekilde çoğaltınız. (Elle çoğaltmak şart değildir fotokopi çekilebilir.)

3- Bu listeyi buruşturup top şekline getiriniz ve avuç içine 20 dakika boyunca Reiki veriniz.

4- Bu listeyi tamamen kül olacak şekilde yakınız ve külünü rüzgâra savurunuz, rüzgâr yoksa dışarı üfleyerek atınız.

5- Bu işi 11 gün boyunca aralıksız tekrar edeniz.

6- Daha sonra yedi gün ara veriniz.

7- Hayatınızda olmasını istediğiniz maddi-manevi her şeyi (listede adet limiti yoktur) pozitif listenize yazınız.

8- 2, 3, 4, 5 numaralı adımları tekrar ediniz.

Reiki Mıknatıs Tekniği

Hangi seviyede olunursa olunsun belli bir süre geçtikten sonra enerji çalışmalarında yetersizlik hissi oluşabilir. Kendine ya da başkalarına Reiki uygularken eskiden olduğu gibi aynı başarıyı elde edememe kişileri olumsuz düşüncelere iter. Dolayısı ile şifacılar, "Acaba benim enerjim çalışmıyor mu, acaba benden artık enerji akmıyor mu?" gibi endişelere kapılabilirler. Bu durum enerjinin işe yaramadığı ya da tükendiği anlamına gelmez. Uzun süre böyle çalışıldığında enerjiye alışılır bu da enerji farkındalığını negatif etkiler. Bu durumla karşılaşıldığında şifa uygulamanın tekniği değiştirilmelidir. Mıknatıs tekniği elle şifa verme tekniklerinin en etkili olanlarından biridir. Bu tekniği Reiki 1'den itibaren her aşama şifacıları yapabilir.

Reiki Mıknatıs Tekniği Uygulaması

1- Eller dirseklerle birlikte soğuk su ile yıkanır.

2- Sol el şifa verilecek bölgeye konur.

(Ellerin pozisyonu düz değil de, avuç içinde küçük bir top tutuyor gibi bombeli şekilde olmalıdır.)

3- Sağ elle sırasıyla 2+1 – 4+1 – 2+1 sembolleri çizilir. Her sembolün ardından üç defa mantrası söylenir. (Reiki 1. seviyede olanların sembolleri bulunmadığından onlar sembol çizmeden iki ellerini koyarak şifa uygulaması yapabilirler. Reiki 2. seviyedekiler 2+1'le, Reiki 3A ve Reiki 3B seviyesinde olanlar ise 2+1 – 4+1 – 2+1 sembolleriyle enerjiyi daha yoğun hale getirebilirler.)

4- Sembol çizimleri bittikten sonra sağ el de sol elin yanına, şifa verilecek bölgeye konur.

5- İmgeleyerek avuçların altında yani rahatsız olan bölgede küçücük delikler açılır. Avuçların içinde de negatifleri kendine çekecek mıknatıslar olduğu düşünülür. Ve bu deliklerden yine imgeleyerek içerideki negatifler avuç içine mıknatıs yoluyla çekilir.

6- Bu işlem toplamda dokuz dakika sürmektedir. Fakat her üç dakikada bir, avcun içine mıknatıs yoluyla toplanan negatifler el çırparak süpürülmeli ve avuç içinden üflenmelidir. (O bölgeden teması kesmemek için iki el aynı anda kaldırılmaz. Önce sağ el süpürülüp üflenir daha sonra da sol el üflenir.) Yani toplamda üç kere üçer dakikalık çalışmalar yapılır.

Reiki İle Olumlama Çalışması

Dünyevi ve manevi istekleriniz için uzağa gitmenize gerek yoktur. Bedenin başkomutanı olan sizler bir alt komutan olan beyne hükmedebilir, ona emirler yağdırabilirsiniz. Bu emirleri Reiki ışığı ile yaptığınızda, bu güzelliğin size çok yakın olduğu idrakine varacak, 1-2 hafta gibi kısa sürede isteklerinizin gerçekleştiğine şahit olacaksınız. Zihninize kabul ettirmek istediğiniz telkinlerin neticelerini bu yöntemle kısa sürede alabileceksiniz.

1- Olumlama öncesi ve sonrası eller dirseklerden itibaren soğuk su ile yıkanır.

2- Ayakta durulur. Bel, omuzlar ve boyun dimdiktir, ayaklarsa çapraz hale getirilmez.

3- Sol el, başın arka alt kısmına konur. (Sol el işlem bitimine kadar burada kalır.)

4- Sağ elin tümüyle başın üst arka kısmına sırasıyla 3+1 - 2+1 - 3+1 - 4+1 sembolleri çizilir. (Reiki 1. seviyede olanların sembolleri bulunmadığından onlar sembol çizmeden iki ellerini koyarak olumlama yapabilirler. Reiki 2. seviyedekiler 3+1 – 2+1 – 3+1 sembolleriyle, Reiki 3A ve Reiki 3B seviyesinde olanlar ise 3+1 – 2+1 – 3+1 – 4+1 sembolleriyle olumlamayı daha yoğun hale getirebilirler.)

5- Semboller çizildikten sonra sağ el de başın arka üst kısmına konur.

Yapacağınız olumlamaların içinde negatif hiçbir kelime bulunmamalıdır. Örnek: “Ben felçli değilim,” yanlış bir telkin olacaktır. Çünkü beyin “değilim”i bırakır doğrudan “felçli”yi algılar. Beyin negatif kelimelere daha yatkındır. Bunun yerine “Ben çok sağlıklıyım,” telkini doğru ve yerinde olacaktır.

Topraklanmanın Önemi Nedir?

Manevi enerjiyle bolca haşır neşir olmaktan dolayı dünyadan kopuveririz bir anda. Bu kopuş, mistik, manevi, ilahi enerjiyle çokça hemdem olduğumuzda gerçekleşir. Sabahtan akşama kadar Reiki ile ilgilenince topraklanma ihtiyacı hissedilir. Bu topraklanma ihtiyacı kendini dünyaya bağlamadır. Kopmamadır.

Örnek olarak bir ay boyunca topraklanmadan sürekli manevi enerjiyle uğraşalım, bu sefer ayaklarımız yerden kesilir. Ama bu bedenler bu dünyalık olduğu için ve ben de bu dünyada olduğum için bu bedenimin hakkını vermem gerekir. Her ne kadar manevi yaşamımın hakkını vermem gerekiyorsa, bu bedenin hakkını da ihmal etmemem gerekir. Bedenimi doyurmam ve beslemem, bu dünyada yapmam gereken şeyleri yapmam gerekir, sorumlulukları yerine getirmem gerekir. O yüzden her akşam topraklanmak gerekir.

Topraklanmayı Nasıl Yapabiliriz?

Topraklanma meşakkatli değildir. Pek çok topraklanma çeşidi vardır. Örneğin yaz günü toprakta yalın ayak yürümek, ağaca elleri koymak ya da kış günü duşun altına topraklanmaya niyet ederek girmek... Tüm bu uygulamalarda, o negatif enerjilerin suyla, toprakla birlikte aşağı inip akıp gittiği imgelenebilir.

En kolayı ise şöyledir; önce iki elinizi önceden yıkayın ve ellerinizi birbirine 6-7 defa sürtün, bu şekilde de topraklanma gerçekleşmiş olur.

Sabah Olumlaması

Sabaha neşeyle, enerjiyle kalkmak bize gün boyu yetecek enerjiyi verecektir. Bu yüzden her sabah bu olumlamayı yapabilirsiniz.

Yedi kere nefes alıp veriyoruz. Nefes alırken, beyaz nur ışığı içimize aldığımızı düşünüyoruz. Nefesi verirken de siyah olan negatifleri dışarı çıkardığımızı imgeliyoruz.

Sonrasında sabahları, ayaklarımız omzumuza paralel olarak kıbleye doğru ayakta duruyoruz.

Birer defa ve içtenlikle gözlerimiz kapalı olarak,

Ben sağlıklıyım,

Ben cesurum,

Ben sevgiyim,

Ben nurum,

Ben başarılıyım,

Ben çalışkanım,

Ben dengedeyim,

Ben huzurluyum,

Ben mutluyum, diyoruz.

ve ardından üç kere üst üste,

BEN SAKİNİM,

BEN SAKİNİM,

BEN SAKİNİM diye tekrarlıyoruz.

Not: Bu çalışma akşamları, uyumadan önce, yine sabahki gibi veya sırt üstü uzanma pozisyonunda da yapılabilir.

Reiki 2. Seviye Teknikleri

21 Gün Kendine Reiki Verme

- Öncelikle eller soğuk suyla yıkanır.
- Bir sandalyeye ya da koltuğa inisiyedeki gibi bel ve omuzlar dik, ayaklar yere basacak şekilde oturulur ya da bağdaş kurulur.
- Sol avcun içinde kişi kendini imgeler.
- Sağ elle havaya semboller sırasıyla çizilerek mantraları üçer defa söylenir. (Sembol Sırası: 3. sembol, 1. sembol, 2. sembol, 1. sembol, 3. sembol, 1. sembol)
- Bir kez, "Kalbimi açıyorum, Reiki'den sonra kapansın," denir. Böylece kişi hem mental hem de kalbî olarak Reiki vermiş olur.
- Sembol çizimleri bittikten sonra eller birleştirilir. Portakal tutar gibi parmakların hepsi birleştirilir.
- Minimum 15, maksimum 20 dakika konsantre olarak Reiki verilir.
- Reiki verme işlemi bittikten sonra eller tekrar soğuk suyla yıkanır.

Reiki'yle Mekân Temizliği

Odanın içine girin ve tam ortasında durun. Önünüze kocaman bir *Cho Ku Rei* sembolü çizin ve bu önünüzde kalsın.

Şimdi soldan sağa doğru odanın her köşesine birer tane *Cho Ku Rei* çizip üç kez mantralarını söyleyin. Yani bir köşeye çizip sonra sağındaki köşeye çizmeli ve böylece bütün köşelere *Cho Ku Rei* yerleştirmelisiniz. Bundan sonra büyük *Cho Ku Rei*'in dönmeye başladığını imgeleyin ve bu sırada küçüklerin de dönerek bütün negatif enerjileri büyük *Cho Ku Rei*'in önüne kattığını ve bu büyük sembolde negatif enerjilerin kaybolduğunu imgeleyin. Sonrasında ister kapıları, pencereleri açarak, isterseniz zihninizde o büyük *Cho Ku Rei*'in bütün negatiflerle bir top gibi olduğunu ve pencereden aşağı inip toprağa, oradan yerküreye doğru indiğini ve toprakta yok olduğunu imgeleyin.

Reiki'yle Uzaktan Mekân Temizliği

Reiki'yle uzaktan mekân temizliğinde mekânın bilinmesi veya resminin olması gerekiyor. Köprü yani bağlantı kurmamız için üçüncü sembol olan *Hon Sha Ze Sho Nen*'i kullanmalıyız. Uzaklık sembolü çizilip mantrası üç defa söylendikten sonra oranın adresi söylenir ve imgeleyerek o odada aynı işlemler yapılır.

Günlük Korunma

- Doğuya doğru ayakta durulur.
- Tüm bedenin önüne göz hizasından ayaklara doğru birinci sembol (*Cho Ku Rei*) çizilir.
- Bu sembol yere yığılmış ışıktan bir çuval şeklinde düşünülür.
- Daha sonra, önce sağ ayak ve sonra sol ayakla çuval şeklinde duran sembolün içine girilir.
- Sonra o çuval elle alttan yukarı doğru kafanın üstüne kadar götürülür.

- Ve ellerle sanki yine çuvalın ağzı düğümleniyormuş gibi, sembolün üstünün bağlandığı imgelenir.

- Artık kişi ışıktan bir *Cho Ku Rei*'in içindedir.

- Üç kez sembolün mantrası tekrarlanır.

- Yedi kez burundan karna nefes alınır. Nefes alırken tepe çakradan bembeyaz nur girdiği imgelenir. Ve ağızdan verilen nefes de simsiyah negatifler olarak imgelenir. Yani her nefesimizde nurla dolarken, içimizdeki negatifleri de boşaltmış oluruz.

- Yedi kez "Ben sağlıklıyım, ben cesurum, ben nurum, ben ışığım, ben sevgiyim," denir.

Yaş Çalışması

- Yaş çalışması, Reiki 2 inisiyesinin 21 günlük süreci bittikten sonra hemen yapılmaya başlanabilir. Her gün bir yıla Reiki verilir. Örneğin, 22 ve 23 yaş arasına. Ama ertesi yıla geçerken en son Reiki verilen yaşın gerçekten temizlendiğine emin olmak gerekir. Kişi 21 ve 22 yaş arasına Reiki yaptığının ertesi günü 22 ve 23 yaş arasını yapmadan önce 21 ve 22 yaş arasını düşünür. O yılın tam temizlendiğini kişi hissederek anlar, eğer içi sıkılıyor ya da "Emin değilim, bitti mi acaba?" diyorsa o yıl bitmemiştir ve bitene kadar çalışmalıdır.

- Öncelikle eller soğuk suyla yıkanır.

- Bir sandalyeye ya da koltuğa inisiyedeki gibi bel ve omuzlar dik, ayaklar yere basacak şekilde oturulur ya da bağdaş kurulur.

- Sol avcun içinde kişi kendini imgeler. Ve hangi yaş aralığına sıra geldiyse o yaşına Reiki verdiğini içinden geçirir. Örneğin, "Ben şu anda yaşamımın 7-8 yaş arasına Reiki veriyorum."

- Sağ elle havaya semboller sırasıyla çizilerek mantralar üçer defa söylenir.
- Sembol Sırası: 3. sembol, 1. sembol, 2. sembol, 1. sembol, 3. sembol, 1. sembol.
- 1 kez "Kalbimi açıyorum, Reiki'den sonra kapansın," denir. Böylece kişi hem mental hem de kalbî olarak Reiki vermiş olur.
- Sembol çizimleri bittikten sonra eller portakal tutar gibi parmakların hepsi birleştirilir.
- 20 dakika konsantre olarak Reiki verilir.
- Reiki verme işlemi bittikten sonra eller tekrar soğuk suyla yıkanır.

Uzağa Reiki Yollamak

- Öncelikle eller soğuk suyla yıkanır.
- Bir sandalyeye ya da koltuğa inisiyedeki gibi bel ve omuzlar dik, ayaklar yere basacak şekilde oturulur ya da bağdaş kurulur.
- Sol avcunun içinde kişi Reiki vereceği kişiyi imgeler. Ve o kişinin adını soyadını, mümkünse doğum tarihini söyler ve o kişiyi imgeleyerek Reiki vermeye başlar. Örneğin, "Şu anda İstanbul'da bulunan 01.01.1963 doğumlu İsmail Bülbül'e Reiki veriyorum."
- Sağ elle havaya semboller sırasıyla çizilerek mantralar üçer defa söylenir.

- Sembol sırası: 3. sembol, 1. sembol, 2. sembol, 1. sembol, 3. sembol, 1. sembol

- Bir kez "Kalbimi açıyorum, Reiki'den sonra kapansın," denir. Böylece kişi hem mental hem de kalbî olarak Reiki vermiş olur.

- Sembol çizimleri bittikten sonra eller portakal tutar gibi parmakların hepsi birleştirilir.

- Minimum 15, maksimum 20 dakika konsantre olarak Reiki verilir.

- Reiki verme işlemi bittikten sonra eller tekrar soğuk suyla yıkanır

Sembollerle Meditasyon Tekniği

- Bel, omuzlar ve boyun dik olacak şekilde ya sandalyeye ya da bağdaş kurarak temiz bir odaya oturunuz.

- Hangi sembol ile çalışacaksanız o sembolü önünüze (örneğin, *Cho Ku Rei*) çiziniz.

- Yedi defa derin bir şekilde burnunuzdan karnınıza nefes alıp ağzınızla dışarıya kuvvetlice üfleyiniz.

- Verdiğiniz her nefes sonrası çizdiğiniz sembolün mantrasını bir kere söyleyiniz. (Toplam yedi kere mantrayı söylemiş olacaksınız.)

- Her nefes alışta çizdiğiniz sembolün kendinize yaklaştığını imgeleyiniz.

- Yedinci nefeste sembolün sizi içine aldığını imgeleyiniz.

- Daha sonra kendinizi sembole teslim edip sembolün kendisi olunuz.

• Böylece maksimum 20 dakika gözleriniz kapalı şekilde kendinizi oldukça rahat bırakıp içinize dönünüz.

Hatırlatmalar:

• Reiki geçmişe, geleceğe ve ölmüş kişilere gönderilebilir.

• Sembollerle meditasyon yapılabilir.

• Reiki'yi reddedenler hariç, Reiki gönderilen kişinin haberi olmak zorunda değildir. Ama haberi olursa ve inisiyedeki gibi hazırlanıp Reiki gönderecek kişiye müsaade ederse enerjiyi daha kuvvetli hisseder.

• 21 günlük süreçte kimseye Reiki verilemez.

• 21 günlük süreçten sonra ilk önce geçmiş tamir edilmeye başlanmalıdır. Geçmişi tamir etmek Reiki 2 aşaması için çok önemlidir. Temizlenmeyi, affetmeyi, mutlu olmayı sağlar.

• Günde sadece bir kez meditasyon yapılması önerilir.

• Semboller parmakla değil elin tamamıyla çizilir.

• Geceleri Reiki akımı daha kuvvetli olur, yani çalışmalar ve meditasyonlar gece yapılırsa enerji daha iyi hissedilir.

• Ortalama 20 dakika Reiki verilmesi önerilir.

Reiki Sembolleri

Reiki sistemi her şey için kullanılabilir vasıftadır, yeter ki negatif niyet olmasın. Reiki sadece evrenin ve bütünün hayrı için kullanılır. Semboller de aynı şekilde kullanıldığında muhakkak sonuç alınır. Negatif olgu, olay, duygu ve düşünceler dışında her şey için Reiki ve sembolleri kullanılabilir. Semboller Reiki'de enerjinin güçlenmesi bakımından çok önemlidir. Sembollere uyumlanıldığında bu semboller bilinçaltına yerleşir ve bilinçaltını onarırlar.

Reiki birinci seviyede herhangi bir sembol öğretilmez. Sembollerin öğretimine ve uyumlanmasına ikinci seviyede başlanır. Üç adet sembol öğretilir ikinci seviyede. 3A ve 3B seviyelerinde ise ortak bir sembol öğretilir. Reiki'de seviyelerin hazmı çok mühimdir. Master (3A-3B) sembolünün ikinci seviyede kullanılmasına yetki verilmez.

Sembolleri kullanırken mantraları yani isimleri de önem arz eder. Sembolleri çizdiğinizde aynı zamanda mantraları da titreştirmelisiniz. Bu sembollerle, beynimizin frekanslarını açıp âtıl duran yüzde 95'lik bölümünü kullanırız. Mantraların özellikle son hecelerini uzatarak titreştirmek gerekir. Bu semboller beyninizdeki enerjiyi titreştirir.

Reiki İkinci Seviye Sembolleri

Cho Ku Rei

Cho Ku Rei birinci semboldür, güç ve korunma sembolüdür. Tüm sembollerin enerjilerinin daha çok artmasını sağlar. Birinci sembol, başlangıç anahtarıdır. "Allah'ın ve tüm evrenin nurunu buraya yönlendir!" anlamını taşır. Reiki'nin kendine has gücünü kullanabilmemiz ve her sembolün işlevini arttırmamız için *Cho Ku Rei*'i çizeriz. Dolayısıyla *Cho Ku Rei*'i her sembolden sonra kullanırız.

Bu sembol sayesinde kişinin gücü hem manevi hem de dünyevi olarak artar, önündeki yollar açılır ve ilahi nuru daha çok çeker. *Cho Ku Rei*'in manası Allah katından enerjiyi almak ve dünyaya spirallerle indirmektir. Korunmak, enerjiyi yoğunlaştırmak ve şifayı arttırmak, ayrıca var olan şeyi olması gereken titreşime getirmek amacıyla kullanılır.

Cho Ku Rei

Sei Hei Ki

Sei Hei Ki ise ruhsal, zihinsel ve özellikle duygusal olaylar, durumlar için çok önemli bir semboldür. Uyumu, huzuru ve dengeyi yaratır. *Sei Hei Ki* aynı zamanda mental semboldür. Zihni berraklaştırır, huzurlu kılar ve gittiğiniz her yere bunu yansıtırsınız.

Sei Hei Ki bizim çözüm arayıp da bulamadığımız tüm duygusal meselelerde çok iyi sonuçlar vermektedir. Yaşadığımız travmaların veya sorunların çoğu duygusal tepkiler ve acılardan kaynaklanır. *Sei Hei Ki*, olayın duygusal özüne iner ve onu şifalandırır. Bu şifalanma sırasında beden, ruh, duygu ve zihin dengesini yerine getirir. O bakımdan *Sei Hei Ki*'yi özellikle ruhsal, duygusal ve zihinsel meselelerde kullanabilirsiniz.

Örneğin, duygusal gelgitler yaşandığı zaman, çizildiğinde zihni berraklaştırıp net düşünmeyi sağlar, yoğun öfke anında çizildiğinde dinginleştirir veya okuduğunuz kitaplarda anlamadığınız bir şey olduğunda, bütün parmaklarınızı birleştirip parmaklarınızın uçlarıyla kitabın üzerine çizerseniz okuduğunuz kitaptan çok verim alırsınız.

Sei Hei Ki

Hon Sha Ze Sho Nen

Üçüncü sembol, uzaklık ve köprü sembolüdür. Bu sembol sayesinde geçmişe, geleceğe, şimdiye ve mekân ötesinde uzaktaki her noktaya şifa gönderebilirsiniz. Mekân ve zamanı ortadan kaldırarak Reiki'nin akışı için köprü olur. Zaman ve mekândan bağımsızdır. Özellikle uzağa veya geçmişe-geleceğe Reiki gönderirken öncelikle bu sembol çizilmelidir. Ama tabii ki yakındaki kişilere de uygulanabilir. Bu sembol sadece zaman ve mekân üstü köprü görevi görüp ulaşımı sağlamak içindir. Geçmiş ve gelecek temizlenmesi ve pozitif olanı kendinize çekmek için kullanabileceği gibi sembollerle farklı şekillerle de çalışılabilir.

Bunlara ek olarak kişinin iletişim yeteneğinin gelişmesi, bununla bağlantı olan kendini ifade etme, empati, sinerji yaratma, insan ilişkilerinde ustalaşma gibi konularda başarı elde etmeye yardımcı olur. Ayrıca zamanın ve mekânın ötesine geçip, uzakta olsa bile iletişimi sağladığı için kişiye, kendisinden uzakta gelişen veya haberi olmadan gerçekleşen olayları kavrama ve farklı inanç ve düşünceye sahip olsalar dahi insanları anlama yeteneği kazandırır.

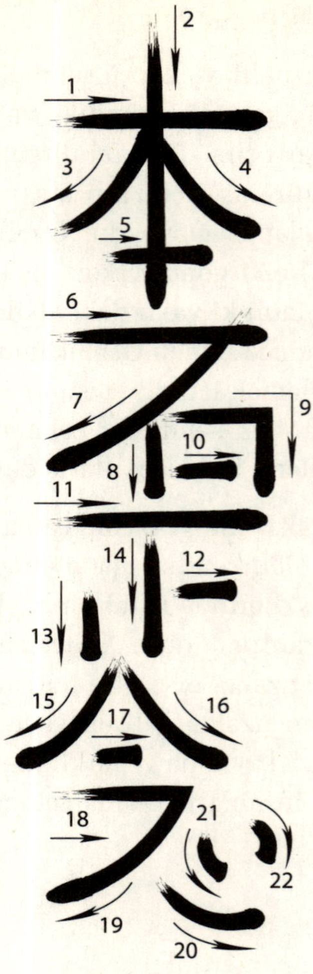

Hon Sha Ze Sho Nen

Reiki Master (3A-3B) Sembolü *Dai Ko Myo*

Dördüncü sembol *Dai Ko Myo*'dur. Bu 3A aşamasında verilen, aynı zamanda 3B seviyesinde de kullanılan semboldür. Yani iki aşamanın ortak sembolüdür. Bu, geleneksel Reiki'nin tamamlayıcı sembolüdür. *Cho Ku Rei*'i bir başlatıcı anahtar olarak düşünürsek, *Dai Ko Myo* da altın anahtardır. *Dai Ko Myo*'nun açamayacağı kapı yoktur. 3A uyumlamasında *Dai Ko Myo*, Reiki öğretmeni tarafından bir kere verilir, 3B aşamasında ise sembol iki kez çizilerek öğrencinin uyumlaması gerçekleştirilir. 3A'da ve 3B'deki kişiler *Dai Ko Myo*'yu aynı şekilde kullanabilirler.

Dai Ko Myo'yu hiçbir sembol olmadan kullansanız da olur. *Dai Ko Myo* tüm sembolleri kapsar. Arzu ve isteğiniz ne yöndeyse onu gerçekleştirir. Eğer dileğiniz evrenin hayrına ise *Dai Ko Myo*'yu çizerek yapamayacağınız yoktur. *Dai Ko Myo* enerjiyi direkt Allah'tan yönlendirir. Dışarı çıkarken *Dai Ko Myo*'yu çizin, o gününüz bambaşka olacaktır.

"Büyük ışık" veya "büyük enerji" diyebileceğimiz semboldür. Saf ilahi nurla hemdem kılar bizi. *Dai Ko Myo*, Reiki'nin kalbidir.

Dai, büyük demektir. Aynı zamanda sembolik olarak tekâmüle giden insanı, aydınlanma yolundaki yolcuyu anlatır. *Ko*, ışık demektir. Meşalede yanan ışık ilahi olanın iradesinin ışığını temsil eder. *Dai* ve *Ko* birlikte ise ilahi olanın iradesinin ışığını taşıyan aydınlanma yolundaki kişiyi temsil eder. *Myo*, güneş ve ayın sembolize ettiği "parlaklık" veya "berraklık" manasına gelir. Sembolün solundaki kutucuk güneş, sağındaki kutucuk ise ayı temsil eder. Bu durumda ayın ve güneşin parlaklığı ya da ay ve güneşten dahi daha parlak manasına gelir. Ki burada sembolize edilen, güneşin eril ve ayın dişil enerjisinin üzerindeki ilahi ışıktır yani bizim ilahi nur dediğimizdir. Bu sembol, ilahi nuru taşıyıp ve bu nurla hemdem olup aydınlanmaya gidişi temsil eder. Bu açıdan çok önemlidir.

Sembol sizin hem iç dünyanızı hem dış dünyanızı geliştirir ve güzelleştirir. İç dünyanızda doğuşunuzdan beri sizin komutunuzu bekleyen doktorunuza *Dai Ko Myo* ile hükmedebilir, ona görevler yükleyebilirsiniz. Bu sembolü önünüze boyunuz büyüklüğünde çizdikten sonra içine girip, sembolü giyinerek üç defa mantrasını (daykomiyo) söylediğinizde sizi olası negatif enerjilerden koruyacağı gibi ilahi nurlarla da hemdem kılar. Artık bu sembole inisiye olduğunuzda geleneksel büyük ışığa kavuşmuş bir mastersınız demektir. Sizin için artık uzak-yakın kavramı yoktur ve bu sembolü çizip sadece dilemeniz, olması için yeter.

Yine bu sembol, içinizde yıllarca var olan ama keşfedemediğiniz şeyleri ortaya çıkaracaktır. Enerjiniz katbekat yükselecektir. Kullandığınız bu nurun farkında olmak önem arz eder çünkü bu nur saf olarak ilahidir ve kutsaldır. Hiçbir durumda kötülük için kullanılamayacağı gibi bu amaç kişiye geri teper. Başkasının kötülüğünü istemeksizin, saf niyetle kullanmanız önem arz eder.

Dai Ko Myo çok kuvvetli bir semboldür. Bu dünyada yaşarken kendinizi keşfetmenin Rabbinize kavuşmanın altın anahtarıdır, geleneksel Reiki'nin son sembolüdür.

Sonsuza gidiyorum.

Allah'ın (cc) ışık kanalı olduğumun bilincindeyim.

Yeryüzünde ve dünyada, kucağımı açtım ışığı kucaklıyorum.

Ruhuma yönelip içimdeki gücü keşfediyorum.

Ruhumu koru, ona geçmişini ve geleceğini hatırlat...

Ruhumu koru, ona geçmişini ve geleceğini göster.

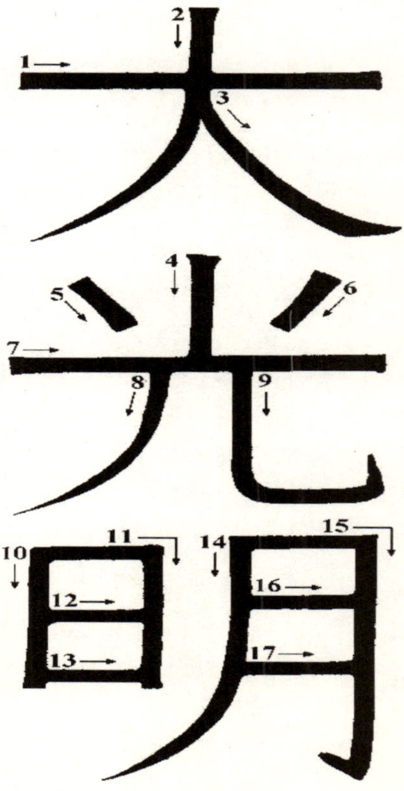

Dai Ko Myo

REİKİ'YE DAİR

SORULAR VE CEVAPLAR

Reiki ile Alakalı Sorular

Kısaca Reiki Nedir?

Reiki kısa değil ki kısaca anlatalım... Eğer illa kısaca tanımlamamız gerekirse, ilahi nurdur diyebiliriz. İlahi nurun insanla buluşması, insanda tecelli etmesidir. Başta şifacılık ve öze yolculuk olmak üzere bize spiritüel yolculuğu başlatan iksirdir Reiki. Ama Reiki de bir araçtır, amacımız bizim başkadır, amacımız öze kavuşmadır, özgürleşmedir ve kendimizi sevmek için yollardan mesafeler kat etmektir.

Çalışmadıkça Reiki akışı azalır mı?

Reiki bir yerlerde duruyor da siz onu çağırınca geliyor gibi bir şey yok. Siz inisiye olduktan sonra artık Reiki kanalı olmuşsunuzdur, kaynak ise doğrudan Allah'tır. O yüzden Reiki her daim sizden akıyor ama kendinize yönlendirirseniz çakraları temizler ve devamlı temiz kalırsınız. Aynı şekilde başkalarına yönlendirirseniz onlara da benzer şekilde akar. Eğer hiç yönlendirmezseniz, sadece akar gider ama pek faydası olmaz.

Günlük hayatta kullanmadığımız zaman Reiki içimizde onu kullanmamızı mı bekler yoksa vücutta gezer mi?

Önceden şöyle bir kanı vardı. Reiki bir yerde duruyor, istiyoruz öyle geliyor. Bu Avrupa'daki materyalist düşünceden doğan bir durumdur. Ülkemizde hâlâ bu kanı mevcut... Reiki'ye kanal oluyorum deyip öyle vermeye başlıyorlar Reiki'yi. Aslında bunlar yanlış. Sizler inisiye oldunuz ve Reiki sizden akıyor her an. Sizi farkındalığa götüren şey Reiki'nin nurudur, kullansanız da kullanmasanız da akıyor. Eğer kendinize veya bir başkasına yönlendirirseniz oraya yoğunlaşır ve akar, yönlendirmezseniz öylece kendince akar. O yüzden yukarıda durmuyor Reiki, her daim yanınızda.

Reiki'yi kötü amaçla kullanma isteği, egosal dürtüler veya yoğun negatif tutumlar Reiki kanallarının kapanmasına yol açar mı?

Evet mümkündür. Enerji diyoruz ama gerçekten nurdur, kaynağı Allah'tır, bizse kanalız. Sen onu kötü kullanmaya başlarsan Reiki küsebilir. Bilinçlidir ve o kişide akmayabilir. Ve ikincisi, kötü amaçla kullanamazsın zaten, geri teper. "Falanca kardeşimin kötülüğünü istiyorum ben, kahrolsun ölsün," deniyorsa aynı şey kendisine döner. Hiç kalkışılmamalı, ilahi nurla böyle oynanmaz, sadece kendine zarar verir bu anlamda. Reiki küserse akmayacaktır ama bu barışmayacağı anlamına gelmez, kişi yolunu ve düşüncelerini doğru hale sokarsa ve iyi niyetle devam ederse, Reiki akmaya devam edebilir.

"Ben Reiki verirken sorunları hissedebiliyorum," diyorsa biri, bu psikolojik mi?

Hayır, sorunları hissetme bir farkındalıktır. Bu onun farkındalığının arttığını ve ilerlediğini gösteriyor.

Akşamları yaptığımda Reiki'yi farklı algılıyorum, nedeni nedir?

Akşamları sükûnet vardır, sessizlik vardır. Kapı, telefon çalacak endişesi ve günlük işlerin yoğunluğu olmadığından, kafa bir yere takılmayınca tam bir konsantrasyonla Reiki alınabiliyor. Gün içinde Reiki verirken kapı, telefon çalabilir o zaman konsantre eksikliği olduğundan algılamada azlık olabilir, hissedemeyebilirsiniz ama şifasını alırsınız.

Dünyadaki herkes Reiki alırsa ne olur?

Reiki uyumlaması alan kişilerde, öfke, kin ve nefret gibi negatif duyguların bitip tükendiğini görüyoruz veya minimuma düşüyor. Bu öfkeyi, kini ve nefreti elbette kendi içimizde bitirebiliriz.

Özünüzde, içinizde birilerine yönelik kin, nefret, kıskançlık duyguları varsa, birilerine haset ediyorsanız, fesat çıkarma dürtüsü varsa, bunları sene sene geri giderek kontrol etmenizi tavsiye ediyorum. Meditasyon halinde on dakika yapın. Daha iyi gelişmek ve daha iyi ilerlemek için, ruhani olarak daha büyük açılımlara koşabilmek için bunları yapmak durumundayız. On dakika oturun ve düşünün, geçen bir yılda ne yapmıştım, kimlere kızmıştım, kimleri affedememiştim, kimlere kin, haset duymuştum, fesat çıkarmıştım, hepsini o on dakika içinde affedin gitsin. Affedin bitirin. Affettikçe rahatlar ve huzur bulursunuz. Ertesi gün bir on dakika daha… Hatta bunu bir, üç, beş, on yıllık bir zaman zarfı için bile yapabilirsiniz. Örneğin, on yılınızı birden yapabilirsiniz. Affedin ve kurtulun. Affetmek kurtuluştur, affetmek özgürleştirir, affetmek insanı hür kılar. Affedin ve özgürleşin.

Birçok Reiki masterının ne yeri belli ne de adresi, sadece cep telefonu numarası veriyorlar, telefon açtığınızda size güvenirlerse adres bilgilerini bildiriyorlar, hatta ancak eğitim ücretini yatırdıktan sonra adreslerini söyleyenler var. Bu nasıl bir mantıktır, neyi gizlemeye çalışıyorlar?

Bir ülke düşünün; bu ülkede herkes siyasetle, politikayla iç içe yaşıyor, hem öylesi iç içelik ki kendilerince her gün bir hükümeti düşürüp bir yenisini iktidara taşıyorlar. İstediklerine istediklerini söyleyebiliyorlar. Yine aynı ülkede ürettikleri, sattıkları, yaptıkları işlerden milyonları cebe indiriyor ve bir kuruş vergi ödemiyorlar. İşte bu ülke ne yazık ki bizim ülkemizdir.

Bize de bu çirkin eylemi empoze etmeye çalışanlar olmadı değil. "Kardeşim deli misin, sen de onlar gibi yap, sen de vergi ödeme!" diyenleri çok duyduk ama bu durumu biz içimize sindiremedik. Reiki'nin beş temel prensibinden biri "Bugün dürüst ol ve bugün ekmeğini helal yollardan kazan"dır. Reiki masterıyım diye ortaya çıkıp böylesi işleri yapanların Reiki'yi ne kadar özümsediklerinden şüphe duymamak mümkün değil.

Reiki yapan bir hanım hamile kalınca bebek bundan faydalanabilir mi?

Tabii ki faydalanır. Ana rahminde daha huzurlu olur, o annenin farkındalığı yüksek olduğu için çocuğun da farkındalığı artar. Bunun yanında, bahsettiğimiz gibi ana rahmindeki dört ayı geçmiş bebeklere de inisiye yapıyoruz zaten, çok daha iyi oluyor. İndigo ve kristal çocuk oluyorlar, daha bilgili ve zeki çocuklar olduklarını görüyoruz.

14 yaşındaki çocuklara Reiki 2. seviyeyi önerir misiniz?

O yaş grubundakiler için Reiki birinci seviye yeterlidir.

Şifa enerjisi verirken aklımıza, gönderdiğimiz kişi değil de, başka şeyler gelirse yine de karşıdakine şifa enerjisi gider mi?

Elbette gider, özünden niyet ettin ve o kardeşine şifa veriyorsun. Ama yine de imgelemek ve konsantrasyon oldukça güzeldir, bunun için çaba göstermeliyiz. Örneğin, uzaktan Reiki verirken televizyon izleme veya o anda gözlerini kapat ve onun iyileştiğini, huzur içinde olduğunu imgele. Bu şekilde yapılırsa şifa çalışmaları çok daha güzel olur. Şifa verirken her koşulda şifayı alır ama konsantre olunmadığında yüzde yüz alacağına, yüzde doksan-seksen alır, etkisi biraz azalır. O kişi için önemli olduğundan yüzde yüz şifa enerjisini almasına önem vermeliyiz, o yüzden konsantre olmaya çalışmak daha faydalıdır. Zaten siz imgelerseniz, daha çok ilahi nurla hemdem olursunuz.

Kalabalık yerlerde acilen Reiki yapmamız gerektiğinde karşıya elle çizmek yerine başka ne şekilde çizebiliriz, örneğin gözümüzle çizebilir miyiz?

Zihninizde imgeleyerek çizebilirsiniz. Gözle uğraşmaya gerek yok. Sana bakan birini düşün, gözle çizmeye çalışıyorsun, karşıdaki ne düşünecek? En güzeli zihninde imgeleyerek sembolü çizersin, yine mantraları üç defa söylersin ve Reiki akar, böylelikle gözünle uğraşmana gerek kalmaz. Zaten sembolü ezberlediğinizde çizmenize dahi gerek kalmaz. Gözünün önüne getirmek yani imgeleyip üç kere de mantrayı söylemek yeterli olur.

3B seviyesinden sonra gelen ışık seviyeleri *master teacher* seviyesinin üstü müdür? Ne işe yararlar? Reiki üçüncü seviyeye ulaşmayan bu ışık seviyelerini yaşayamaz mı?

3B (4) seviyesinden sonra, ışık aşamaları için bizim zamanımızda çetin sınavlar ve bin kişi uyumlama gibi koşullar vardı. Artık o şartlar o denli sıkı uygulanmıyor. Ama yine de internetten alınan ışık aşamalarıyla karıştırmamak çok önemli. 3B'den sonra belirli birtakım şartlar yerine getirildikten sonra 5-6. ışık aşamalarına geçilir. 5, 6, 7 ve 8. aşamalar ışık aşamalıdır. Bizim bildiğimiz son ışık aşaması 17. ışık aşamadır ama internetin etkisiyle son zamanlarda 24-30 aşamaya kadar gittiler, fakat bu aşamaların sembolleri nerden geliyor, belli değil tabii. 5-6, 7-8 derken 17'ye kadar gidilir ama elbette ilk önce 3B aşamasına gelip onu tamamlamak gerekir. Ben de 5-6 aşama eğitimini vermek için elbette birtakım şartlar koyuyorum. Bana koyulan şartlar kadar ağır olmasa da ben de koyuyorum. Zaten hiçbir aşamada, olgunlaşmayan öğrencimi yukarı basamağa çıkartmam. Örneğin, Reiki birinci seviyede tamamen olgunlaşmazlarsa bana kızsalar dahi, ikinciye uyumlamam. Bu da işin kuralıdır ve olması gereken budur çünkü kişi olgunlaşmadan ilerlerse aldığından bir şey görmediği gibi kendinde faydasından çok zararını görür.

Beş ve altıncı aşamaların şartları nelerdir? Bazıları birkaç haftada aldıklarını söylüyorlar, bu mümkün mü?

Olgunlaşma şartı var. Ben buraya ilk geldiğimde *grandmaster* seviyesinin olduğu bilinmiyordu. Bazıları engel olmaya çalıştı, bazıları da "Yıllarca masterlık yapar, sonra *grandmaster* olabilirsin," dediler, inanmadılar. Ama şimdi görüyorum ki, bir haftada *grandmaster* oluyorlar hem de 17. aşamalara atlıyorlar ve sair… Tabii ki herhangi bir kınamada bulunmuyorum ama yanlış yaptıklarının farkında değiller. Gerçek *grandmaster* olmak kolay olmuyor, bir haftada asla söz konusu olamaz.

İnternet çağındayız, her şeyin sahtesi çıktı bu yüzden. İngiltere'de, Almanya'da 17. ışık aşamasına kadar semboller gizli tutulur. Hangi sembolleri aldılar bilmiyorum ama bu arkadaşlarımız aldanıyorlar, eğer 17. ışık aşama hemencecik bir haftada olsaydı o zaman neden 13-14 yıl bekledik durduk… Hepiniz bekliyorsunuz. İkinci aşamaya bile gelene kadar en az 3-4 ay lazım... Çünkü gelişme ve olgunlaşma çok önemli. Gelişerek olgunlaşıyoruz. 3A ile 3B arasını daha çok uzatıyorum, çünkü öğretmen olacak kişi daha çok olgunlaşmalı ve iç dünyasında daha çok gelişmeli. Bu gelişme tamamlanınca 3B aşamasını veriyorum. Bizler, beş ve altıncı aşamayı bir sözel ve bir de yazılı imtihan sonucu elde ettik ve 1000 kişi uyumlama şartını yerine getirdik. Ama şimdi bakıyoruz maalesef bir haftada uyumlamalar alınıyor ve *grandmaster*lar türüyor. Tabii ki onlara sevgimi gönderiyorum, kızmıyorum ama kanmasınlar istiyorum. Aşamalar 20-50 dolara satılıyor, kanmasınlar, doğru şeyler değil bu uydurma uyumlamalar. Aşamalar hak edince, olgunlaşınca alınır. Kimsenin beni yanlış anlamasını istemiyorum ama onları uyandırmak adına dil döküyorum.

Işık aşamaları tekâmülle mi, şifacılıkla mı ilgilidir?

Işık aşamaları hepsiyle alakalıdır, sadece şunla bunla alakalı diyemeyiz. Her bir yolda, alanda gelişim sağlanıyor. Her sembolün kendine özgü açılımları vardır, doygunluk, barış, huzur verir ve birçok yönden farklı açılım sağlar. O yüzden her açıdan önemlidir.

Bir gecede *grandmaster teacher* olan bir kişi var ve sitesinden bu konuda bilgi edinmek istediğimizde ücretli üyelik talep eden bir sisteme sahip. Suistimale açık olan ışık aşama masterları konusunda nelere dikkat etmeliyiz?

Hepinizin bildiği gibi Reiki'de bir soyağacı (şecere, silsile) sistemi vardır. Geleneksel aşama soyağacının yanında ayrıyeten ışık aşaması soyağacı vardır. Geçerli bir soyağacı olmayanlar Reiki sistemine ait olamaz, inisiye yapamazlar. Böylesi kişilerden ışık aşaması soyağaçlarını açıklamasını isteyin. İnternet çağında yaşıyoruz. Nimetlerinin yanında internetin pek çok çirkin işlere alet edilmesi maalesef önlenemiyor. Reiki *grandmaster teacher* sertifikaları, sembolleri, nereden elde ettikleri bilinmeyen kişilerce internet üzerinden satışa sunuluyor. Bazı sözde masterlar da sadece egolarını hoş tutma adına bunları satın alıyorlar. Öğrencimin birisi bana link yollamış, bir master kelimelerini bile değiştirmeye zahmet etmeden bizim sitemizde tanıtım olarak kullanılan yazıları kendi sitesine kopyalamış.

Işık aşamaları hafife alınmamalı, hiç tanınmamış kişilerden inisiye alınmaksızın edinilen semboller kullanılmamalıdır. İnisiye oldunuz yalanına asla kanılmamalıdır. Eğitim olmaksızın, resmini bile görmediği, inisiyasyonu yapıp yapmadığından bile emin olmadığı yabancı kişilerden online inisiyeler almak sadece laf olsun diye, etiket kazanmak için alınmış inisiyeler olur. Bu, kişiye hiçbir yarar sağlamaz, aksine ona zarar verir. Reiki'de her aşamada bir kıvam süreci vardır ve bu süreç içinde gelişerek bu aşamalar alınır. Hele bu aşamalar arınma dönemiyle birlikte zorlu geçen ışık aşamaları ise... Süreç beklemeden inisiye olduklarını zannedenlere bu semboller çok zarar getirebilir. Ne yazık ki etiket peşine düşmekten, kendilerine ve onlara güvenme ihtimali olan öğrencilerine zarar verecek olan olayın bu yanlarını hiç düşünemiyorlar.

Dört ay önce 1. seviye uyumlaması aldım. Duygusal açıdan gelgit yaşıyorum, her şeyi sorgular oldum, bu süreci nasıl rahat atlatabilirim?

Bu senin için Reiki ikinci seviye sürecinin geldiğini gösteriyor. Elbette birinci seviyede açılımlar olur. Şimdi aura kanalını biraz daha genişletip çakralarının biraz daha hızlı dönmesini sağlayarak enerjiyi daha güçlü alman gerekiyor. Bunun için ikinci seviyeye geçmen yeterli olacaktır.

İstanbul dışındayım, sizin öğrenciniz olabilir miyim?

İnternet üzerinden görüntülü görüşme yoluyla bire bir olarak yaptığımız online eğitimi tercih edebilirsiniz.

İkinci seviyedeyken sembolleri ayakaltına çizip enerji çalışabiliyordum ama üçüncü seviyede bunu yaptığımda çok kötü hissettim?

Bunların hiçbir anlamı yok aslında. Sembolleri uzanarak ve oturarak kendinize çizin ve şifaya açın kendinizi, yeterli olacaktır. Neden bütün vücuda değil de sadece ayakaltına çizilsin ki? Tüm vücuda çizmek daha iyi olur. Çalışmaları yaparken, nedenlerini anlamak önemlidir.

Reiki'yi hasta insanlara izin almadan gönderebilir miyiz?

Hastaysa izin almaya gerek yok ama hasta ayıksa hastadan izin alınmalıdır. Hasta istemiyorsa kendini açmıyorsa, ne yaparsan yap zaten kabul etmeyeceği için Reiki vermiş olmazsın. Kendisini açarsa daha sağlıklı olacaktır. İnanıp inanmaması önemli değildir ama izin vermesi önemlidir. Komadaysa izin istemeyebiliriz.

Daha fazla Reiki yapsak sakıncası var mı?

Hayır, sakıncası yok ama birinci seviyedeyseniz, günde birer kere yapın yeter. Usanmanıza ve yorulmanıza gerek yok.

Reiki herkese nasip olur mu?

Reiki hazır olanlara nasip olur.

***Cho Ku Rei* ile meditasyon yaptığımızda ne gibi faydalar görürüz?**

Cho Ku Rei'in de kendi içinde anlamları var. Hem korunma hem güçlenmedir. Enerjinin güçlendirilmesi, korunma içgüdülerinin pekişmesi gibi etkileri vardır. Bunun meditasyonunu yaptığın zaman, merhamet ve şefkat artışı da söz konusu olur. Hem hayatta güç sağlar hem de manevi açıdan güç kazandırır. Daha engelsiz, virajsız güzergâhları önüne çıkararak manevi yolda daha rahat adımlar atmanı sağlar.

Sembollerin anlamlarının bizde geliştiğini nasıl anlarız?

Semboller zaten kendi başına o görevi sürdürür. Sembollerin ışığında farkındalık gelişir. Örneğin, *Cho Ku Rei* etkisiyle içgüdüsel olarak kişi kendini güçlü ve korunaklı hisseder. *Sei Hei Ki* etkisinde kişi kendini daha huzurlu ve her şeyle barışık hisseder, sevgiyi herkese yaymak ister. *Hon Sha Ze Sho Nen* etkisinde kişinin iletişimi ve hayal gücü artar, telepati yeteneği artabilir, bunlar da üçüncü sembolün gelişiminin göstergeleridir. Bu hissedilenler, sembollerin gelişiminin göstergesidir.

Reiki'den sonra rahatsızlık arttı, neden olabilir?

Reiki almadan önce kronik rahatsızlıklarınız varsa, örneğin mide, böbrek rahatsızlıkları veya migren gibi, Reiki'yi aktardığınızda önce gider o bölgelere ulaşır, çünkü bilinçli bir enerjidir, orada enerjiyle birlikte uyarılmalar olabilir. İlk başta ağrılar olabilir ama bu ağrılar pozitife işarettir, iyileşecekleri manasına gelir. Bazen de var olan ama farkında olmadığınız sorunları şifalandırır ve onun belirtisi olabilir. Ağrılar olsa dahi enerji vermeye devam edin, bir süre sonra ağrı geçecektir.

Enerji verirken, verilen kişide titreme oluşması normal mi?

Normaldir. Bu, enerjinin ulaşması gereken yere aktığı anlamına gelir. Titreme, üşüme veya tersi, çok sıcaklık hissetme ya da baş ağrısı, karın ağrısı, mide bulantısı olabilir. Reiki pozitif olarak oralara nüfuz ettiğinden bu hissiyatlar olabilir. Bu titreme de enerjinin oradaki şifalandırmasından olabilir, belli bir süre sonra geçecektir.

Reiki 3 seviyesindekiler dokunarak Reiki yapabilirler mi?

İster imgeleyerek ister dokunarak yapabilirler. Sembolleri çizince arasında hiçbir fark yoktur.

Geleceğe şifa çalışması yapabilir miyiz?

Elbette, geleceğe ve geçmişe üç sembolle çalışma yapılabilir.

Reiki 2. seviyenin 21 günlük arınma döneminde herhangi bir çalışma yapabilir miyiz, örneğin oda temizliği gibi?

Arınma süreci, sadece kişinin Reiki ve sembolleri ile hemdem olma sürecidir. Bu süreç Reiki birinci seviye ve ikinci seviyede ayrıdır. Reiki ikinci seviyede sembollerin kişiyle uzlaşması, özünde gelişmesi gerekir, bu yüzden Reiki 2. seviyenin 21 günlük sürecinde sembollerle yapılması gereken herhangi bir çalışma önermiyoruz, sadece sembollerle özdeşleşilmesi ve hemdem olunması gerekir. Haliyle bu arınma sürecinde oda temizliği de dâhil, çalışmalar yapılmaz. 21 gün geçtikten sonra oda temizliği, uzağa yakına Reiki vermek gibi teknikler öğretilebilir ve uygulanabilir.

Kişiye Reiki gönderirken hiçbir şey hissetmezse, bunu nasıl yorumlamalıyız?

Hiçbir şey hissetmeyebilir ama enerji o kişiye gider. Yine de kişi kendini açmalıdır. Belki karşıdakini üzmemek adına "Tamam," diyordur ama kendini açmıyordur. Buna karşılık kendini açtığı halde de hissetmeyebilir, bunlara kafa yormamak gerekir, kişi izin veriyorsa hissetmese dahi Reiki ona akar ve onu şifalandırır.

Reiki'yi hissedemiyorum, yanlış mı yapıyorum?

Hissetmemek bir problem yaratmaz, o yüzden yanlış yapmıyorsun. Enerji akıyor.

Terapi yaparken yarıda bırakmak sorun teşkil eder mi?

Reiki terapisi sırasında kapı zilini ve telefonlarınızı kapatmaya ve rahatlamaya özen gösterin. Bu kendinize Reiki yaparken de geçerlidir. Olabildiğince rahat olmak gerekiyor. Kişisel Reiki terapisinde eğer bu ortamı sağlayamıyorsanız gün ortası yerine, akşam yatağa gidince yapabilirsiniz çünkü telefon çalması veya çocukların ağlaması gibi durumlar daha zayıf ihtimaldir, o anlarda yüksek konsantrasyon sağlayabilirsiniz.

Terapi sürecinde telefon çalması gibi dışarıdan gelen bir uyarıcı yüzünden baştan başlamak gerekir mi?

Eğer bedenden teması kesmiyorsanız devam edebilirsiniz. Yani bir eliniz bedende, diğer eliniz telefonla konuşuyorsa veya bir eliniz bedendeyken diğer elinizle kapıyı açarsanız Reiki ile teması kesmemiş olursunuz ve o şekilde devam edebilirsiniz. Ama yine de sessizlik önemlidir ve eğer kendinize yapıyorsanız, özellikle 21 günlük süreçlerde, uyumadan önce yapmanız bu problemleri ortadan kaldıracak hem de bu şekilde çok rahat bir uyku uyuyarak sabaha daha dinç kalkacaksınızdır.

Reiki öncesi ve sonrası ellerimizi yıkamamızın anlamı nedir?

Ellerimizle çok fazla temasta bulunuyoruz ve haliyle negatiflik bulaşıyor. Öncesinde bu yüzden yıkıyoruz. Reiki çalışması sonrası ellerimizi yıkamamızın nedeni de, ellerimize negatif enerjilerin toplanmasından dolayıdır.

Bir Reiki master, öğrencilerini neye göre bir sonraki aşamaya geçiriyor?

Reiki birden, Reiki ikiye geçmek bazen çok uzun sürebilir. Bu kişinin çalışmasına bağlı olarak değişir. Örneğin ilk beş gün yapıp diğer günler yapmazsa veya hayatına çok yansıtmazsa elbette süresi uzar. Özellikle birinci seviyedeki 21 günlük süreç çok önemli, ara vermeksizin yapılması gerekiyor. Örneğin, bir ay ara verdikten sonra yine yapılabilir tabii ki ama inisiyasyonun hemen akabindeki kadar tesirli olmuyor...

Bu süreci baz alırsak, 21 günü dosdoğru ve tam bir şekilde tamamlarsa kişi minimum üç ay içinde Reiki ikinci seviyeye gelebilir. Eğer bu ilk 21 günlük çalışmayı yapmazsa bu 4-5 hatta altı ay ve daha fazlasına uzayabiliyor. O yüzden Reiki masterlar, öğrencilerinize ilk 21 günlük sürecin çok önemli olduğunu anlatın.

Aynı şekilde bu temel süreç 3A, 3B için de önemlidir. Yani ileri seviyelere geçiş sürecini de etkiler. Diğer seviyeler arası geçiş ise olgunlaşmaya göre belirleniyor.

21 günlük arınma dönemi neleri kapsıyor? Pozitif bir kişi için de geçerli midir bu süreç?

Elbette geçerlidir ve arınma süreci hem zihnî hem fizikî hem ruhanidir. Bu şekilde hem beden hem zihin hem ruh arınır. Böylece o nur kapısından içeriye girmiş oluruz. Demek ki bu yol için arınmamız gerekiyor. Kendi kendimize "Ben mükemmelim, ben çok güzel düşünüyorum, ben iyiyim," dememiz egodan kaynaklanır, işte kastımız ve bu süreçteki gayemiz de budur; egonun temizlenmesi ve arınmak.

Arınma sırasında duygusal olarak hiçbir şey hissetmiyorum, bu normal mi?

Normal tabii ki. Yaşla da bağlantılı olarak değişir bu. 16-17 yaşlarda zaten yoğun bir hissiyat olmaz. Herkeste ayrı işler Reiki, senin meşrebince ayrı, başkalarının meşrebince ayrıdır. Mesela ben çok ağlamıştım Reiki birinci seviyede, duygusallığı yoğun yaşamıştım ama başka biri yaşamayabilir veya başka şekilde gelişebilir. Örneğin, bir marangoz Reiki aldığında o iş üzerine başarılı olur, profesör alanında öne çıkar. Âlim, Reiki alınca bilgelikte derinleşir. Reiki böyledir, kişiye göre değişebilir.

Rabıtayı güçlendirmek için nasıl sembollerden yararlanabiliriz?

Sei Hei Ki sembolünün arkasından *Cho Ku Rei*'i çizip rabıtaya geçin. Çok daha yoğun, çok daha verimli olacaktır.

Kendi hocamızın dışında başka bir hocadan yardım alabilir miyiz, hocamızı değiştirebilir miyiz?

Elbette hoca değiştirebilirsiniz. Ama sürekli değiştirmek iyi değildir, hocanızla aranızda tesis edilmesi basit olmayan bir bağ vardır. Farklı öğretmenlere bağlanmak tehlikeli olmamakla birlikte, kişinin gelişimini yavaşlatabilir, engelleyebilir ve farkındalığını durdurabilir. Her hoca aynı olmadığı gibi görüşler ve yaklaşımlar farklıdır. Farklı fikirlerle akıl karışıklığı yaşanabilir.

Hoca ile öğrenci arasında ışıksal manevi bir bağ olduğu doğru mudur? Farklı öğretmenlere bağlanabilir miyiz?

Kalp bağının mümkünse tek bir hoca ile olması gerekiyor. Reiki eğitimi veren kişiyle aranızda kalp bağı olur. Bu kişi, seni yönlendirecek, seni eğitecek masterdır. O yüzden tek bir hocayla kalp bağı kurulmalıdır. Eğer farklı farklı hocalarla kalp bağı olursa yani farklı hocalarla görüşülürse, biri dur derken biri yürü diyebilir, farklı tavsiyeler verecekleri için ilerlemeniz mümkün olmayacaktır. Bana kalırsa, farklı hocalardan uyumlama alınmışsa bu bağlar bir bir kesilmelidir. Sadece ve sadece bir tek hocayla kalp bağı olursa, o zaman onun dediklerini yaparsın, o yürü deyince yürür, dur deyince durursun, hocayla iletişim güçlenir ve tek kanaldan net bir eğitim almış olursun.

Reiki'de hangi seviyelerde zorlanırız?

Reiki 1. seviyede bütünsel temizlik ve arınma süreci yaşanır, biter. Reiki ikinci seviye ferahlık ve hoşnutluk seviyesidir. Reiki üçüncü seviyede daha bir coşkunluk yaşanır. Reiki öğretmenliği *(master teacher)* seviyesinde çok daha yoğun enerjiyle çalışılır. En inişli çıkışlı aşama, arınma sürecinden dolayı Reiki birinci aşamadır ve biraz daha zor geçer. 2, 3A, 3B o denli zor geçmez.

İkinci seviyede hâlâ sınanmalar yaşıyorum, birinci seviyeye göre daha zor geçiyor nedeni nedir?

Birinci seviyede arınamadığımız şeyler ikinci seviyede baş gösterir ve arınana kadar devam eder. Demek ki birinci seviyede tam arınamadığın şeyler var ki ikinci seviyede devam ediyor. Aslında bütün bunlar size ödüldür, eziyet değil; bunların da bir anlamı var. Bunları olduğu gibi kabul edin. Hastalıkların hepsi bize bir şeyler öğretir.

Reiki'nin birliği ve derneği var mı? Reiki öğretmenleri ve uygulayıcıları denetleniyor mu? Bu denetleme iyi değilse, tam bilmeyenler insanlara zarar verirler mi?

Maalesef tüm sancımız Türkiye'de. Almanya'da elbette Reiki Derneği şeklinde bir kuruluş var. Ben de orada yönetim kurulundaydım ve masterlar o dernek tarafından onaylanıyordu. Onlar tarafından inisiye olanlar tabii ki zarar görmüyorlardı. Birçok ülkede örneğin İngiltere'de, Amerika'da da var lakin bizim ülkemizde böyle bir dernek yok. Bu tarz bir oluşuma, derneğe ihtiyacımız var.

Türkiye'ye geldiğimde master olarak tanınmış bazı kişilere öneride bulundum ve hepsini e-posta yoluyla davet ettim. Hatta gelmek istemezseniz sizin çağıracağınız yere biz de gelebiliriz, dedim. Konuşalım, bütün tekniklerde anlaşalım, herkes ayrı ayrı konuşmasın ve bir dernek oluşsun Türkiye'de, dedim. Ben Alman vatandaşı olduğum için herhangi resmî bir görev alamam, sizler yönetim kurulunda olun, böylelikle dernek kuralım, dedim ama maalesef gerçekleşmedi. Kimseyi kötülemek adına demiyorum, yanlış anlaşılmasın ama bizim ülkemizdeki masterların bazılarında nedense biz biliriz havası var ve maalesef hiçbirinden cevap gelmedi. Haliyle güzel niyetimizi sunmuş olduk ama onlardan cevap gelmeyince bir şey yapamadık. Tabii ki böyle bir şey yapılabilirse muhteşem olur.

Böyle bir oluşumun olmamasından elbette zarar görenler var ve çok yanlışlıklara şahit oluyoruz maalesef. Mesela internet üzerinden binlerce kişinin takip ettiği bir kişi, uzaktan uyumlama yapıyor yakın uyumlama hiç yapmıyor, bu kişinin kendi resmini, cismaniyetini gören hiç kimse yok ve bu arkadaşımızın bir sertifikası da bulunmuyor ama bu yoldan kazanç sağlıyor. Hatta iki üç defa uyardım kardeşimizi ama dinlemedi. Ama insanlar yavaş yavaş aydınlanıyorlar, kısmeti nasibi olan bir şekilde farkında oluyor zaten.

Zihinsel engelliler Reiki ile şifalanabilir mi?

Elbette şifalanabilir. Her türlü rahatsızlığa iyi gelir Reiki, çünkü Allah'ın nurudur. Deneyin, şifalandırmaya çalışın, bütünün hayrına şifa olacaktır. Kesin netice alınıp alınmaması önemli değil. İyileşseler de iyileşmeseler de muhakkak rahatlayacak ve huzur bulacaklardır.

Hiperaktif ve konsantrasyon bozukluğu olan bir çocuğa kırmızı reçeteli ilaç verilmiş, Reiki ile düzelebilir mi?

Öncelikle bilinçaltı kodlama terapisi yapılabilir. İkinci olarak, problemli olan solar pleksus ve zihin çakraları inisiyasyon veya Reiki ile arındırılabilir. Ankara'dan sekiz yaşında bir kızımız geldi, çok ağlıyordu ve kendini ifade edemiyordu, hiperaktifti. Ve terapiyle birlikte Reiki inisiyesi yaptık. Şimdi çok iyi oldu. Hâlâ çok keyif duyarak ziyaretimize gelir ve hem huzur verir hem huzur bulur.

Bunalım için nasıl yardımcı olabiliriz?

Dört gün arka arkaya şifa gönderebilirsiniz. Reiki ikinci seviye sembolleriyle uzaktan da şifa verebilirsiniz. Dört gün arka arkaya yirmişer dakika aynı saatte enerji verin. Bununla birlikte, bilinçaltı kodlama terapisi bu tür kişiler için daha faydalı olacaktır.

Reiki'nin sara hastalığına faydası olur mu?

Tüm hastalıklara faydası vardır, zihinsel, bedensel veya ruhsal, hepsine Reiki'nin faydası var. Yan etkisi olmayan ilahi nurdur. Onun için asla zerre kadar zararı olmaz, sara hastalarına da uygulayabilirsiniz lakin ikinci seviye eğitim görmüşlerin uygulaması gerekir.

Çok çabuk unutan, hafızası çok zayıf olan bir kişide Reiki işe yarar mı?

Evet, yarayabilir. Üçüncü göz çakrasına enerji gönderebilirsiniz. Sağ veya sol el ile alnınızı tutarken diğer elle başınızın arkasını tutun ve zihin çakranıza Reiki gönderin. Böylelikle zihninizi daha güçlü ve berrak hale getirebilirsiniz. Bunu sık sık yapın, boş kaldığınızda hep yapın, hatta TV izlerken bile…

Sei Hei Ki, bilhassa zihin için en mükemmel semboldür. *Sei Hei Ki*'yi zihninize çizin ve üç kez mantrayı söyleyin, ardından *Cho Ku Rei*'i çizin ve yine üç kez mantrayı söyleyin, ardından hem öne hem arkaya ellerinizi koyun. 10-15 dakika yapın, iyi gelecektir, boş zamanlarınızda hafıza kaybı için uygulayın. Ayrıca hafıza bilinçaltı doluluğundan gelebilir bu yüzden bilinçaltı kodlama terapisi de iyi gelecektir.

Çevremdeki evlenmek isteyen bekâr arkadaşlarıma Reiki verebilir miyim?

Olur, tabii ki verebilirsiniz. Onlarla ilgilen, onlara şifa ver, önleri açılır inşallah.

İnsanların eşleriyle olan ilişkilerini nasıl şifalandırabiliriz?

İlişkileri şifalandırmak, aynı uzağa şifa çalışması gibidir. Eğer bunlar yakın, birinci göbek akrabalarsa, çocuk, eş, anne, baba ise onlardan izin almanıza gerek kalmaksızın yapabilirsiniz. İsmi soyismi söyleyip avcunuzun içine alıp, önce imgeleyerek ve niyet ederek, 3-1-2-1 sembollerini çizin, üçer kez mantralarını okuyun ve aralarındaki bütün negatifliklerin çözülmesini ve sevgi bağı oluşmasını isteyin. 20 dakika çalışın. Dört gün arka arkaya yapın.

Reiki daha çok ruh ve beden sağlığıyla ilgili bir şifa enerjisi değil midir? Dilekler ve maddi istekler için kullanılabilir mi?

Biz bu maddesel dünyada yaşıyoruz ve bu bedende olduğumuz sürece elbette reel yani dünyevi ihtiyaçlarımız da var olacaktır ve buna yönelik isteklerimizin olması da doğaldır. Bu istekleri veren de Allah'tır. Bir şekilde bu dünyayı da yaşamamız gerekiyor. Yani sadece zahit olunmamalıdır. Kişi iki kanatlı olmalıdır; hem dünya hem maneviyat için var olmalıdır. İki kanat olmayınca kuşlar uçamaz. Haliyle bizler de hem dünyevi hem manevi kanatlarla uçmalıyız. Elbette Reiki çalışmalarında dünyevi dilekler, maddi isteklerde bulunabiliriz, bu gönlümüze gelen isteklerin hepsi Allah'tandır.

Reiki bir şifa enerjisidir elbette ama Reiki'yi her şekilde kullanabilirsiniz. Yeter ki pozitif olsun. Negatif olgular için Reiki kullanılmaz ama pozitif istekler için Reiki kullanılabilir. Bu istekler de Rabbimizden gelir, biz de pozitif yöndeki isteklerimizi kâğıda yazıp üzerlerine Reiki çalışabiliriz. Ama önemli bir nokta şudur ki, isteklerde egoya prim vermemeli, kendimize istediğimiz her şeyi diğer insanlar için de istemeliyiz zaten böyle olursa Allah verir, ego devreye girerse Allah zaten geciktirecektir.

Yaş çalışması sırasında o yaşla ilgili anılar aklıma geliyor, zihnimi serbest bırakamıyorum, ne yapmalıyım?

Bu zaten olması gerekendir. Zihin meditasyonda durdurulur. Yaş çalışması yaparken o yaşa konsantre oluyorsun, zihnini durdurmana gerek yok çünkü zihnini temizliyorsun yani zihnin ve bilinçaltının sana sunduğu resimleri, anıları arındırıyorsun. Oralara gitmen oldukça doğal ve doğrudur.

Reiki'yi her şeye yapabilir miyiz?

Reiki her şeye ama her şeye iyi gelir ama her hastalığı kesinlikle şifalandıracağını söyleyemeyiz. Tümörlü, kanserli, AIDS'li hastaya da yapılabilir. Sadece hasta ameliyattayken yapılmaz çünkü Reiki narkozun etkisini azaltabilir.

Reiki yaparken neden gözlerimizi kapatıyoruz?

Gözleri kapatmadan da olur ama o şekilde daha keskin konsantrasyon sağlanır ve daha rahat hissedebilmek adına gözler kapatılır.

Kendimize koruma oluşturmada sembollerin gücü nedir?

Dua da Allah'tan, sembol de Allah'tan. *Cho Ku Rei* ile kendini koruyabilirsin. Enerjiyi Allah'tan alıyorsun, yerküreye taşıyorsun. O düz çizgi Allah anlamındadır, aşağı doğru indiriyorsun yani Allah'tan aldığın enerjiyi aşağı indiriyorsun ve üç kere yuvarlak çiziyorsun "Böylece yuvarlak içine kendimi aldım," diyorsun. Her sembolün arkasına enerjiyi yükseltmek için *Cho Ku Rei* kullanılır. Bu yüzden güç ve koruma sembolü adını almıştır. Dualar da aynı şekilde korur. Enerjini ve gücünü yükselterek koruyucu etki yapar. Benzer şekilde, o spiraller de seni ortasına alıp negatiflerden koruyor.

Reiki bağımlılık yapar mı?

Hayır yapmaz. Biri, Reiki birinci seviyeyi alır ve kabı onunla yetinebilir. Veya devam etmek ister ve eder. Örneğin, sen tıp öğrencisisin, birinci sınıfta da bırakabilirsin, altı yılı okuyup doktor da olabilirsin. Bağımlılık yapmaz.

İnancı kuvvetli olmayan biri Reiki yapabilir mi?

Reiki bir din değildir, inanıp inanmaması önemli değil. Sadece Reiki'ye kendini açmak önemlidir. Bir başkasına

Reiki yaparken de inanmasa bile "Ben kendimi açıyorum," demesi yeterlidir.

Eğer Reiki pozisyonlarını yapamayacak durumdaysak kendimize Reiki nasıl verebiliriz?

Reiki pozisyonlarını yapamayacak durum varsa kişinin yapabildiği kadarını yapması ya da ellerini dizine koyup "Reiki uzanamadığım yere gitsin, bedenimde nereye ihtiyaç varsa oraya aksın," niyetini ifade etmesi yeterli olacaktır.

Ölen kişiye Reiki yollayabilir miyiz?

Evet, gönderilebilir ama ölen kişinin kabrine yollamayın. Sadece zaman mekân bildirmeden kişiyi avcunuzun içine alıp Reiki gönderin. O yolunu bulup o kişinin ruhuna gidecektir. Ölülere şifa yollanmaz, huzur için Reiki yollanabilir.

Reiki dinden soğutur mu, semboller dinimize ters düşer mi?

Reiki dinden soğutmaz. Tam tersi dinine daha çok yaklaştırır. Sembollere kafanızı takmayın. Her sembolün bir anlamı vardır evrende. Siz bu sembollere açın kendinizi. Hiçbir dine veya inanca olumsuz yan etkisi yoktur. Her inançta olan kişiler bunu uygulayabilir. Reiki Allah'tan gelen nurdur. Siz buna aracı olursunuz. Kaynak Odur.

Sembolleri kullanmak içinize sinmiyorsa kullanmayın ama o semboller size işlendi zaten. O farkındalığa ulaşana kadar, şüpheleriniz bitene kadar kullanmayın. Sonra kullanabilirsiniz isterseniz. Reiki'nin hiçbir dinle alakası yoktur ama her din mensubu yapabilir. Bunların hepsi bizim yolumuzu kolaylaştıran araçlardır.

Usui Reiki Uyumlamalarıyla İlgili Sorular

Uyumlama sürecini dört gün yapmak durumunda mıyız?

Evet, 3B seviyesinde olanlar dört gün yapmalılar. Çünkü aura gevşemeyince, yumuşamayınca kanallar açılmıyor, kanallar açılmayınca da çakralara ulaşılamıyor, o yüzden üç gün sadece şifa verilmeli ve kişi arındırılmalıdır. Arındırma sürecinde, kişi sizin yanınızdayken ona en az 20 dakika boyunca sadece şifa çalışması uygulamanız gerekiyor.

Üç günlük arınmadan sonra, dördüncü gün geldiğinde inisiyeyi yapıyorsunuz. Arka arkaya üç gün arındırma niyetiyle şifa verdikten sonra dördüncü gün, tam olarak temizlenmiş auradaki kanalları açıyoruz ve çakralar ışıldayarak ortaya çıkıyor, kişi gerçek manada Reiki'ye böylelikle kanal olabiliyor. Aksine tek günde iki dakikada tepe çakraya el koyup Reiki'ye uyumlama yapılmaz ve öğrencinin çalışarak çakralarını arındırması beklenmez.

İnisiye çok önemlidir, çünkü inisiyasyon kapıdır. İyi yapılmamış bir inisiyasyonda öğrenci kapıdan içeriye adım atamaz ve kapıda kalır. Uygun yapılmadığında, sadece tepe çakra üzerine çalışılarak uyumlama yapıldığında, tepe çakra genişliyor ve kanal akışı olmadığı için enerji tepe çakradan taşmaya başlıyor, bu da belli bir süre sonra baş ağırlaşması, vücut-zihin-ruh dengesinde bozulmalar ve dengesizlik meydana getiriyor ve organlar dahi zarar görebiliyor bundan.

Reiki inisiyasyonu illa gece mi olmalıdır?

Hayır, böyle bir şey söz konusu değil. Reiki'ye her zaman uyumlama yapılabilir.

Uzaktan Reiki uyumlaması söz konusu mudur?

Reiki 3B seviyesinde uzaktan Reiki uyumlaması söz konusu değildir. *Grandmaster* seviyelerinde ancak astral seyahat sayesinde uzaktan Reiki gönderimi söz konusu olabilir.

Uzaktan uyumlama bizi tam tatmin etmediyse bire bir uyumlamayı almamız daha iyi olur mu?

Elbette bire bir inisiyasyon, uzaktan daha iyidir çünkü hiç olmazsa hocanla bire bir görüşürsün. Aslında Türkiye'ye geldikten sonra "Uzaktan uyumlama olur," dediğimize pişman olduk çünkü bunu da kullandılar. Kimileri, ne hoca öğrenciyi ne de öğrenci hocayı görerek uyumlama yapıyor. Bir de özellikle gece yapıyorlar, onların iddiasına göre gündüz yapılmazmış. Maalesef bunlar aslı olmayan uygulamalar, sonradan çıkarılıyor bunlar. Hoca öğrenciyi, öğrenci de hocayı görmeden uyumlama olmaz. Bilişim çağındayız, kamera sistemi var, en azından kameradan görüntü gönderilmelidir ki gerçekten uyumlama olsun, aksi takdirde sadece hayalî olur ki maalesef onun da geçerliliği olmaz.

Reiki'ye uyumlandıktan sonra vakit kaybından çekinir oldum, neredeyse hiç televizyon seyretmemeye başladım. Bu doğru mudur?

Önleri, yolları açılan insanlar neyi ne zaman ve ne miktarda yapacaklarını zaten bilirler. Reiki, o yolları açar ve farkındalık kazandırır.

İnisiyasyonun ne gibi bir faydası var, fayda sağlamayacağı kişiler olabilir mi?

Reiki inisiyasyonundan sonra "Bir şey anlamadım," diyebilirsiniz ama şöyle bir durum var; bir insanın eline bir altın anahtar verirsiniz, "Kardeş bu kapıyı aç," dersiniz ama "Anahtarım var, hatta altın anahtarım var," deyip kişi kapıyı açmaya yeltenmezse tabii ki ona kapı açılmaz. Denemezseniz, çalışmazsanız, faydası olmadığını düşünebilirsiniz. Bu sadece bir anahtardır, gerisi çaba, deneme ve uygulamadır.

Reiki'ye doğru olarak uyumlandığımızı nasıl anlarız?

Reiki'ye doğru olarak uyumlandığınızı siz kendiniz anlayabilirsiniz. İçsel farkındalıklar artıyorsa, birtakım arınmalar yaşadıysan ve nefes alıp vermelerin rahatlamışsa, örneğin, işin gücün düzelmeye başlamışsa, öfken sabra dönüşmüşse yani hayatın akışında değişimler varsa Reiki'ye doğru uyumlanmışsın demektir. Kısaca kendin bir şekilde anlarsın. Tıkanıklıkları da anlamak mümkündür. Öfkeliysen, işlerin ters gidiyorsa uyumlama sırasında ya tıkalı kalmış bir çakran ya da tam açılmamış bir kanal vardır.

Anne karnında inisiye olmamış çocuklara kaç yaşından sonra inisiye verilir, inisiyasyonun başlangıç yaşı var mıdır?

Esasında yoktur ama anne baba rıza göstermeden yapmıyoruz. Yaşı yoktur çünkü hiçbir şekilde yan etkisi yok, bir de çocuk ve bebeklere çok faydası vardır. Her zaman uyumlanabilir.

Sınav senemdeyim, Reiki alabilir miyim?

Hiçbir mahzuru yok, daha çok faydası olur, alabilirsin.

Reiki 1. Seviye sürecini iyi geçiremezsek tekrar almamız gerekiyor mu?

Tekrar olabilir. İnisiyasyon sonrası 21 günlük sürecin gereklerine özenle riayet edilmez ve bir aylık bir aksatma olursa o zaman ikinci aşamayı vererek düzeltme olanağı olabilir fakat daha uzun aksatmalarda birinci aşamayı vermenin bir manası kalmıyor.

3A seviyesini aldıktan sonra eğer öğretmenlik yapılmak istenmiyorsa 3B atlanabilir mi?

Atlamak değil ama alınmayabilir. Kişi nasıl arzu ediyorsa o şekilde ilerler. Birince seviyede dahi kalınabilir, diğer aşamalara geçilmek zorunda değil. İlerlemek isteyenler de bekliyorlar süreçlerini ve olgunlaşıp geçiyorlar.

3B aşaması eğitimini almadan daha üst aşmalara geçebilir miyiz?

Hayır, mümkün değildir. 3B tanımlamasını Türkiye'de duydum aslında. Almanya'da biz master aşaması için üç ve öğretmenlik *(master teacher)* derecesi için dört diyoruz. Burada 3B deniyor diye ona uyduk, 3B dediğimiz zaten dördüncü aşamadır. Sonrası 5-6 *grandmaster* aşamaları ve daha üst aşamalardır.

İş yerindeki çalışanlara topluca uyumlama verilebilir mi? Toplu uyumlama söz konusu mu?

Tek tek inisiye olmalı ve kişilerle tek tek uğraşılmalı. Herkese aynı anda toplu Reiki inisiyesi söz konusu değildir.

Bilinçaltı Kodlama Terapisi ile İlgili Sorular

Bunalım, depresyon tedavi edilebilir mi?

Bunalım, panik atak, depresyon, hatta Parkinson... Buna benzer psikolojik kökenli hastalıkların hepsi de geçmişte yaşadığımız olumsuzluklar, negatifler, korkular, endişeler, kaygılar ve hüzünlerden ve bunlara ek olarak gelecekle ilgili endişe ve kaygılardan kaynaklanır. Bilinçaltı kodlama terapisi ile bunları silebiliyoruz. Bu işlem, terapi esnasında, siz neyin, ne zaman ve ne için olduğunu hatırlarken gerçekleşiyor. Hafızadan silmiyoruz ama bilinçaltı bu travmaları resmederek kodluyor, o kodlanmış olumsuz resimleri siliyoruz. Geçmişte yaşadıklarımızın akabinde oluşturulan bu kodlamalar, geleceğe dair de peşin kaygılar, endişeler, korkular biriktirilmesidir aslında. Bu yaşanmışlıkların, olayların etkisini, izlerini silince, önemleri yok olur, elbette hafızanızda hâlâ durur ama önemini yitirdiği için kolay kolay hatırlayamaz ve siz bu hatıralardan etkilenmezsiniz. Kodlama terapisinin, bizim hiç tahmin edemediğimiz hastalıklara bile çok faydası var.

Tedavi esnasında bunları yakalayamama durumu var mı?

Hayır yok, bilinçaltı olumlu ya da olumsuz her şeyi kaydediyor, ama önemli olanları ön plana çıkarıyor. Bundan dolayı atlama vs. söz konusu olmuyor. Siz önemli bulduklarınızı hatırlıyorsunuz, onları canlandırıyorsunuz ve onları bire bir yaşatıyoruz size. Elbette bu sırada başlangıçta üzülme, ağlama, korkma söz konusu olabiliyor, çünkü adeta olayları tekrar yaşıyorsunuz ve seans sonunda yüzünüz gülüyor, Allah'ın izniyle hiçbir şey kalmıyor. Seansın sonunda siz farkında oluyorsunuz. Test ediyoruz tekrar, kalmış mı kalmamış diye. Bu terapiden 30 dakika önce sizi üzen, öfkelendiren olay, yarım saat sonra artık size çok ama çok önemsiz geliyor çünkü artık canlanmıyor gözünüzde, bilinçaltında önemi kalmıyor. Şükür ki büyük başarılar elde ettik kodlama terapisiyle.

Riski var mıdır çalışmanın?

Hayır çalışmanın hiçbir riski yoktur çünkü herhangi bir ilaç verilmiyor veya bitkisel bir uygulama yok. Hipnoz gibi de değil. Sadece siz canlandırıyorsunuz, biz siliyoruz, ondan sonra tamamen huzura kavuşuyorsunuz. Hiçbir riski yoktur. Birlikte çalışıyoruz zaten.

Duyma problemim var, bu işitme problemi doğuştan değil, 6-7 yaşlarında başladı. Bilinçaltı kodlama ile şifalanır mı?

Örneğin 6-7 yaşındayken yaşadığın bir travma ile şoka girip kulaklarında böyle bir sorun oluştuysa, terapi esnasında bu travmayı canlandırdıktan sonra kodlanmış negatif resimler bilinçaltından kaybolur, önemini kaybeder ve sen de bu durumdan kurtulursun. Yine de garanti edilemez. Eğer doku kaybı yoksa ve orada kalıcı bir arıza oluşmamışsa bu sadece ve sadece psikolojikse şifa bulur.

Diğer Enerjilerle İlgili Sorular

"*Shamanic healing*" hakkında ne düşünüyorsunuz?

Şamanizm'e ait bir şifacılıktır ve doğru olan bir tekniktir ama Reiki ile alakalı değildir. Şamanizm de mistik bir felsefedir, din olarak görmemek gerekir. Şamanizm ve Reiki'nin bir külliyatı yoktur. Hatta ve hatta Budizm bile bir din değildir, bir felsefe, yoldur, Buda'nın yoludur ama külliyatı yoktur. Haliyle külliyatı olmayan bir yapıya biz din diyemeyiz. Mesela Tevrat, İncil, Zebur, Kuran gibi kitabı olan yapılar din olarak kabul edilir ama diğerleri sadece felsefe ve yoldur.

"Tekrar bağlantı şifası" nedir? Reiki ile kullanılır mı?

Zaten bütün dünyada, genel manasıyla enerji diyoruz biz bunun adına. Eric Pearl'in tekrar bağlantı şifası dediği şey, Eric Pearl'in çıkardığı sistemdir, kendi anlatımında da açıkça ifade eder: "Ben ellerimi kaldırıyor ve enerji vermeye başlıyorum ama ben vermiyorum, ben arada yokum aslında, kendimi yok sayıyorum ve şifa oluyor."

Tabii bu durum kendiliğinden olmamış. Bir hanımla karşılaşmış, hanım ona el vermiş ve bu şekilde şifa kanalı olmuş. Bir el verme durumu olması doğaldır. Reiki'de de süreç böyle işler, haliyle elle şifa yöntemlerinin hepsi böyledir. Temel felsefesi aynıdır; aslında biz yapmıyoruz, biz şifa vermiyoruz, her şeyi yapan Allah'tır. Kendimiz yok olduğumuzda şifa gerçekleşiyor. Kendi deneyimlerimden elde ettiğim sonuçlar da bu şekilde ve Eric Pearl de aynen bunu söylüyor. Allah'ın nuru tektir, birdir, Eric Pearl'e farklı şekilde gelmiştir, o bunun adına "tekrar bağlantı şifası" der, başkası Reiki der, başkası *chi* diğeri *prana* der veya tasavvufta nefes diye adlandırdığımız şeydir. İsimlerin farklı olması önemli değil, önemli olan şifaya ulaşabilmek ve Allah'ın şifasından istifade edebilmektir.

Reiki vasıtasıyla kundaliniyi uyandırabilir miyiz?

Elbette Reiki vasıtasıyla uyanır ama zamanı gelince kendiliğinden olur bu. Sadece Reiki'de değil, tüm mistik öğretilerde vardır ama doğru zamanı bekler. Kişinin farkındalıkları doruk noktaya vardığı zaman kundalini sıçraması meydana gelir. Kuyruk sokumundan yukarı doğru bir sıçramadır. O sıçrama çoğu kişi de olmaz, belli bir kıvamı bekler çünkü. Ama son zamanlarda "Kundalini Reikisi" öğretiyorlar, halbuki Reiki ile alakası yoktur bunun, kundalini uyanışının zorlamayla olması tehlikelidir. Kundalini uyandığında büyük bir coşku patlaması olur ve aylarca mutluluk içinde dolaşırsın. O uyanış yaşandıktan sonra istediğiniz zaman kullanabilirsiniz. Bu coşku sadece meditasyonda hissedilmez, hayatın geri kalanında da kendini hissettirir zaten. Gerçek bir astral seyahatin mutluluk ve huzurunun aylarca sürmesi gibidir.

Kundalini Reikisi alan bir arkadaşım bel ağrısı çekiyormuş, benden Reiki istedi. Onun enerjisinin bize ters bir etkisi olur mu?

Size herhangi bir ters etkisi olmaz. Kundalini sıçraması zorlamayla gerçekleştirilince çeşitli zararlara neden olabiliyor. Çakraların tıkalı olması ve kundalinin yükselememesi bel ağrısına sebep olabiliyor.

"Bolluk Bereket Reikisi" hakkında ne düşünüyorsunuz?

Benim için bir tek Reiki vardır o da on binlerce yıl tarihi olan Usui Reiki sistemi. Yani Dr. Usui'nin sonradan keşfettiği ama esasında geçmişi on binlerce yıl eski olan sistem. Biz bir tek bu Reiki'yi ya da diğer ismiyle ilahi nuru kabul ediyoruz. Zaten "bolluk bereket" olsun veya önlerine isimler koyup adına Reiki dedikleri diğer sözde enerji sistemleriyle elde etmeye çalıştıkları faydaların hepsi zaten Usui Reiki'nin içindedir. Bereket de Usui Reiki'de vardır, bolluk da... Ama maalesef doyum olmuyor, onu da elde etmeliyim, buna da ulaşmalıyım, hep bu hırs var. Bir de bu sistemler bir sürü vaatler sunuyorlar, elbette bazı insanlar da bunlara kanabiliyorlar. Bana kalırsa tasvip etmiyorum, dediğim gibi Reiki yeter de artar bile...

Farklı enerjilerden bahsediliyor, prana, gümüş köprüsü, gma, altın üçgen enerjisi, yükseliş enerjisi gibi, bunların hepsine inisiye olmak bize bir şey katar mı?

Hayır katmaz. Yukarıda da bahsettiğim gibi Usui Reiki sistemi içersinde bunların hepsi mevcut zaten. Sürekli yeni yeni şeyler türüyor. Bana kalırsa gidip bu tür enerjilere inisiye olmayın, boşuna para vermeyin. Reiki'de kendinizi geliştirin, yeter de artar bile.

Peki, bu farklı sistemler ne işe yararlar, şifacılıkla mı, tekâmülle mi alakalıdırlar?

Almanya'dan beri bazı öğrencilerim bir sürü Reiki çeşidini ilaveten alıp geliyorlar ve ben "Ne gibi bir değişiklik oldu? Ne gibi bir farkındalık yarattı, size pozitif anlamda ne gibi yardımları dokundu?" diye sorduğumda, hiçbiri memnun olmadıklarını ve hiçbir değişiklik yaşamadıklarını ve hiçbir şey hissetmediklerini söylüyorlar. Elbette tam tersini söyleseler de sizle paylaşırdım ama hiç böyle biri çıkmadı. O yüzden size de tavsiye etmiyorum.

Son zamanlarda melek çalışmaları, melek meditasyonları moda oldu, ne düşünüyorsunuz?

Bütün çalışmalar kişiyi kendine götürüyorsa güzeldir, hoştur. Kişi kendi özünü bulmaya yönelik meditasyonlar yapmalıdır. Kişi hakikati kendisinden dışarıda aramak yerine kendini tanımaya ve bilmeye odaklansa çok daha faydalı olacaktır.

Spiritüel ve Tasavvufi Sorular

Herkes kendi aurasının rengini görebilir mi?

Elbette ama "aurayı görmek" yerine "algılamak" diyelim ki bu da zaman ister. Varoluş ne zaman onu algılamanı isteyecekse o zaman olur. Zorlamayla olursa başka durumlar gerçekleşir, bundan çok defa bahsettik. Hiçbir şeyi zorlamayın, bırakın her şey kendiliğinden olsun. Siz hiçbir beklenti olmadan kendi gelişiminizi sürdürmeye çalışın, Reiki uygulayın ve meditasyon yapın yeter.

Auradaki renkler ne anlatır?

Aura renkleri bize kişinin ne halde olduğunu ve olgunluk seviyesini anlatır. Tüm duygular auramıza yansır. Korku, üzüntü gibi negatif duygularla auramız kirlenir ve o lekeler de çakralarımıza sirayet eder. Çakralarımız siyahlaştıkça tıkanır. İnisiye olduktan sonra çakralar tamamen temizlenip açılır. Ondan sonra tıkanmaz ama kirlenebilir. Gün içinde negatif enerjilere maruz kalınırsa auranın renkleri solar ve koyulaşır. Onun için de kişi her gece Reiki yaparak çakralarını temiz tutabilir, böylelikle renkler parlak, net ve canlı kalır.

Açılan çakralar kapanabilir mi?

Hayır, açılan çakralar kapanmaz ama kirlenebilir. Uyumlanmadan sonra, ellerinizi o çakralara koyarak arındırabilir ve çakra çalışmaları yapabilirsiniz.

Çakraların bulunduğu bölgelerdeki organlarını kaybeden insanların çakraları nasıl etkilenir?

Çakralar sadece birkaç organla sınırlı değildir. Bedende bulunan bütün organlarımızla, hormonal bezlerimizle, DNA'larımızla, hücrelerimizle alakalıdır. Çakralar bedenimizin sağlıklı kalmasını sağlarlar. Rahmi alınan birinin göbek altı çakrası çalışmayacak diye bir şey söz konusu değildir.

Alın çakram meditasyon sırasında ağrıyor, neden olabilir?

Çok yoğun düşünceler içerisinde olmak bu ağrılara sebebiyet verebilir. Kendini serbest bırakıp rahatlaman gerekiyor. Esasında meditasyon kendini bırakmak demektir, hiçbir beklenti içinde olmaksızın, rahatça uygulanmalıdır. Örneğin, "Şimdi ışık göreceğim, birazdan şu vizyonu göreceğim," gibi endişeler, beklenti ve zorlamalar alın çakrasını zorlayıp meditasyon sırasında ağrıya neden olabilir. Beklenti olmadan, telkin yapmadan sadece kendinizi rahat bırakın, zihni düşüncelerden arındırın. Bunun sonucunda edinilecek olan farkındalıktır, onun dışında bir şey beklemeyin, akışına bırakın, zaten farkındalık üst bir bilinç halidir.

Eterik bedende, insanları birbirine bağlayan negatif bağlar söz konusu mudur? Bu bağlar varsa kesme işlemi var mı?

Eterik beden de auraya dâhildir. Evet, özellikle yakın akrabalarımız bize çok kalıp bağlarla bağlıdır, bunları kesmek çok kolaydır aslında. Başkalarıyla auramız arasındaki negatif etki ve bağları kesmek de kolaydır.

Boyun ve omurilik dik bir şekilde oturun, gözler kapalı olarak meditasyon pozisyonuna geçin. O anda negatif bağınızı kesmek istediğiniz kişiyle kendinizi bir odada imgeleyin, ikiniz de masaya oturuyorsunuz. Masanın üzerinde de altın bir makas imgeleyin. Ardından altın makası alın ve ikinizin arasında negatif, siyah bağlar imgeleyin ve önce onunla konuşma yapın: "Sevgili kardeşim, senden bana negatif enerjiler geliyor ve bu beni çok etkiliyor. Senin de müsaadeni alarak bu negatif bağların ortadan kalkmasını istiyorum ve seninle birlikte bu bağları kesmek zorundayız," deyin. O kişi makası alsın ve bağların yarısını kessin, siz de alıp diğer yarısını kesin ve böylece negatif bağların kesildiğini imgeleyin. Bugüne kadar birbirinize aynalık etmiş, siz ondan o da sizden aynı ölçüde negatif almışsınızdır, ikiniz birlikte kesince bu bağlar gider ve yerine sevgi bağı oluşur, karşılıklı olarak birbirinizin iyiliğini dilersiniz.

Bizlerin ya da çocuklarımızın uykusu kaçınca ne yapmalıyız?

Uykularınız kaçınca Reiki yapın. Masterım "Kendine Reiki yaptığında uyku uyumuş kadar olursun ve yatmadan önce Reiki yap öyle uyu," derdi. Ben Reiki yaptıktan sonra uyuyamazdım. Daha enerjik olur, meditasyon yapar, kitap okurdum. Reiki'nin bende böyle bir etkisi var ama genelde uykuya yardımcı olur. O dinlendiricidir, uyku kadar güzeldir.

Reiki yapın, bol bol ilahi nurla hemdem olmaya çalışın veya meditasyonlarınıza devam edin. Meditasyon da çok faydalıdır uyku için. Ben uyuyamayınca meditasyon yapardım ve uyuyup kalırdım.

Aralık 2012'de dünyanın boyut atladığı doğru mudur?

Evet doğrudur ama boyut atlayan dünya değil biz insanlardı. Bilgelik ve aydınlanma boyutundaki yükselişti. Kaldı ki bu bir senede olmamıştır, birkaç senelik sürece yayılmıştır. 2012 doruk senesi oldu. Kıyamet kopacak, göktaşı düşecek, dünyamızı yutacak gibi rivayetler de döndü dolaştı. Bilinçli olan insanlar bu süreçlerde ruhsal olarak ilerliyor, kendilerini tanıyor, özlerini biliyor ve bilgeleşiyorlar. Elbette herkes aynı boyutta değil ama ruhsal gelişim, aydınlanma ve yükselen farkındalık birçok insanı etkiliyor.

Ülkelerin kendi enerjileri var mı?

Her ülkenin aurası vardır. Tüm insanların, canlıların ve nesnelerin aurası vardır. O ülkede yaşayan insanlar huzurluysa o ülkenin aurası daha coşkun ve rengârenk olur. Bir ülkenin insanları fakirse, kederliyse, zorda veya kötümserse onların auraları tabii ki siyahlaşmaya başlar, dolayısıyla ülkelerinin aurası da cıvıl cıvıl olmayacaktır. İnsanların durumu iyileştikçe ülkelerinin auralarının renkleri de parıldamaya başlar.

Bazı beden duruşlarımızın spiritüel sorunlardan kaynaklandığı söylenir, örneğin dik durmamanın çekingenlik belirtmesi gibi, bu doğru mu?

Evet doğrudur. Bazı arkadaşlarımız böyledir, hayatın sillesini yerler ve omuzlarındaki fazla yükten dolayı dik duramayabilirler. Affetmediğimiz insanlar da omuzlarımızda yüktür. Affetmek büyük bir erdemdir, her şeyden önce kendini kurtarıyor ve kendin rahatlıyorsun. Affetmemekle karşıdakine iyilik yapıyorsun çünkü tüm negatif enerjisini yükleniyorsun. Affedemediğiniz insanları gönülden yürekten affedin, o zaman dosdoğru olursunuz.

Çocuğun kulak ağrısının nedeni, anne babasının tartışmalarını duymak istememesinden midir?

Evet çok yerinde ve doğru bir analizdir bu. Ruhsal olayların fiziksel tesirleri vardır. Çocuğun kulağının ağrıması, kulağında herhangi bir problemin olması veya çocuğun iki eliyle sık sık kulaklarını tutması bundan kaynaklanabilir. Eğer anne babası sürekli kavga ediyorsa çocuk büyünce de kulakla ilgili problemler yaşayabilir.

Düşünce gücümüz var mıdır?

Elbette düşünce gücümüz vardır, düşünce gücümüzle dünyayı değiştirebiliriz. O kadar güçlü bir beyne sahibiz ki, şüphesiz düşündüğümüz her şey var olabilir lakin şüphelerden arınmış olmak önemlidir.

Tekâmülümüzde geçmişte bıraktıklarımız karşımıza çıkar mı?

Tekâmül sürecinde hiçbir şey yeniden karşımıza çıkmıyor çünkü tekâmülümüz devamlı ilerleme halinde. Tekâmülde hiçbir zaman geriye dönüş yoktur. Merdivenden devamlı yukarı çıkıyoruz, kayma olabilir ama geri iniş yoktur. Eğer aştıysak geçmişin karşımıza tekrar tekrar çıkması mümkün değildir, her an yaşadıklarımız bize bir şeyler öğretiyor ve öğrendiklerimizle tekâmüllerimizi tamamlıyoruz.

Beynimizin tamamını ne zaman kullanabiliriz?

Beyindeki frekanslar tamamen açıldığında gerçekleşir. Cenabı Allah'ın 99 ism-i şerifinin tamamı beynimizde tezahür ettiği zaman beynin tamamını kullanmış oluyoruz.

Nefs mertebeleri nedir ve nasıl aşılması gerekir?

Ben bir âlim değilim, bu konuda çok bilgim yok ama nefs dediğimiz şey egodur. Egonun tabii ki küçükten büyüğe doğru birçok mertebesi var. Bunlar güzel düşünerek, güzel bakarak, güzel konuşarak ve çokça tefekkür ederek, ibadet ve meditasyonla aşılır.

Miraç bir tane midir, yoksa herkesin farklı mıdır?

Tabii ki herkesin miracı farklıdır. Bizim Peygamberimizin miracı elbette çok üst seviyede olmuştur. Umarım bizim de olacaktır miracımız ve umarım onlarınki gibi güzel olacaktır.

Şeytanın çakraları kullanması mümkün mü?

Sen müsaade etmezsen şeytan hiçbir şeyi kullanamaz. Şeytanı herhangi bir figüre büründürmeye çalışmayın, öyle bir şey yoktur, o sadece negatif enerjidir. Negatif enerjiler yalan söylediğimizde, dedikodu yaptığımızda, kavga ettiğimizde, öfke ve kin duyduğumuzda da oluşur. Hz. Mevlâna "Şeytanı görmek istiyorsanız hiddetlendiğiniz, sinirlendiğiniz, öfkelendiğiniz zaman aynaya bakın," der, demek ki şeytan bizden gayrı bir varlık değil. Bizi etkileyen bizden başkası değildir, yani biz kendimizi ancak kendi düşüncelerimizle etkileyebiliriz ve şeytanı da kendi düşüncelerimizle yaratırız.

Reiki birinci seviyede nasıl meditasyon yapmalıyız?

Her aşamada meditasyon yapabilirsiniz. Reiki ikide sembollerle meditasyon yaptırıyoruz ki semboller sizde açılımını gerçekleştirsin. Ama temel meditasyonu Reiki birinci seviye alanlar, hatta hiç Reiki yapmamış kişiler de yapabilir.

Bağdaş kuruyorsunuz, beliniz dik, omuzlar dik, gözler kapalı, burundan diyaframa üç ila on defa nefes alıyorsunuz. Rahatladıktan sonra burundan nefes alıp vermeye başlıyorsunuz, ağzı kapatıyorsunuz. Beş dakika boyunca burundan nefes alıp verdikten sonra kendinizi hiçliğe bırakıyorsunuz. Tamamen zihninizi boşaltıyorsunuz. Yeni başlayanlar için meditasyon sıkıcı olabilir ama yavaş yavaş güzelleşir, o yüzden hemen bırakmayın derim.

Meditasyon tefekkürdür, Allah'ı tefekkür etmektir. Meditasyon süresince Allah'ı düşünüyorsunuz. "Maksadım sensin Allah'ım," diyorsunuz yani "Senden başka maksadım yok," niyetini ediyorsunuz. Çünkü maksat Odur, Ona kavuşmak, Onda yok olmaktır, yaşamın gayesi de budur, hakikat budur.

Günlük hayatta daha az yanlış yapmak için daha fazla mı bilinçle hareket etmeliyiz? Sanat gibi yaratıcılık gerektiren durumlarda mı bilinçaltına yönelmeliyiz?

Bana sorarsanız bilinçaltına sormayın, yanıltır sizi. Keşke bilinç ve bilgi de kafaları karıştıracak kadar fazla olmasa, çok bilmek de insanı yanıltabilir. Yukarıda anlatmıştım, Allah dostunun profesörün sorularına bardaktan taşan çay metaforuyla verdiği cevabı hatırlayalım: "Senin kafan o kadar dolu ki sen buraya bilgi öğrenmeye değil benimle tartışmaya gelmişsin. Senin beynin bu kadar doluyken ben sana ne anlatsam taşar, önce beynini boşalt öyle gel, işte budur sana benim cevabım."

İşte çok biliyoruz, çok araştırıyoruz, oraya giriyoruz, beriden çıkıyoruz, herkes kendine göre bir şeyler söylüyor. Fakat bilgi yeterli olmuyor. Tefekkür, meditasyon, ibadet ve sessizliğe de ihtiyacımız var. Bundan 300 yıl önce Anadolu'da yaşamış bir âlim olan Erzurumlu İbrahim Hakkı Hazretleri şöyle diyor "21 gün boyunca az yiyin, az konuşun, az uyuyun ve çokça ibadet yapın. 21 günün sonunda Allah size kendini gösterecektir."

Karşımıza hep şikâyet edenler geliyorsa onlar da mı bu tutumlarıyla bize aynalık yapmaktadır?

Evet, her ne kadar dilinle şikâyet etmesen de içinde şikâyet eden bir taraf var demektir. Sözel olarak ifade edip etmemen önemli değil, içindeki bu durum karşındaki insan tarafından sana yansıtılarak gösterilmiş olur. O halde meditasyonla bu duygu ve düşüncelerinden arınman gerekir.

Astral seyahatle halüsinasyon tecrübeleri birbirinden nasıl ayırt edilir?

Gerçek astral seyahat, zihin kalbin kontrolüne geçince yapılır. O da zaten kimseye ifşa edilmez, anlatılmaz, ulu orta "Ben astral seyahate çıktım," diye söylenmez. Diğerinde ise tehlikeli şeyler yaşanabilir, korkunç varlıklar görülebilir. Bu korkunç görüntüler zihnin yarattığı şeylerdir, işte bu şekilde fark anlaşılır. Kalbî olanda üçüncü göz açılır. Zorlamayla açmaya çalışmak çok tehlikelidir. Astral seyahat için gayretkeşlik etmek çok tehlikelidir, bu zihni parçalayıp kişiyi şizofren hale getirebilir.

İnsanları kusurlu oldukları için sevmekten korkuyorum, bunu nasıl aşabilirim?

Bir deyim vardır "Hiç kimse mükemmel değildir," diye. Herkesin kusuru vardır, kusursuz varlıklar değiliz. Hz. Peygamber diyor ki "Eğer siz günah işlemeseydiniz, Allah sizi helak eder ve yerinize, günah işleyip peşinden tövbe eden kullar yaratırdı." O yüzden insanları günahlarıyla, kusurlarıyla kabul etmeyi ve sevmeyi öğrenmek gerekir.

İnsanları oldukları gibi nasıl kabullenebiliriz?

Sadece insanları değil, bütün canlıları ve yaşamı olduğu gibi kabullenmek önemlidir. Zaten her şey olması gerektiği gibi oluyor, kaderde olduğu gibi yaşanıyor ve biz buna egomuzla müdahale etmeye çalışıyoruz. Egomuz bize *çare bulursun* diyor, *savaş* veya *dur* diyor, biz de boş yere çabalıyoruz.

Burada sorulara cevaplar, öneriler sunuyoruz ve bu sefer insan düşünüyor, 'Kaderde varsa bu önerilere ihtiyaç var mı?' diye. Elbette var çünkü bu öneriler de kaderde olan şeyler. "Kaderin içindeki kaderdir" bir başka tasavvuf deyişiyle. Tabii ki herkesin dediği yapılmaz ama bir yol göstericinin söylediğinin bizler için manası vardır. O kişi ne yapmanız gerektiğini söyler ve böylece kaderiniz oraya yönelir. O kişinin yaptığının da olması gereken dâhilinde olduğunu bilmek gerekiyor. Bütün insanları, canlıları, hastalıkları, sorunları, hepsini kabul etmek gerekir. Özellikle canlıları kendimizden ayrı görmemeliyiz çünkü bizler her şeyle bir bütünüz, biz bütünün özüyüz. Tek kutsal kendimiz olduğu için kendimizi bilmemiz ve tanımamız gerekir.

Bağ koparmak için masterdan izin almaya gerek var mı?

Hayır yok. Ama özün rızasının hissedilmesi gerekir.

Meditasyon yaparken korku hissedilmesi doğal mıdır?

Meditasyon yapılırken korkulması normal, çünkü meditasyon korkuları yok etmek için yapılır. Korka korka devam edeceğiz. Kendi özümüzde o korkuyu yenmeliyiz. Bu sırada Reiki'ye kendimizi bırakmalıyız çünkü Reiki her şeye şifa verir.

Bilinç açıkken görülen rüya ile normal rüya arasındaki fark nedir?

Bilinç açıkken görülene zuhurat veya yakaza denir tasavvufta. Modern deyimle ona vizyon, durugörü deniyor.

Öfke ve sevgi arasında bağlantı var mıdır?

Öfke ve sevgi aynı kaynaktan gelir. İyice öfkelendikten sonra ortaya sevgi çıkar. Yalnız bu öfke patlaması çok güçlü olmalı ki içimizde zerresi kalmasın, tamamen arınsın ve ardından sevgi çıksın açığa.

Depresyona yakalanmamak için neye dikkat etmek gerekir?

Öfkelenmemeye, kin tutmamaya, sakin olmaya dikkat etmeliyiz. Depresyon, solar pleksusla alakalıdır, yani marifet kapısına yönelmeliyiz. Öncelikle öfke çalışmasıyla bu birikmiş duygumuzdan kurtulmalıyız. Bir odada yastığa vurup, bağırıp çağırıp olabildiğince öfkelenerek, öfkeyi boşaltmak gerekir. Bu sayede öfkeyi sevgiye dönüştürüp bir üst çakraya, kalp çakrasına ulaştırın ve sonra ellerinizi solar pleksus çakranıza koyun ve o öfkeden kurtulun.

Reiki'ye uyumlanırken sıra gözetilmezse ne olur? Mesela 2. seviye atlanıp, 1. aşamanın üstüne 3. seviye verilirse ne olur? Veya 1-2-3 aynı gün veya bir gün arayla verilirse ne olur?

Reiki eğitiminin sırasını anlamaya çalışırken aynen dil eğitimi gibi olduğunu düşünmeniz gereklidir. Almanca bilmeyen bir insan direkt C2 seviyesinden başlamak ve akademik seviyede Almanca konuşmak isterse, onu önce A1 seviyesine yönlendirmezler mi? Çünkü Almanca hakkında hiçbir bilgisi yoktur ve mecburen en başından başlamalıdır.

Reiki 1, 2 ve 3'te verilen şey bir madde değildir. Adına "verilmek" denmiş ama aslında burada size bir şey "verilmiyor". Reiki 1'in açıklaması, kişinin aura kanalının açılması, aurasının temizlenmesi ve çakralarının açılmasıdır. Reiki 1 aşamasının kısaca anlamı budur. Size elle şifa yöntemi de "verilmez". Çakralarınız açık olunca bu kendiliğinden oluşan bir şeydir. Eğer siz Şamanizm, Yoga ya da başka bir ilimle de çakralarınızı açabilirseniz elle şifa yöntemi yine sizin olacaktır.

Reiki 2'de yapılan şey de aura kanallarının ve çakraların genişletilmesi, sırasıyla size sembollerin uyumlanmasıdır. Eğer Reiki 1'de çakralarınız açılmamış olsaydı, Reiki 2 inisiyesinde de çakraların genişletilmesi ve enerjinizin fazlalaşıp yoğunlaşması gibi bir konu söz konusu olamazdı. Yine yapılan işlemin adı aura kanalı ve çakranın "açılması" olurdu.

Diğer aşamalar da bu şekildedir. Reiki 1'den sonraki aşamalarda, uygulamalar önceki inisiyelerde yapılan işlemlerle ulaştığınız mevcut durumun üzerine bina edilir. Aynen dil kursunda A2 sınıfına girebilmeniz için A1 sınıfını geçmeniz gerektiği gibi.

Reiki aşamaları arasında beklenmesinin nedenine gelince;

Öncelikle Reiki inisiyesi (ya da başka bir mistik ilim) almamızın amacı gelişimdir. Gelişimi kapasitemiz ölçüsünde hazmedebilmek, içselleştirebilmek için zamana ihtiyacımız vardır. Reiki'nin her aşamasının birbiriyle farklı ve aynı zamanda da içselleştirilmesi, hal edinilmesi gereken özellikleri vardır. Örneğin Reiki 1'de ilk defa çakralarınız açılır. İlahi enerji ile temas kurarsınız. Fiziksel güzelliklerinin yanında zihinsel ve ruhsal değişimler yaşarsınız. Bu değişimin hızı da sizin içselleştirebilme kapasitenizle doğru orantılıdır. Siz o aşamanın değişimlerini tam olarak içselleştirebildiğiniz anda, o aşamayı "öğrenmiş" olursunuz. Yani Reiki 1'i öğrenmek Reiki inisiyesi alındığı gün değil, Reiki 2 aşamasına geçilebileceği hocanız tarafından söylendiği gün gerçekleşmiş olacaktır. Bunun için de zaman gereklidir. Eğer siz aynı günde Reiki 1 ve 2. aşamayı ya da aynı günde Reiki'nin tüm aşamalarını alırsanız bu değişimlerin hiçbirini içselleştiremediğiniz gibi, Reiki'yle iştigal ederken aşamaların size sunacağı özellikleri görmezden gelerek reddetmiş olursunuz. Bir mistik ilmin hem içinde olmak hem de onun verdiklerini reddetmek tuhaf bir çelişki değil midir?

İşte bu nedenlerle Reiki 1'in üstüne Reiki 3'ü alamazsınız. Ya da aynı anda tüm aşamaları alamazsınız. Tabii bu söylediğim, amacınızın gelişim olduğunu bildiğim için geçerlidir. Eğer ciddiyetsiz ve etiket meraklısı; kendi enerjisi, çakra ve aurası üzerinde deneme yapacak ya da fiziksel, zihinsel ve ruhsal sağlığını hafife alacak olan birisi varsa aynı gün içinde Reiki'nin tüm aşamalarını da alabilir.

Usui dışındaki enerjilere sıcak bakmıyorsunuz. En son neyin uyumlaması yapıldıysa o enerji var olur, diyorsunuz. Ama piyasadaki Reiki masterların arasında Usui + kundalini yapmayanı yok gibi. İsmail Hoca mı çok tutucu yoksa diğer masterlar mı çok ticari?

Haklısınız, Türkiye'de Reiki eğitimi verenlere baktığınızda tek başına Usui Reiki sunanı pek bulamazsınız. Çoğunluk Usui Reiki'nin yanında bir sürü enerji çeşidi sunduğundan insanlar tarafından normal olan, olması gereken buymuş gibi algılanıyor.

Öncelikle Usui Reiki dışında başka bir enerjiyi kabul etmemek, başka bir enerjiye ihtiyaç duymamak tutuculuksa, Dr. Usui, Bayan Takata gibi bu ilmi bize ulaştıran (hatta

1980 yıllarına kadar Reiki ile uğraşan tüm masterları da bu gruba alabiliriz) ilk isimlere de tutucu demeliyiz. Çünkü onlar da Reiki ile (o zamanlar tek bir Reiki olduğu için adı sadece "Reiki" idi, diğer enerjiler çıktıktan sonra "Usui Reiki" olarak isimlendirilmiştir) gelişimlerine devam etmişler, başka bir enerjiye ihtiyaç duymamışlardır. Orijinal Reiki'ye sadık kalmak, kaynağı bilinmeyen enerjileri Reiki adı altında kabul etmemek, tutuculuktan öte Reiki ilmine karşı olan hassasiyettir.

Ayrıca Usui Reiki almak, yanına da kundalini Reiki almak... Bu aynı anda hem sosyoloji hem de felsefe eğitimi almaya benzemez. İlk soruda da söylediğim gibi "alınan" bir şey yoktur, size "uygulanan" bir şey vardır. Eğer Usui Reiki aldıysanız aura kanallarınız açılmış ve temizdir, çakralarınız da açık ve dengededir. Fakat bunun üzerine başka bir enerji sistemi almak, çakralarınızın dengesiyle oynanması anlamına gelir. Dolayısıyla bu tabloda "Kişi en son hangi enerjiye uyumlandıysa o caridir," sözü bunun için doğrudur. Yani sizin enerji bedeniniz, Usui Reiki'ye ilk inisiye olduktan sonraki gibi değildir. Çakralarınızın dengesi değişmiştir, auranıza kaynağı belli olmayan enerji aktarılmıştır. Usui Reiki'de akan şifa enerjisi, masterınızın size Reiki enerjisini aktardığından değil, çakralarınızın hepsinin açık olması dolayısıyla tepe çakradan giren ve diğer çakralarda da döngüsel olarak dolaşan "ilahi enerji"dir.

Kundalini Reiki'ye sahip olmak ve uygulamak çok da zor bir şey değildir. Bir miktar para ödediğinizde, herhangi bir yeterlilik ya da yetenek gerekmeden sahip olabileceğiniz bir şeydir. Yani bizim sadece Usui Reiki sisteminde kendimizi geliştirmemiz ve diğer enerji sistemlerini almayı hiç kabul etmediğimiz gibi onlara sıcak bakmamamız tutuculuktan farklı bir şeydir. Çünkü ben her Reiki öğrencisi gibi Reiki'yi öğrenmeye gelişim maksadıyla başladım. Kendimin ve öğrencilerimin gelişimine hizmet eden şeyleri araştırıyorum. Master olduktan sonra, "inisiye" etme aşamasına gelen bir kişi, çakra-aura sistemini uygulamalarıyla birlikte öğrendikten sonra başka enerjilere de inisiye olmanın faydadan çok zararlı olduğunu daha iyi anlayabilir. Siz de inisiye etme aşamasına geldiğinizde bu durumu daha net kavrayabilirsiniz.

Piyasanın mı ticari olduğu konusunu tartışmak bize düşmez. Ama diğer enerjilere sıcak bakmamamız, öğrencilerim ve onların gelişimleri hakkında çok hassas olduğumdandır.

Öğrencilerimi önemsemesem, yazılar yazmaz, bu kitaba vakit harcamaz, Reiki ile ilgilenen insanları bilgilendirmekle uğraşmazdım. Amacım kişileri bilmeden kendilerine zarar vermemeleri için uyarmaktır. Yoksa bir grubu hedef almak gibi gereksiz bir uğraşım yok. Bir koltukta iki karpuz taşınmaz misali diğer enerjileri önermiyorum evet, ama kişiye uygun başka köklü felsefeleri, kişisel gelişim, ruhsal gelişim yöntemlerini de eğitimlerimde öğrencilerime önermekteyim.

Uyarılarımın haklılığına buraya gelen insanlar kanalıyla bire bir şahit oluyoruz. Öğrencilerimizin %50'si daha önce Usui Reiki'nin yanında diğer enerjilere inisiye olmuş ama bir üst aşamasını bizden almak isteyen kişilerden oluşuyor. İlk geldiklerinde, onların karmakarışık kafalarını, sorularını ve tepkilerini bire bir gözlemliyoruz, şifa konusunda yetersiz ve kontrolsüz olduklarını, içsel olarak kargaşa yaşadıklarını kendileri anlatıyorlar. İnisiye aldıktan ve enerji kargaşasından arındıktan sonraki tepkilerine defalarca şahit olsaydınız, siz de benim gibi emin olurdunuz. Diğer enerjilerden arındıktan sonra daha netler, durular, enerjilerini çok daha iyi kullanabiliyorlar, hayatlarına denge geliyor, şifa uygulamaları çok daha başarılı oluyor. Bu farkı kendileri görüp bizimle paylaşıyorlar, bu aktardıklarım onların sözleri, benim yorumum değil.

Usui'nin öğrencisi Bayan Takata'nın çizdiği semboller bile birbirinden farklı olduğuna göre, önemli olan sembolün şekli değil, beynin o sembole yüklediği anlamdır diye düşünülebilir mi? Tersi olsaydı yani sembolün kendisi önemli olsaydı uygulayıcıların kullandığı farklı çizilmiş semboller çalışır mıydı? Eğer böyle ise niye hâlâ Kanji sembolleri çiziyoruz? Uzaklık sembolünü çizmeyi beceremiyorum. Geleneğe sahip çıkmayı anlıyorum ama ben Japon değilim, zorlanıyorum ve Allah'a bile Türkçe dua edebiliyorsam, sembolü de daha kolay bir şekilde çizebilmeli miyim?

Mana âleminin binlerce kapısı olduğunu düşünelim. Her kapının içinde başka bir güzellik ve bizim için hediye vardır. Ve bu kapıların her birinin de ayrı ayrı anahtarları vardır. Reiki sembolleri bu anahtarlardan sadece birkaçıdır. Yeryüzünde mistikler tarafından kullanılan, mantralar, ayetler, ritüeller ve yüzlercesi daha bu anahtarlardandır.

Sembollerin mantralarının kelime anlamı tam bilinmez, biliyorsunuz. O sembolün sadece genel bir anlamı vardır. Reiki de Dr. Usui tarafından üretilmiş bir şifa sistemi değil, tarihi çok çok eskilere dayanan bir sistemdir. Hallac-ı Mansur'un da sembolleri olduğunu, onun da sembolleriyle çeşitli çalışmalar yaptığı yazılır. Hatta 11 yıl Hindistan'da bir tapınakta eğitim aldığı da vurgulanmaktadır. Bu konuda Annemarie Schimmel'in *Hallac-ı Mansur* isimli kitabına bakabilirsiniz.

Sembollerin gücü bizim onlara yüklediğimiz manadan gelmez. Biz ancak onların gücünü aktive edebilmeyi öğrenebiliriz. Bunun için de sembolleri doğru çizmeli ve en önemlisi de mantralarını doğru söylemeliyiz. Mantraların ve sembollerin önemi hakkında daha fazla fikir sahibi olmak isterseniz Osho'nun *Gizemli Sırlar* kitabını da size önerebilirim. Çizimlerin yanlış yapılması ve mantraların yanlış söylenmesi halinde çalışıyor olduğunun zannedilmesi sizin dediğiniz etkiyi doğurur, kişi inandığı ve çalışacağından emin olduğu için şifa verir ya da ne için kullanmak istiyorsa onu yapar. Burada kullandığı kendi içsel enerjisi ve çalışmasından tamamıyla emin olduğu (çünkü yanlış yaptığını bilmeden kendinden emin bir şekilde sembolleri çiziyor ve söylüyordur) için kendi beyninin diğer şifa çalışması yaptığı kişinin beynini de etkilemesi sonucu ortaya çıkan iyileşme belirtileridir. Fakat aslında ölçebilseydik bu şifa gücünün frekans anlamında çok zayıf olduğunu ve çalışma kaynağının beyin gücü olduğunu görürdük. Oysa doğru sembol ve doğru mantra ile yapılan çalışmada güçlü Reiki enerjisi gerçek anlamda ortaya çıkma imkânı bulur. Kâinatta semboller bu şekilde programlanmışlardır. Sadece bu işe hizmet ederler.

Kanji sembolleri çizmemizin anlamı onların bir anahtar olarak taşıdıkları, temsil ettikleri gücü (güç sembolünün anlamı, uzaklık sembolünün anlamı gibi...) ortaya çıkarmaktır. Böylelikle bu anahtar sembolleri kullanan kişiye bu spesifik gücü sunarlar. Bu anlamları elbette başka mistik yöntemlerle de elde edebilirsiniz, uzaktaki bir insanı şifalandırma gibi... Ama o zaman bu sembolleri kullanamazsınız, o zaman başka anahtarlar kullanmayı öğrenmeniz gereklidir. Bu semboller ancak Reiki ilmi içinde çalışırlar. Ayrıca sembolleri kullanmanın geleneğe sahip çıkmakla bir ilgisi yoktur. Çünkü sembollerin teknik kuralları hakkında hassas olmamızın nedeni geleneğe saygı duymak için değil, işe yaraması içindir. Biz Japon değiliz evet ama Reiki de Japon halkına özgü bir ilim değildir. Yani sembolleri biz anlamıyoruz ama Japonlar da anlamıyor zaten.

Bu arada "Allah'a bile Türkçe dua ediyorum," demişsiniz, Allah Arap mı, bizim mi haberimiz yok? Allah'la iletişim için sözcüklere bile ihtiyacımız yok, kaldı ki Arapçaya ihtiyacımız olsun. Ama çoğu zaman insanlar hiç farkında olmadan tabiri caizse Kuran'daki mantraları, anahtarları kullanıyorlar (bazı durumlarda Ayetel Kürsi'yi okumak gibi). Veya Kuran'daki "huruf-i mukattaa" denilen, bazı surelerin başında bulunan ve anlamları gizli olan yâ, sin, elif, lam, mim harfleri gibi... O ayetleri doğru zaman ve doğru şekilde, orijinal dilinde okuyarak bir anahtarı kullanıyorlar. Buradaki fayda, Reiki'de sembolleri kullanmanın yarattığı etki ile benzer nedenlerden dolayı oluşmaktadır. Sembolleri Türkçeleştirmek istiyorsanız, deneyin ama bir işe yaramayacaktır. Bunun için bir kelimeye ya da küçük bir fiziksel harekete güçlü bir davranış motivasyonu yükleyen ve ihtiyaç duyduğunuzda onu kullanmayı öğreten bazı kişisel gelişim yöntemleri var. Hem de tamamen Türkçe, onları deneyebilirsiniz.

Dünyada Reiki Uygulayan Hastaneler

ABD

Yale University Hospital

Yale School of Nursing

Yale-New Haven Health

Yale-New Haven Children's Hospital

University of Michigan Hospital

Manhattan Eye Ear Throat Hospital, New York

Memorial Sloan Kettering Cancer Center

South Pointe Hospital

Broward Health Imperial Point Medical Center

St. John's Hospital

Elliot Regional Cancer Center

California Pacific Medical Center

Kent Hospital, Warwick

Brookhaven Memorial Hospital

Unity Point Health – Meriter, Madison

Baptist Hospital, Nashville

Hartford Hospital

The Charlotte Hungerford Hospital

Thompson Hospital

Kessler Institute for Rehabilitation

Marin General Hospital

Veterans Health Administration

Mt. Ascutney Hospital and Health Center

UC Davis Children's Hospital, Sacramento

Allina Health, Chicago

Allegheny General Hospital

Banner Health Hospital

Beverly Hospital

Center For Hope Hospice & Palliative Care

CentraState Healthcare System

Boston Children's Hospital

Citrus Valley Health Partners

Clifton Springs Hospital and Clinic

Cleveland Clinic Center

Columbia University Medical Center

Concord Hospital

Crouse Hospital

Dana-Farber Cancer Institute

Duke Integrative Medicine

Edward Hospital

Evergreen Health Medical Center

Frederick Memorial Hospital

Gifford Medical Center

Henry Ford Macomb Hospital

Inova Health System

MetroHealth Medical Center

Middlesex Hospital

Brigham & Women's Hospital

Morristown Medical Center

Dartmouth-Hitchcock Medical Center, New Hampshire

Good Samaritan Hospital

NewYork-Presbyterian Hospital

Northern Westchester Hospital

Norwalk Hospital

Portsmouth Regional Hospital

Reproductive Medical Associates

Sharp Memorial Hospital

Spaulding Rehabilitation Hospital

St. Andrew's Children's Clinic

St. Peter's Hospital

The Memorial Hospital at Easton

Wentworth-Douglass Hospital

Johns Hopkins Hospital

University of Maryland

Beth Israel Deaconess Medical Center

Henry Ford Allegiance Health

Bayonne Medical Center

Mercy Hospital

St. Luke's Women's Care, Cedar Rapids

Tucson Medical Center

University of California Medical Center

Northern Cochise Community Hospital, Willcox

University of Washington - CFS/FM Research Center

Temple University

Albert Einstein Medical Center

George Washington University Hospital

MD Anderson Cancer Center

Stanford University Medical Center

Scripps Health, San Diego

Hospice of the Valley

University of Colorado Denver School of Medicine

University of Pennsylvania Perelman School of Medicine

Southwestern Vermont Medical Center

BİRLEŞİK KRALLIK

Coventry and Warwickshire Recovery Partnership

Lynden Hill Clinic

University College London Hospital

St. Giles Hospice

Ayrshire Central Hospital

Croydon University Hospital

Kirklandside Hospital

Ailsa Hospital

***

Constantiaberg Medi-Clinic, Güney Afrika

Dartmouth-Hitchcock Medical Center, Lübnan

Tillsonburg District Memorial Hospital, Kanada

Reiki Eğitimi Veren Hastane, Kurum ve Üniversiteler

ABD

Yale University

Bennett Stellar University

Bloomsburg University of Pennysylvania

American Holistic Nurses Association

St. Vincent's College

Reiki Healing Institute

Rocky Mountain Holistic Healing Center

Center for Human Integration

Reiki Blessings Academy

Violet Flame Healing Centre, Australia

Brutus of Windhorse Healing Arts and Holistic Academy

The Creativity Institute

Holistic Healers Academy

Lightarian Institute

Reiki Rainbows Institute

Holistic Studies Institute

Pixie Hollow Holistic Institute

Tribeca Hypnosis & Healing Institute of NYC

Reiki Plus Institute of Natural Healing

Memorial Sloan Kettering Cancer Center (Kanserli hastalara Reiki uygulaması yapılıyor.)

The American Holistic Medical Association

NewYork-Presbyterian Hospital (Julie Motz, Dr. Mehmet Öz'ün ameliyatlarında Reiki ile destek veriyor.)

Tucson Medical Center

University of Michigan Hospital

New England Baptist Hospital, Boston (Hastane personelinin birçoğuna Reiki verilmiştir.)

BİRLEŞİK KRALLIK

Reiki South West, UK

Usui Shiki Ryoho – The Reiki Association, UK

Tera Mai Reiki Holistic Healing, UK

KANADA

Reiki Rays Institute, Kanada

AVUSTRALYA

Coastline Reiki Clinic, Australia

İsmail Bülbül

Usui Reiki 17. (Son) Işık Aşama
Grandmaster Teacher

14 yıllık Usui Reiki eğitimini bu ekole ait olan tüm aşamaları alarak tamamlamıştır. 17. (son ışık) aşama olan (*dimensionale reise*) "zaman ve mekân üstü yolculuk" aşamasını da alarak Usui Reiki ekolünde dünyada sekiz kişiden birisi olmuştur.

1996 yılında Usui Reiki 1'i Marga Bayer'den,

2000 yılında Usui Reiki 2'yi yine Marga Bayer'den,

2004 yılında Usui Reiki 3A'yı Doris Kujer'den,

2004'ün sonunda Usui Reiki 3B'yi yine Doris Kujer'den

alarak geleneksel aşama Usui Reiki öğretmeni *(master teacher)* olmuştur.

Usui Reiki geleneksel aşamalarını tamamladıktan sonra, ışık aşamalarını almak için gerekli olan 1000 öğrenci inisiye etme ve Usui Reiki Licht Grade Klausur sınavını geçme şartlarını yerine getirmiş ve Usui Reiki ışık aşamalarını 5, 6, 7 ve 8. seviyeye kadar almaya hak kazanmıştır.

2007 yılının başlarında Ilka Speermanns'tan Usui Reiki 5 büyük huzur *(große harmonie)* ve Usui Reiki 6 büyük paylaşım *(großes teilen)* aşamalarını alarak *grandmaster* (büyük üstat) olmuştur.

2007 yılının ortalarında yine Ilka Speermanns'tan Usui Reiki 7 büyük özgürlük *(große freiheit)* ve Usui Reiki 8 büyük barış *(großer friede)* aşamalarını alarak *grandmaster teacher* (büyük üstat öğretmen) olmuştur.

2008'de Usui Reiki'ye ait olmayan bilgelik ve aydınlanma *(zoner, kom, dai kiro sey) (weisheitssymbolen)* inisiyelerini almıştır.

2008 yılında yine 9'dan 17'ye kadar olan ışık aşamalarını almak için gerekli olan Usui Reiki Licht Grade Klausur sınavının son aşamasını da başarıyla geçmiştir. Ve üstadı olan Ilka Speermanns'dan 9'dan 17'ye kadar olan ışık aşamalarını almıştır:

9. aşama gerçek mutluluk *(wahre glück)*

10. aşama büyük umut *(große hoffnung)*

11. aşama büyük güç *(große kraft)*

12. aşama büyük sevgi *(große liebe)*

13. aşama büyük öğreti *(große lehrer)*

14. aşama kendini tanıma *(erkenne dein selbst)*

15. aşama yaşam yolu *(lebensweg und bestimmung)*

16. aşama birlik beraberlik *(das kollektiv)*

17. (son ışık) aşama zaman ve mekân üstü yolculuk *(dimensionale reise)*

Uzmanlık Alanları: Usui Reiki Eğitmeni, Bilinçaltı Kodlama Terapisti, Kapsamlı Karma Terapisti, Özgüven Terapisti.

İsmail Bülbül'ün Reiki Soyağacı

Usui Reiki Geleneksel Aşama Soyağacı
(Usui Reiki Traditional Level Genealogy)

Dr. Mikao Usui
Chujiro Hayashi
Hawayo Takata
Phyllis Furumoto
Claudia Hoffman
Mary Schaw
Christine Hendersen
Bruce Way
Ariana Mc Minn
Frances Wartnaby
Dr. Sylvia Springer
Doris Kujer
İsmail Bülbül

Usui Reiki Işık Aşama Soyağacı
(Usui Reiki Light Level Genealogy)

Dr. Mikao Usui
Chujiro Hayashi
Hawayo Takata
Phyllis Furumoto
Claudia Hoffman
Mary Schaw
Christine Hendersen
Bruce Way
Neal Lyster
John Pickering
Martin Lee
Ole Gabrielsen
Peter Köster
Andreas Bögel
Ilka Speermanns
İsmail Bülbül

İsmail Bülbül'ün Reiki Sertifikaları

Işık Aşama 5 Büyük Huzur *(Große Harmonie)*

Reiki

Zertifikat

Herr Ismail Bülbül

wurde heute durch ein Seminar
der natürlichen Heilung

大
調
和

in den 5. Großmeister-Usui-Grad
„Große Harmonie" Dai Cho Wa
eingeweiht.

Işık Aşama 6 Büyük Paylaşım *(Großes Teilen)*

Reiki
Zertifikat
Herr Ismail Bülbül

wurde heute durch ein Seminar
der natürlichen Heilung

大
多叉
数

in den 6. Großmeister-Usui-Grad
„Großes Teilen" Dai Fa Shu
eingeweiht.

Işık Aşama 7 Büyük Özgürlük *(Große Freiheit)*

Reiki
Zertifikat

Herr Ismail Bülbül

wurde heute durch ein Seminar
der natürlichen Heilung

in den 7. Usui-Grad

„Große Freiheit" Dai Ji Yu
eingeweiht.

Işık Aşama 8 Büyük Barış *(Großer Friede)*

Reiki
Zertifikat

Herr Ismail Bülbül

wurde heute durch ein Seminar
der natürlichen Heilung

in den 8. Usui-Grad

"Großer Friede" Dai Hey Wa
eingeweiht.

Işık Aşama 9 Gerçek Mutluluk *(Wahre Glück)*

Reiki
Zertifikat

Herr Ismail Bülbül

wurde heute durch ein Seminar
der natürlichen Heilung

in den 9. Usui-Grad

„Großes Glück" Dai Fu Ku
eingeweiht.

Işık Aşama 10 Büyük Umut *(Große Hoffnung)*

Reiki
Zertifikat

Herr Ismail Bülbül

wurde heute durch ein Seminar
der natürlichen Heilung

in den 10. Usui-Grad

"Große Hoffnung" Dai Ki Bo
eingeweiht.

Işık Aşama 11 Büyük Güç *(Große Kraft)*

Reiki
Zertifikat

Herr Ismail Bülbül

wurde heute durch ein Seminar
der natürlichen Heilung

in den 11. Usui-Grad
„Große Kraft" Dai Chikara
eingeweiht.

Işık Aşama 12 Büyük Sevgi *(Große Liebe)*

Reiki
Zertifikat

Herr Ismail Bülbül

wurde heute durch ein Seminar
der natürlichen Heilung

in den 12. Usui-Grad,
„Große Liebe" Dai Ai
eingeweiht.

Işık Aşama 13 Büyük Öğreti *(Große Lehrer)*

Reiki
Zertifikat

Herr Ismail Bülbül

wurde heute durch ein Seminar
der natürlichen Heilung des

Reiki – Usui – Systems

in den **13. Grad**
eingeweiht.

Işık Aşama 14 Kendini Tanıma *(Erkenne Dein Selbst)*

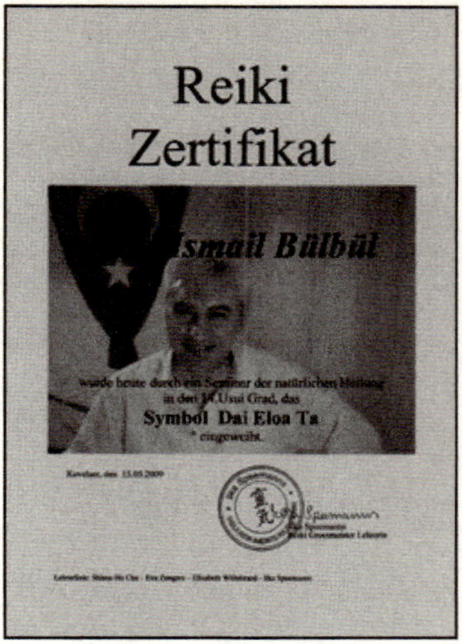

Işık Aşama 15 Yaşam Yolu *(Lebensweg und Bestimmung)*

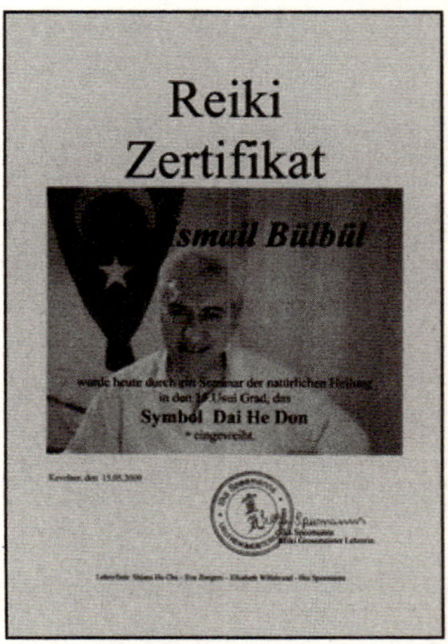

Işık Aşama 16 Birlik Beraberlik *(Das Kollektiv)*

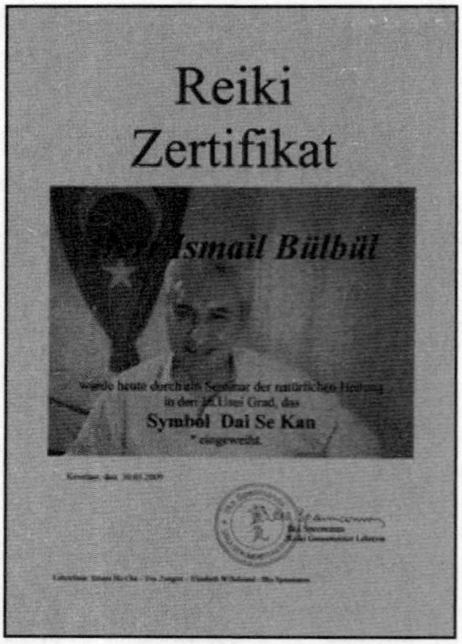
Reiki
Zertifikat
Ismail Bülbül
Symbol Dai Se Kan
eingeweiht.

Işık Aşama 17 Zaman ve Mekân Üstü Yolculuk *(Dimensionale Reise)*

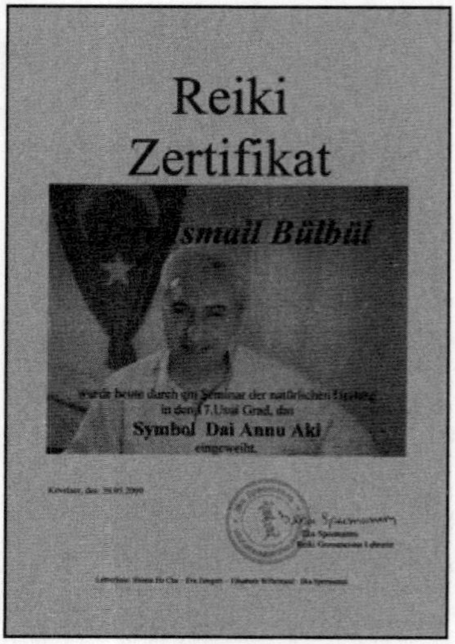
Reiki
Zertifikat
Ismail Bülbül
Symbol Dai Annu Aki
eingeweiht.